集宁师范学院博士创新科研基金项目"创新创业教育与专⋯⋯研究"（jsbsjj2327）资助出版

集宁师范学院大学生创新创业训练计划项目"品非遗 绣传承 振乡村——毛绣艺术的传承与应用研究"（X202411427033）的研究成果之一

集宁师范学院大学生创新创业训练计划项目"创艺非遗启航港"（X202411427076）的研究成果之一

大学生创新创业实用教程

葛　晖◎主编

汕頭大學出版社

图书在版编目（CIP）数据

大学生创新创业实用教程 / 葛晖主编 . -- 汕头 ：
汕头大学出版社，2025. 1. -- ISBN 978-7-5658-5516-0

Ⅰ . G647.38

中国国家版本馆 CIP 数据核字第 2025WK5512 号

大学生创新创业实用教程
DAXUESHENG CHUANGXIN CHUANGYE SHIYONG JIAOCHENG

主　　编：葛　晖
责任编辑：郭　炜
责任技编：黄东生
封面设计：寒　露
出版发行：汕头大学出版社
　　　　　广东省汕头市大学路 243 号汕头大学校园内　邮政编码：515063
电　　话：0754-82904613
印　　刷：定州启航印刷有限公司
开　　本：710 mm×1000 mm　1/16
印　　张：17.25
字　　数：230 千字
版　　次：2025 年 1 月第 1 版
印　　次：2025 年 1 月第 1 次印刷
定　　价：98.00 元
ISBN 978-7-5658-5516-0

前　言

在这个充满挑战和机遇的时代，创新与创业已不仅是经济发展的催化剂，更成为引领社会前进的关键动力。特别是对于大学生和年轻创业者来说，他们正处于生命中充满活力和创造力的阶段，理解创新与创业的基本原则、掌握相关的技能和方法，以及培养适应市场需求的创新思维和创业精神，对于他们实现个人梦想和职业发展至关重要。当前，全球经济正经历着前所未有的快速变革，新兴技术如云计算、人工智能、大数据等正在重新定义商业模式和行业结构。这些变革带来了巨大的机遇，同时也伴随着不小的挑战。在这样的背景下，对于有志于创业的大学生来说，及时把握时代脉搏、准确理解市场趋势，并能灵活运用创新思维解决问题，是他们在创业路上行稳致远的关键。

本教程共分九章，第一章"创新创业基础"为读者提供了关于创新和创业的基本概念、二者之间的联系、创新思维训练方法，以及如何培育创新能力和创业精神的指导。这一章旨在使读者对创新创业整体框架形成基本认识。第二章"创业者与创业团队"则深入探讨了创业者的核心素质、提升创业素质的途径、创业团队的组建和管理，以及创业团队应承担的社会责任。这一章强调了团队合作的重要性和在创业过程中实现个人价值与团队目标相结合的重要性。第三章"创业机会与创业环境研判"着重于如何识别和评估创业机会，以及如何分析和理解创业环境。在这一部分，读者将学习如何从广泛的市场信息中甄选出有价值的信息，并进行全面的市场分析。第四章"创业计划与资源整合"涵盖了创业计划书的撰写、不同类型的创业资源、融资渠道，以及如何有效管理这些资源。这些内容对于任何创业项目的成功都是至关重要的。第五章"商业模式"以及第六章"创办新的企业"是关于如何设计和创新商业模式，以及实际创办和管理新企业的实用指南。第七章主要就新产品与服务的开发管理进行了介绍；第八章、第九章分别介绍了新创企业的文化建设和运营管理方面的相关知识。这些章节将帮助读者将理论知识转化为实际操作，步入成功创业之路。

这是一本为未来创业者量身定制的教材，无论是对于有志于创业的大学生，还是希望深入了解创新创业领域的专业人士，都是宝贵的学习资源。通过阅读本书，读者将能够获得创新创业所需的关键知识，掌握实践中的重要技能，并在未来的创业旅程中走得更远、更稳。

本书在编写过程中，参考了大量文献资料，并吸纳了相关专家学者的意见，在此表示诚挚的谢意。由于时间仓促，水平有限，书中的不足之处在所难免，恳切希望广大读者、专家批评指正。

目　录

第一章　创新创业基础

学习目的：
★理解创新、创业的基本概念及两者之间的关系
★学习如何培养创新思维、突破思维障碍
★掌握创新能力和创业精神的培育方法
重点与难点：
★创新与创业的区别和联系
★创新能力与创业精神的培育

第一节　创新与创业的基本知识

一、创新的基本知识

（一）创新的含义

创新是指以现有的思维模式产生有别于常人或常规思路的见解，利用现有的知识和物质，在特定的环境中，本着理想化需要或为满足社会需求而改进或创造新的事物、方法、路径、环境等，并能获得一定有益

效果的行为[①]。创新是推动社会进步、技术发展、经济增长的关键力量。在经济全球化和技术日新月异的今天，创新已成为衡量一个国家、一个企业和个人竞争力的重要标准。

（二）创新的特点

创新具有几个关键特点：新颖性、实用性、价值创造和过程性。

新颖性是需要首先强调的创新特点。创新不是复制或模仿，而是提出或实现与众不同的想法或做法。新颖性可以体现在产品设计、服务模式、生产方法等多个方面。

实用性是创新的核心。创新不能仅仅停留在理念上，而是必须能够实际应用，并在实际应用中产生效果。这种效果可以是提高效率、降低成本，也可以是提升用户体验等。

价值创造是创新的目标。创新的最终目的是创造社会价值或经济价值。经济价值可以是直接的经济收益，社会价值可以是社会福祉的提升，如改善环境、促进教育等。

创新包括从创意产生、实验、实施到最终实现目标的整个过程。这个过程可能会涉及跨学科知识融合、多方利益协调和连续试错与调整。

创新不应被看作一个孤立的事件，它是一个动态、持续的过程。创新需要环境的支持，如鼓励创新的文化、支持创新的政策、足够的资源和一个能够接受新事物的市场。大学生深入理解创新的概念至关重要。创新不仅是技术或产品的革新，也是思维方式和社会实践的革新。大学生不仅要学会知识和技能，也要学会思考、解决问题，创造价值，发挥创新潜能，应对未来挑战。

（三）创新的类型

创新的类型多样，每一种创新类型都有其独特的应用领域和影响。

① 周杰，杜平. 大学生创新创业基础教程 [M]. 上海：上海交通大学出版社，2018：6.

了解创新类型及其特点对大学生的创新创业是至关重要的。这不仅有助于学生在理论上全面理解创新，也为他们在实践中进行创新提供了丰富的视角和方法。创新可以粗略地分为知识创新、技术创新、管理创新和方法创新四大类[①]。

知识创新涉及新理论、新概念或新知识体系的产生。这类创新通常出现在学术研究、理论探讨中，如新的经济理论、管理理论或社会科学研究成果。知识创新不仅推动学术进步，也为实践提供理论支撑和创新思路。在企业层面，知识创新可以体现为对行业发展趋势的新理解或对消费者行为的深入研究，这些都可能成为后续产品创新或市场策略调整的基础。

技术创新是指技术方面的新发明、新设计或技术应用的改进，包括新产品的研发、生产流程的技术革新以及旧技术的新用途发掘。技术创新是推动企业发展和经济发展的主要动力，直接关系到产品的性能、成本和质量。在高速发展的当代社会，技术创新成为企业竞争力保持与提升的关键，尤其是在高科技行业。

管理创新涉及改进管理理念、方法或模式，或引入新的管理理念、方法或模式，包括组织结构的调整、领导方式的革新、人力资源管理的创新等。管理创新对提高组织运营效率、激发员工潜力、优化资源配置至关重要。在不断变化的市场环境中，有效的管理创新能够帮助企业更快速地适应市场变化，抓住新的发展机遇。

方法创新主要指问题解决方法、工作流程或操作模式上的创新。方法创新可能不像技术创新那样直观，但同样能带来工作效率的提升和成本的降低。例如，采用新的市场调研方法、改进的数据分析技术或优化的项目管理流程等。方法创新有助于提高工作效率，增强企业的市场适应性和灵活性。

---

① 邓峰．基于创新思维的大学生创新创业能力培养研究 [M]. 北京：北京工业大学出版社，2022：5.

在教学过程中，强调这些创新类型的特点和应用对于大学生来说至关重要。这不仅能够拓宽他们的思维视野，也能够帮助他们在未来的创业过程中更好地识别和利用不同类型的创新资源。了解如何在不同情境下应用各种创新类型，能够使学生在实践中更加灵活和高效。

二、创业的基本知识

（一）创业的含义

创业是创业者发现商机，发挥能力，整合资源，推出产品、服务或经营形态，实现价值的行为过程。创业是一种将创新思维转化为实际商业行动的过程，它不仅涉及新企业的创立和发展，还包括对新市场机会的识别和利用。在大学生创新创业实用教程中，对创业含义的理解强调了以下几个关键方面。

首先，创业是一个创意实现的过程，它基于识别到的市场需求或机会，通过创新的方法来解决问题或满足需求。这种创意可能源于一个新产品、一个新服务，或是一个全新的商业模式。其次，创业不仅仅是开设一家新公司那么简单，它涉及一个综合性的、动态的过程，包括市场研究、资源整合、团队建设、产品开发和商业战略规划等。在这个过程中，创业者需要承担相应的风险，包括财务风险、市场风险和运营风险。创业成功与否在很大程度上取决于创业者如何管理和应对这些风险。最后，创业还要求创业者具备持续创新和快速适应市场变化的能力。随着市场环境和技术的发展，创业者需要不断调整商业策略，以保持竞争力和持续发展。

（二）创业的重要性

在当代社会，创业不仅是经济活动的一部分，更是推动社会进步和技术创新的重要力量。创业的重要性不仅体现在其对经济的直接贡献上，还包括其对社会、文化、个人发展等方面的深远影响。

创业是经济发展的重要驱动力。新企业的创建和发展直接增加了就业机会，这对于解决失业问题、提高劳动力市场的活力具有积极影响。创业活动通过引入新产品和服务，推动消费需求的增长，从而促进经济的总体增长。新企业在市场中引发竞争，促使现有企业不断创新和提高效率，这对于提升整个行业的竞争力和生产力水平至关重要。创业是创新的关键来源，很多创新的想法和技术是在新的、小型的、灵活的创业企业中孵化和发展起来的。这些企业通常更愿意承担风险，尝试新的方法和技术。创业活动促进了新技术的应用和发展，从而推动了整个社会的技术进步。例如，许多现代科技领域的重大突破，如人工智能、生物技术、可再生能源等，都与充满活力的创业环境密切相关。

在社会层面，创业对于解决社会问题和提升社会福利具有重要作用。社会创业通过创新的商业模式解决社会问题，如提高教育质量、改善医疗服务、促进环境可持续发展等。这些创业活动不仅追求经济效益，还关注社会价值和长远影响，从而在促进社会进步和提高公民生活质量方面发挥积极作用。创业对于个人职业发展和自我价值实现也有着不可忽视的影响。对于创业者而言，创业是一种实现自我价值、追求个人梦想的途径。在创业过程中，创业者不仅可以将自己的想法和热情转化为实际的产品或服务，还能够通过面对和克服各种挑战，实现个人能力的提升和成长。创业经历能够培养个人的创新思维、问题解决能力和领导能力，这些技能对个人的职业发展具有长远的积极影响。创业还提升了文化的多样性和社会的开放性。来自不同文化背景的创业者通过其独特的视角和经验为社会带来新的思维方式和生活方式。这种多元化不仅丰富了社会文化，也促进了不同文化和观念之间的交流和理解。在经济全球化背景下，创业促进了国际合作和文化交融，推动了全球经济和文化的发展。

第二节　创新与创业的联系

创新和创业是相辅相成的。创新为创业提供了机会和资源，而创业则是创新从理论走向实践的桥梁。在创新创业教育中，深入理解这两者之间的联系，有助于学生更全面地理解创业过程，并激发他们的创新潜力。

一、创新与创业本质上的一致性

创业与创新作为两个独立的概念，在本质上却展现出深刻的关联性和一致性。这种关联性和一致性不仅体现在它们内涵的相互包容上，还体现在实践过程中的互动发展上。经济学家熊彼特首次明确提出创新概念时，就强调了创新是一种新的生产要素和生产条件的组合。这种组合带来了成本结构的更新，从而使创造出超额利润成为可能。这一理论深刻揭示了创新活动的本质，同时也表明了它与创业活动性质上的一致性和关联性。创新是创业的根本基础，而创业则是创新不断前行的动力。在本质上，创业和创新都具有"开创"的特质。然而，二者之间存在着阶段性的差异。创新通常指的是理论和思维方面的创造活动，它是整个创造过程的起始阶段。而创业，则是将创新的思维、理论和技术应用于实际活动中，是创新的具体体现和实际运用，属于创造活动的第二阶段，同时也是创新的终极目标。

从更广泛的视角来看，科学技术和思想观念的创新推动了人类物质生产和生活方式的变革。这种变革不断引发新的生产和生活模式，进而为社会不断提供新的消费需求，成为创业活动源源不断的根本动力。同时，创业本质上是一种创新性的实践活动。无论创业的性质和类型如何，它们都共享一个共同的特征：作为一种能动的、开创性的实践活动，创业体现了一种高度的自主性。在创业的实践过程中，主体的主观能动性得到充分展现，这种能动性恰恰是创业、创新特征的最佳体现。

二、创新与创业的相互作用

创新在创业领域内扮演着核心角色，它是创业成功的本质和关键。在创业的整个过程中，创业者需要保持并不断培养创新思维，这是产生新颖且具有创造性的想法和方案的基础。通过持续的创新努力，创业者才能探索新的业务模式和思路，从而导向创业的成功。

在创业活动中，创新的重要性不仅体现在其作为创业的基础上，还体现在其价值的实现上。在一定程度上，创业者的价值在于能够将潜在的知识、技术和市场机会转化为现实的生产力，从而促进社会财富的增长并惠及人类社会。实现这种转化的关键途径就是创业。创业者可能不是创新者或发明家，但他们必须具备发现潜在商业机会的能力和勇于承担风险的精神。同样，创新者不一定是创业者，但是创新的成果需要通过创业者的努力推向市场，实现其潜在价值的市场化。这样的市场化过程使创新成果得以转化为真正的生产力，也体现了创新与创业之间的紧密联系。创业活动本身也是推动和深化创新的一个重要途径。创业促进了新发明、新产品或新服务的产生，创造了新的市场需求。这种新需求又反过来促进各个领域的创新，从而提升企业乃至整个国家的创新能力，推动经济的发展。

鉴于创新与创业的密切关系，高等教育中的创业与创新教育应该相互融合，相互促进。这包括弘扬创新创业的精神，建立完善的创新创业机制，优化创新与创业的环境，并强化产学研的结合。通过这样的综合努力，在实践中将理论与行动相结合，可以有效地推动社会的可持续发展。在创新创业的教育过程中，注重这种相互作用的理解和实践，对于培养具有创新精神和实践能力的人才至关重要。

第三节　创新思维训练及思维障碍的突破

掌握创新思维并突破思维障碍对于任何有志于创新创业的个体来说都是至关重要的。这一部分内容专注于启发和提升学生的创新思维能力，同时指导他们识别并克服那些可能阻碍创新过程的心理和认知障碍。采用理论与实践相结合的教学方法，让学生学会在面对复杂问题时如何发挥创造性思维，并在创新的道路上更加坚定和高效。这不仅是个人发展的关键，也是推动社会进步和技术创新的基石。

一、创新思维训练

（一）创新思维的类型

在学生创新创业相关理论过程中，深入了解创新思维类型是至关重要的。创新思维是推动创业活动和个人成长的关键因素。创新思维的类型多样，每一种都有其独特的特点和应用场景，是培养学生创新能力的基础。具体来说主要有以下几类。其一，问题解决型思维。这种思维类型强调在面对问题时的主动探索和解决策略。它包括识别问题、分析问题的根本原因，以及设计和实施解决方案的过程。问题解决型思维要求个体具备批判性和分析性思考能力，能够从多个角度审视问题，并运用创造性方法寻找解决办法。例如，在面对市场需求变化时，如何快速调整产品或服务来满足新的需求，就是这种思维类型的体现。其二，批判性思维。批判性思维注重理性地分析和评估信息的准确性、有效性和逻辑性。这种思维方式鼓励学生质疑现有的观点、假设和信念，避免盲目接受无根据的信息。在创新创业的过程中，批判性思维能帮助创业者识别潜在的风险和挑战，做出更明智的决策。其三，创造性思维。创造性思维强调生成新的想法和概念。它包括打破传统思维模式，通过想象力和直觉探索未知的可能性。创造性思维不受常规思维的限制，敢于挑战现状，寻求创新的方法和解决方案。例如，在产品设计过程中，创造性思维可以帮助开发出独特且具有吸引力的新产品。其四，系统性思维。系统性思维是指从整体和长远的角度理解和处理问题的能力。这种思维方式要求考虑各种因素之间的相互关系和影响，以及决策对整体系统的影响。在创业过程中，系统性思维有助于创业者理解复杂的商业环境，制订符合整体战略的计划和策略。其五，反向思维。反向思维意味着从与常规相反的角度思考问题。这种思维方式有助于创业者跳出传统思维的框架，寻找新的解决途径。例如，在产品开发过程中，通过反向思考用户的需求和习惯，可能会发现全新的市场机会。

这些创新思维的类型不是孤立的，而是相互交织、相互补充的。在创新创业教育中，引导学生理解这些不同类型的创新思维，并使其学会在实际情境中应用它们，对于学生的创新能力提升和创业成功至关重要。通过培养这些多元化的思维方式，学生能够更好地适应复杂多变的商业环境，有效地实现创新和创业目标。

（二）创新思维训练方法

创新思维不仅是对传统思维方式的挑战，还是对现有知识和解决问题方法的创新性拓展。以下是一些有效的创新思维训练方法。

其一，头脑风暴法。头脑风暴是一种推动创意思考和发挥集体智慧的有效方法。可以鼓励学生在没有限制的环境中自由地分享想法，以促进创新思维的激发。这种方法特别强调在短时间内生成大量想法，无论这些想法看上去多么荒谬或不切实际。其核心在于鼓励开放式思考和创意的自由流动，从而带来可能的创新解决方案。

其二，逆向思维法。逆向思维，即从问题的反面或相反的角度出发，是一种重要的创新思维训练方式。逆向思维鼓励学生通过挑战传统思维和常规做法寻找不同于常规的解决方案。例如，如果传统方法是增加资源来解决问题，逆向思维可能探索如何在资源更少的情况下达到同样的目标。这种思维方式有助于打破思维定式，激发创新的想法。

其三，案例研究法。案例研究是一种通过分析真实情境来培养创新思维的方法。它可以帮助学生理解创新思维在实际环境中的应用，并提供了从成功和失败中学习的机会。通过研究和讨论具体案例，学生可以深入了解创新思维的策略，学习如何在复杂和不确定的环境中做出创新的决策。

其四，思维导图法。思维导图是一种有效的视觉思维工具，它通过视觉化的方式帮助学生组织和扩展思维。思维导图以中心思想为核心，通过分支结构展示相关概念和想法。这种方法特别适合于整理复杂的信息、发现新的关联和激发创新思维。它不仅可以帮助学生清晰地理解和记忆信息，还可以促进创意的生成和关联性思考。

通过以上创新思维训练方法的实践，学生可以逐步开发和提升自己的创新能力。这些方法不仅有助于他们在学术领域内进行创新思考，也能为他们未来在商业和社会领域的创新活动打下坚实的基础。在创新创业教育中，注重创新思维的培养是培育具备未来竞争力的创业者的关键。

二、思维障碍的突破

在创新思维训练的过程中，识别并克服思维障碍是实现创新的关键一环。思维障碍如果不被克服，将严重限制个人的创新潜力和创业成功率。以下是几种常见的思维障碍以及突破它们的方法。

（一）常见的思维障碍

常见的思维障碍有固定模式思维、选择性知觉、避难就易、群体思维等。

固定模式思维指的是人们习惯于使用传统或常规的方法来思考和解决问题。这种思维方式往往局限于已知的范围内，难以跳出既定的框架去探索新的可能性。在这种模式下，即使面对新的问题，人们也倾向于寻找熟悉的解决方案，而不是创造新的方法。这种思维限制了创新思维的发展，使人们难以发现和利用新的机会。

选择性知觉也是一种常见的思维障碍。它描述了一种心理现象，即人们倾向于只注意和记住那些符合自己预期和信念的信息，而忽略或忘记与之相悖的信息。这种倾向导致人们在收集和处理信息时存在偏见，从而影响了对问题进行全面和客观的理解。选择性知觉可能导致错过重要的信息和机遇，限制了创新思维的广度和深度。

避难就易指当面对复杂或具有挑战性的问题时，人们往往寻求简单、易行的解决方案，以避免努力和风险。这种思维方式使人们在问题解决上缺乏深度和创造性，忽略了更为复杂但可能更有效的解决方案。它限制了对问题的深入探索和对创新解决方案的发掘。

群体思维也是限制创新的一种思维障碍。在团队环境中，为了维持和谐或避免冲突，个人可能会放弃自己的独立思考，随波逐流。这种群体压力导致团队成员在面对问题时缺乏创造性和独立性，从而抑制了创新思维的发展。群体思维可能导致团队错过新的观点和想法，降低了创新的可能性。

（二）突破思维障碍的方法

突破思维障碍是促进创新思维发展的关键步骤，它要求人们采取一系列有针对性的措施来打破固有的思维模式。这些措施不仅有助于个人能力的提升，也为整个团队或组织营造了更加有利于创新的环境。

培养开放性思维是突破思维障碍的首要步骤。开放性思维意味着愿意考虑并接受新的观点和方法，而不是固守传统或习惯性的思考模式。这要求人们不断地探索新知识，与不同背景的人交流，以及尝试用新的方式解决问题。开放性思维的培养有助于突破固有的思维限制，激发创新的灵感和想法。例如，通过参与跨学科的研讨会或工作坊，人们可以接触到不同领域的知识和观点，从而拓宽思维视野。

批判性思考训练对于突破思维障碍同样至关重要。批判性思考让人们能够客观地分析和评估各种信息，从而避免盲目接受未经验证的假设或信息。这种思考方式要求人们从多个角度审视问题，质疑现有的观点，并寻找更加合理的解释。批判性思考的培养可以通过参与辩论、撰写分析性论文或参加批判性阅读课程等方式实现。

解决复杂问题的能力也是突破思维障碍的重要组成部分。面对复杂或极具挑战性问题时，简单和直接的解决方案往往只能解决表面问题，而无法触及问题的核心。培养解决复杂问题的能力意味着要学会深入分析问题的各个方面，探索多种可能的解决方案。这种能力可以通过系统的问题解决训练、案例分析或参与实际项目来培养。

鼓励多样性和独立思考对于打破团队中的群体思维同样重要。在团队环境中，创造一个开放和包容的讨论氛围，可以鼓励成员表达自己独特的观点和想法。这不仅有利于团队创新能力的提升，也有助于避免群体思维导致的创新机会的丧失。团队领导者可以通过定期组织创意会议、提供匿名反馈机制或鼓励异质性小组讨论等方式来促进多样性和独立思考。

第四节　创新能力与创业精神的培育

在创新创业的领域中，培养创新能力与创业精神是至关重要的。这两者相辅相成，共同构成了成功创业者的核心素质。本节旨在培养学习者面对未来挑战所需的关键技能，帮助他们在创新和创业的道路上取得成就。

一、创新能力的培养

创新能力的培养是一个多维度、系统性的过程，它不仅包含了思维能力的提升，也涉及技能和实践能力的增强。在当前的教育和职业发展领域中，创新能力已经成为一项至关重要的素质。有效的创新能力培养策略将帮助学习者在快速变化的现代社会中脱颖而出。

（一）创意生成能力和思维灵活性的培养

创意不仅仅是突发的灵感，更是一种可以通过训练和实践得到提升的能力。多样化的思维训练，如创意工作坊、头脑风暴会议或跨学科项目，都是激发创意思维的有效方法。在这些活动中，参与者被鼓励打破常规思维，探索新颖的观点和方法。例如，在团队协作的创意项目中，通过集体智慧的碰撞，可以产生出创新的想法和解决方案。这类活动不仅提升了参与者的创意生成能力，也增强了他们的思维灵活性，使他们能够更加自如地适应和应对新的挑战和问题。

（二）问题解决能力的培养

面对复杂的问题时，问题解决能力可以引导个体找到创新和有效的解决方案。培养这一能力需要系统地训练和实践。模拟案例研究是一种非常有效的方法，它让学习者置身于真实的问题情境中，分析问题、探索解决方案并进行决策。通过这种模拟实践，学习者不仅能够提升自己的分析和判断能力，还能学习如何在复杂情境中应用创新思维。此外，挑战性任务和问题解决工作坊也是提升问题解决能力的有效手段。这些任务和工作坊鼓励学习者主动探索问题的不同方面，生成和评估多种可能的解决方案，从而提升他们的创新思维和问题解决能力。

（三）技术和实践能力的提升

在当今技术迅速发展的时代，对新兴技术的理解和应用能力是创新的关键。参与实验室工作、技术训练课程或实习项目可以让学习者直接接触到最新的技术和工具，从而提升他们的技能。同时，这些活动还提供了将理论知识应用于实践的机会。在实际操作中遇到的挑战和问题将促使学习者思考如何将理论知识与实际应用相结合，从而提升他们的实践能力。例如，通过参与一个涉及最新技术的项目，学习者不仅可以学到这些最新技术，还能学习到如何应用这些技术解决实际问题。

二、创业精神的培育

创业精神是指在创业者的主观世界中，那些具有开创性的思想、观念、个性、意志、作风和品质等[①]。大学生创业精神的培育途径主要有以下几种。

（一）通过知识和技能学习来培育

创业精神不是与生俱来的，而是通过后天的学习和实践得以培养和强化的。在这个过程中，知识和技能的学习发挥了重要作用。知识和技能不仅可以为学生提供创业所需的工具和资源，还能够激发他们的创业激情，增强他们的创业能力。知识和技能的学习是培养创业精神的基础。在这个过程中，树立正确的学习观念并采用合适的学习方法至关重要。主动和持续的学习习惯能够帮助大学生不断更新知识，提升技能，这对于创业精神的培养将产生直接和深远的影响。学习不应该仅仅局限于课堂教学，而应该是一个全面的、终身的过程，涵盖从书本到实践的各个方面。

学科教学中的创业意识和能力培养是通过知识和技能学习培育创业精神的有效途径。这一过程中，教育者可以将创业教育的元素融入传统的学科教学中，使学生在学习专业知识的同时，也能学习到与创业相关的技能。例如，文科类课程可以通过案例研究和讨论的方式渗透创业意识的培养，而理科和工科类课程则更加注重创业技能的实践训练。开设

① 郭丽萍，柳韶军，韩建伟. 创新创业教育 [M]. 西安：西安电子科技大学出版社，2021：91.

专门的创业教育类课程是培养创业精神的另一个重要途径。这些课程可以专门设计来教授创业知识和技能，如创业管理、市场营销、财务规划等，为学生提供必要的理论知识和实践技能，帮助他们在未来的创业过程中做出更明智的决策。此外，创造技能与方法课程对于激发学生的创新思维和创业灵感也有着重要作用。在整个学习过程中，强调学生对知识的深入理解和对技能的实际应用同样重要。这意味着学生不仅需要掌握理论知识，还需要能够将这些知识应用于解决实际问题。通过这种方式，学生可以更好地应对创业过程中可能遇到的挑战，并培养出战胜这些挑战所需的技能和能力。

（二）通过实践和实训活动来培育

创业精神的培育不仅仅依赖于理论知识的学习，更重要的是实践和实训活动的参与。这些活动能够让学生亲身体验创业过程，从而深入理解创业的实质，锻炼创业所需的技能，并培养面对挑战和失败的坚韧精神。

实践和实训活动对于培养创业精神至关重要，因为它们提供了学习者将理论知识应用于实际情境的机会。这种应用不仅加深了学习者对知识的理解，还促进了其创新思维和解决问题能力的发展。通过实践活动，学生能够更好地了解创业的各个方面，包括市场分析、产品开发、团队管理、财务规划以及风险评估等。创业实践基地的建设为学生提供了实际操作的平台。这些基地可以是校内的创业实验室，也可以是校外的创业实习基地或创业园区。在这些环境中，学生可以尝试将自己的创业想法转化为具体的项目，通过实际操作来测试和验证这些想法。这种实践经验不仅有助于学生掌握创业所需的技能，还能够加深他们对创业过程的整体理解。社会对于大学生创业的支持也是培养创业精神的重要组成部分。社会各界，包括企业、政府机构和非营利组织，都可以为大学生提供创业实践的机会。这些机会不仅包括传统的勤工俭学岗位，还包括社区服务、社会创新项目和商业实习等。这些经历能够帮助学生积累宝贵的实践经验，了解不同行业和领域的工作环境。大学生自己也应该积极参与与创业相关的实践活动。参与社会实践、校园活动、创新训练、沟通和团队建设训练，以及创业实训和大赛等，都能够帮助学生增强自己的创业能力。通过这些活动，学生不仅能够积累实践经验，还能够提升自己的沟通能力、团队合作能力和领导能力。此外，这些实践活动还有助于学生建立自信，培养面对挑战和困难时的坚韧品质和适应能力。

（三）通过承继前人精神来培育

历史上的创业者们展现了诸多值得后人学习和继承的精神品质，这些品质构成了今天创业精神的核心。通过承继前人的精神，大学生可以更深入地理解创业的本质，从而在自己的创业之路上走得更加坚定和高效。前人的创业精神体现在多个方面，包括但不限于对目标的坚定追求、面对困难的坚韧不拔、创新思维的持续运用，以及对社会责任的深刻理解。这些精神品质不仅在历史上的创业者身上得到体现，而且对当代大学生的创业之路具有重要的指导意义。

创业不仅仅是为了个人的利益，更承担着对社会的责任。历史上的创业者往往具有深刻的社会责任感，他们的创业活动不仅追求商业成功，还注重对社会的贡献。这种责任感包括诚信精神、环境保护意识以及对公众利益的重视。大学生应学习和理解这些创业者的故事和理念，树立正确的创业观，不仅追求商业上的成功，同时也关注自己的商业活动对社会和环境的影响。历史上的许多创业者在面对困难和挑战时展现了非凡的韧性和适应性。他们在遭遇失败和挫折时不轻易放弃，而是能够从中吸取教训，调整策略，继续前进。这种精神对于当代大学生尤为重要，因为创业之路充满了不确定性和挑战。通过研究这些创业者的经历，学习他们如何面对和克服困难，大学生可以培养更加坚韧和灵活的心态，为面对未来的挑战做好准备。历史上成功的创业者往往是创新思维的杰出代表。他们敢于打破常规，探索新的方法和领域。通过学习这些创业者如何思考和实现创新，大学生可以激发自己的创新思维，学习如何在现代社会中发现和抓住新的机会。在教育和训练过程中，引用历史上和当代的创业故事和案例是一个有效的方法。这些故事和案例不仅能够激发学生的兴趣，还能帮助他们更直观地理解创业精神的内涵。通过分析这些故事和案例中的成功因素和失败教训，大学生可以获得更加丰富和深入的创业知识。

思考与练习

1. 讨论创新在当今商业环境中的重要性。

2. 分析一个失败的创业案例，探讨其中的原因。

3. 设计一个练习以培养创新思维。

4. 讨论思维障碍对创业的潜在影响。

5. 探索不同行业中创新能力的应用实例。

6. 描述创业精神对个人成功的影响。

7. 提出一个创新项目想法，并分析其可行性。

第二章　创业者与创业团队

学习目的：

★了解创业者的基本素质和特征

★学习如何提升创业素质和建立高效的创业团队

★掌握创业团队管理和承担社会责任的方法

重点与难点：

★创业者必备素质的理解和培养

★创业团队的有效组建和管理

★创业团队的社会责任和伦理

第一节　创业者的必备素质

创业者素质是指有利于创业者获得创业成功的素质，是一种潜在的创业潜质[①]。在这个快速变化和充满竞争的时代，仅仅拥有一个好的商业想法是不够的。创业者需要具备一系列的个人素质，这些素质不仅能帮助他们有效地应对创业过程中的各种挑战，而且能促进他们在商业环境中的长期发展和成功。

---

① 郭丽萍，柳韶军，韩建伟. 创新创业教育 [M]. 西安：西安电子科技大学出版社，2021：101.

一、心理素质

心理素质是成功创业的关键因素之一。它涉及以下几个方面。

（一）抗压能力

抗压能力指的是在面对挑战、压力和不确定性时，创业者保持稳定心态和有效行动的能力。在创业的过程中，抗压能力显得尤为重要，因为创业往往伴随着高强度的压力和不断的挑战。具备良好的抗压能力的创业者能够在压力环境中作出理智的决策，有效地处理突发事件，并从失败中迅速恢复。创业者面对的压力可能源于多个方面，如资金的筹集和管理、市场竞争、产品开发、团队建设和管理等。在这些压力下，保持冷静和理性至关重要。例如，在资金紧张的情况下，创业者需要冷静地分析财务状况，制订合理的预算计划，而不是盲目地进行不切实际的投资或支出。同样，在面对市场竞争时，创业者需要理性地分析竞争对手的策略，制定有效的对策，而不是急躁地做出反应。

（二）风险评估与管理

创业本身就是一个充满风险的活动，而有效的风险管理可以帮助创业者减少不必要的损失，把握更多的机遇。风险评估与管理包括识别潜在的风险、评估这些风险的影响以及制定相应的策略。在创业过程中，风险可能来自多个方面，包括市场风险、财务风险、技术风险、法律风险等。进行有效的风险管理的第一步是识别这些风险。这需要创业者对其业务领域有深入的了解，包括市场动态、消费者需求、竞争环境等。例如，在进入一个新市场之前，创业者需要评估该市场的需求状况、竞争对手的情况以及可能面临的法律和文化挑战。在识别风险之后，创业者需要评估这些风险可能带来的影响，包括风险发生的概率以及如果风险变成现实，对企业可能造成的损失。基于这些评估，创业者可以制定风险管理策略，包括转移风险（如通过保险）、减少风险（如通过改进产品安全性能）或接受风险（在风险可控且对应收益较高的情况下）。

（三）持久性和恒心

创业过程充满了挑战和不确定性，这就要求创业者具备坚定不移的决心和持续的动力。持久性和恒心不仅仅体现在对初始创业目标的坚守上，更体现在面对重重困难和挑战时的不轻言放弃上。在创业的道路上，创业者难免会遇到各种挑战，如资金短缺、市场变化、竞争压力甚至个人生活的困扰，这些都是考验创业者持久性和恒心的时刻。坚持不懈的态度使得创业者在逆境中能够保持专注，继续推动他们的事业向前发展。持久性和恒心还意味着创业者需要在不断变化的市场和技术环境中持续学习。随着行业的发展和新技术的出现，创业者必须不断更新自己的知识和技能，如此才能保持竞争力。这种持续的学习和成长心态是实现长期创业成功的关键。

（四）自我调节能力

自我调节能力是指创业者在创业过程中管理个人情绪、压力和行为反应的能力。良好的自我调节能力能够帮助创业者在面对挑战、压力或复杂情况时保持冷静和理智，做出更加明智的决策。这种能力对于维持创业者个人的心理健康和团队的士气都至关重要。

创业过程中的情绪波动是常见现象。面对失败、拒绝或不确定性时，创业者可能会感到沮丧、焦虑甚至恐慌。良好的自我调节能力使他们能够有效地管理这些负面情绪，保持积极的态度，并从挫折中迅速恢复。此外，这种能力还包括在高压环境下保持工作和生活的平衡，避免过度工作和疲劳，保持清晰的头脑和健康的身体。自我调节能力的培养和维持不仅关乎创业者个人的福祉，也直接影响到整个团队的工作环境和效率。创业者的情绪和行为往往会影响团队成员，因此保持积极和平和的态度对于营造良好的团队氛围至关重要。

（五）适应性与灵活性

在不断变化的创业环境中，适应性和灵活性是不可或缺的。创业者需要能够快速适应市场变化、客户需求的变动以及技术的进步。具有高度适应性和灵活性的创业者能够在变化的环境中寻找新机会，并迅速调整自己的策略和计划。这不仅涉及对外部环境的适应，也包括内部运营、管理方式和业务策略的灵活调整。具备了适应性和灵活性，创业者就不会僵化地坚持原有的想法和方法，而是能够根据实际情况灵活调整，从而更好地应对挑战和抓住机遇。

二、道德素质

创业者的道德素质对企业文化和品牌形象有着深远的影响。具体来说主要包括以下方面。

（一）诚实守信

诚实守信是商业活动中最根本的道德准则，它关乎创业者的信誉和企业的可持续发展。在创业过程中，诚实守信的表现不仅仅是提供真实的信息和遵守合约那么简单，它还涉及对产品和服务的诚实描述、对市场环境的透明沟通，以及对所有商业交易的诚实处理。例如，当面对产品缺陷或服务问题时，诚实守信的创业者会选择坦诚地向消费者和合作伙伴说明情况，并积极寻找解决方案。这种行为虽然在短期内可能带来利益损害，但长期来看，它能够建立起消费者的信任，增强品牌忠诚度。诚实守信也是企业内部文化的重要组成部分。创业者通过自己的言行示范，可以鼓励员工在工作中也保持诚实守信的态度，从而形成正直和透明的企业文化。

（二）公平正义

公平正义在创业过程中同样扮演着关键角色。它不仅体现在对内部员工的平等对待和机会提供上，也体现在对待客户、供应商和竞争对手的公正态度上。公平正义意味着在企业的运营、管理和决策过程中，创业者需要考虑到各方的利益和权益，确保所有相关方都得到公正的对待。例如，在招聘过程中，公平正义的体现是提供平等的就业机会，不因性别、种族、年龄或其他非职业因素而有所偏见；在市场竞争中，公平正义则意味着遵循公平竞争的原则，不采取不正当的手段来获得优势。公平正义不仅能增强企业内部的团队合作和员工满意度，也能提高企业在外部的声誉和竞争力。在长期的商业活动中，公平正义的实践有助于构建健康、可持续的商业生态环境。

（三）守法自律

守法自律对于创业者来说，不仅是一种法律上的义务，更是一种道德上的承诺。这意味着在所有商业活动中，创业者需要严格遵守各项法律法规。守法自律的范围广泛，包括但不限于税务合规、遵守劳动法以及遵循所有适用的行业规范和标准。例如，在税务方面，创业者需要确保其财务报告的透明度和准确性，避免任何形式的税务逃避；在遵守劳动法方面，这意味着公平对待员工，提供安全的工作环境，以及确保工资和福利的合法性。此外，守法自律还涉及尊重知识产权法，避免侵犯他人的专利、版权和商标权。通过这些实践，创业者不仅能够保护企业避免法律风险，还能在客户和合作伙伴中建立起信任和可靠的形象。守法自律也是维护市场秩序和公平竞争的重要因素，有助于营造健康有序的商业环境。

（四）承担社会责任

社会责任体现了创业者对于社会福祉的关注和承担的社会义务。这不仅包括通过创造就业机会和增加税收来促进经济发展，更包括在环境保护、支持社会公益活动以及实施道德商业实践等方面的努力。例如，在环境保护方面，创业者可以采用可持续的生产方法，减少废物和污染，努力实现碳中和；在社会公益方面，创业者可以通过捐赠、志愿服务或支持非营利组织来回馈社会。道德商业实践也非常关键，如确保供应链中不存在剥削劳工的情况，产品的生产和销售遵循道德和可持续的原则。这些做法不仅有助于解决社会问题，提高企业在社会中的声誉，还能增强消费者和投资者对企业的信任。社会责任的承担对于树立企业正面形象、提升品牌价值至关重要，同时也是企业长期成功和可持续发展的重要推动力。

三、专业素质

专业素质是创业成功的基石，涵盖以下几个方面。

（一）行业知识

行业知识对于创业者而言，是打基础、立长远的关键要素。这种知识不仅包括对行业现状的了解，更包括行业历史、发展趋势、核心竞争力以及未来可能的变化。深厚的行业知识使创业者能够在复杂多变的商业环境中做出更明智的决策，找到独到的市场定位，并制定有效的商业策略。

每个行业都有其独特的商业模式、规章制度和市场动态。例如，科技行业强调创新和快速迭代，而制造业则更注重生产效率和成本控制。对行业特性的深入理解能够让创业者更好地适应行业环境，把握行业发展的脉络。行业知识还涉及对目标市场的深入分析，包括理解消费者需求、市场规模、市场增长潜力以及竞争格局。创业者需要对潜在的客户群体有一个清晰的认识，包括他们的需求、购买行为和偏好。同时，了解竞争对手的策略、优势和弱点也十分重要。这样的市场洞察力可以帮助创业者制定有效的市场进入策略，避免不必要的商业冲突，寻找到合适的市场定位。行业知识还包含对行业未来发展趋势的预测和理解。随着技术进步和市场需求的变化，行业本身也在不断演变。创业者需要保持对新技术、新规则和新趋势的敏锐洞察力。这种前瞻性思维使创业者能够预见未来可能的挑战和机遇，并提前做好准备。

（二）管理技能

管理技能对于创业者来说是实现企业成功和可持续发展的关键。这些技能不仅涵盖了组织资源、领导团队、规划业务等方面，还包括了解决问题、决策制定和优化运营等多个层面。有效的管理技能能够帮助创业者在快速变化的商业环境中保持企业的稳定性和竞争力。

管理技能中的组织资源能力涉及如何高效地利用企业的有限资源，包括资金、人力和时间等，以实现最大的效益。例如，创业者要能够制定合理的预算，合理分配资金到关键的业务领域，同时还要在人力资源管理上做到既高效又公平。此外，时间管理也是创业者必须掌握的重要技能之一，能够在紧张的时间表中平衡各项任务和优先级，是确保企业顺利运营的关键。领导团队的能力对于创业者来说同样不可或缺。领导力不仅意味着指导和激励团队，更包括建立有效的沟通机制、培养团队协作能力以及解决团队内部的冲突。一个有远见的领导者能够激发团队的创造力和潜能，创设一个充满活力和创新的工作环境。此外，良好的领导技能还包括能够对团队成员进行有效的培训和发展，确保他们有能力完成任务并在工作中不断成长。决策制定能力是管理技能中的另一个重要方面。创业者在企业运营过程中需要不断地作出决策，这些决策可能涉及市场策略、产品开发、财务规划等多个方面。有效的决策制定不仅需要基于充分的信息和数据分析，还要考虑到企业的长期目标和战略。此外，问题解决能力也是创业者在管理过程中不可或缺的能力。创业者需要能够迅速识别问题，有效地分析问题根源，并制定合理的解决方案。运营优化是创业者管理技能的另一个重要组成部分，包括持续改进企业的内部流程，提高效率和生产力。例如，引入新技术或改进工作流程，以减少浪费、降低成本并提高服务质量。

（三）创新能力

创新不仅仅是发明新产品或开发新技术，其内容涵盖了商业模式、市场策略、管理方法甚至企业文化的创新。具备强大创新能力的创业者能够在不断变化的商业环境中发现新机会，并有效地应对挑战。

要培养创新能力，创业者需要持续地学习和探索，包括关注最新行业趋势、研究新技术以及深入理解消费者需求。通过不断地吸收新知识，创业者能够拓宽思维视野，从而在传统的思维模式之外寻找创新的灵感。创新能力还涉及对现有资源的创造性利用和重新组合。在资源有限的情况下，创业者需要找到最有效的方法来配置和利用这些资源，以产生最大的创新效果。这可能意味着通过非传统的方式解决问题，或者在现有产品和服务中寻找新的应用场景。创新能力还要求创业者容忍失败。创新过程中的试错是不可避免的，重要的是从失败中学习并迅速调整策略。这种对失败的接受和从中学习的态度，是持续创新的重要组成部分。培养创新能力需要一种开放和合作的心态。在当今多元化和互联的商业环境中，创新往往是跨领域、跨行业合作的结果。因此，创业者需要与不同的利益相关者建立联系，包括客户、供应商、研究机构甚至竞争对手，共同寻找创新的可能性。

第二节　提升大学生创业素质的途径

在经济全球化和高度竞争的环境中，拥有优秀的创业素质对于未来的创业者来说是至关重要的。通过以下途径，大学生将能够在创业过程中展现出卓越的能力和坚韧的精神。

一、设置多元化课程

在当前的教育背景下，提升大学生的创业素质成为一项至关重要的任务。多元化课程设置是实现这一目标的关键途径之一。这种课程设置不仅涵盖了传统的商业和管理知识领域，还包括了创新思维、市场洞察、财务规划以及法律知识等领域。通过这种多元化课程，大学生可以获得全面的知识背景，为未来的创业活动做好充分的准备。

多元化课程设置旨在提供一个全方位的学习平台，让学生能够接触并掌握各种与创业相关的知识和技能。例如，商业管理课程可以帮助学生理解企业运作的基本原理，学习如何制定有效的商业策略；市场营销课程则能教会学生分析市场趋势，识别目标客户，并设计有效的市场推广计划；财务管理课程让学生学会管理企业财务，包括资金筹集、预算编制和财务风险管理。此外，掌握一定的法律知识也是创业成功的关键，特别是在涉及知识产权、合同法和公司法等方面。在这种多元化的课程体系中，创新思维的培养尤为重要。创新不仅是创业成功的关键，也是区分优秀创业者与其他人的重要因素。与创新思维相关的课程和活动可以鼓励学生跳出传统思维模式，激发其创造力，找到解决问题的新方法，如创新工作坊、设计思维课程以及创意竞赛等。

除了学习理论知识，实用技能的培训也是多元化课程体系的重要组成部分，这些技能包括项目管理、团队合作、沟通能力以及领导力等。这些技能的培养不仅有助于学生在学术领域取得成就，也能为他们日后在商业环境中的成功打下坚实的基础。多元化课程设置还需要考虑到不断变化的商业环境和新兴行业的发展趋势。随着科技的进步和市场的变化，新的商业模式和策略不断涌现，因此，课程内容应当具有时效性和前瞻性，及时更新，以确保学生能够紧跟时代步伐。

二、积累实践经验

在理论学习的基础上，通过实际操作和实践活动，学生能够深化对创业过程的理解，并培养必要的技能和心态，为未来的创业活动打下坚实的基础。

实践经验的积累可以通过多种途径实现，旨在让学生直接参与创业过程，体验创业的各个方面，并在实践中学习和成长。

（一）实习

通过实习，学生有机会深入了解企业的日常运作，积累实际工作经验。这种体验不仅让学生能够将理论知识与实际工作相结合，还有助于他们理解商业环境的复杂性。在实习期间，学生可以参与各种实际业务活动，如市场调研、产品设计、客户服务等，这些经历无疑将提升他们的职业技能并加深他们对业务的理解。实习也是学生建立职业网络的重要机会。通过与公司内部的同事、行业专家和其他实习生的交流，学生可以建立起广泛的联系网络，这对于他们日后的职业发展和创业活动大有裨益。实习期间，学生有机会接触到行业前沿的信息和趋势，这些信息对于未来创业时的市场定位和策略规划非常重要。

（二）参与创业项目或工作坊

参与校园内或校外合作企业和组织举办的创业项目或工作坊，是另一种提升大学生创业素质的有效途径。这些项目和工作坊提供了一个实际操作的平台，让学生能够将他们的创业想法付诸实践。在这些活动中，学生不仅能锻炼自己的市场分析、产品开发和商业计划书撰写等创业技能，还能学习如何面对和解决创业过程中的各种挑战与困境。通过这些活动，学生可以在安全的环境中测试和改进他们的创业想法。他们可以通过实际的项目工作，学习如何筹集资金、管理团队和推广产品。这种实践经验对于学生理解创业过程的不同阶段和面临的挑战至关重要。参与这些活动还有助于学生培养创新思维和解决问题的能力。在工作坊或项目中，学生往往需要采取创新的方法来解决复杂的问题，这有助于他们在未来的创业活动中更具灵活性和创新性。

（三）参加创业竞赛和挑战赛

参加创业竞赛和挑战赛是提升大学生创业素质的一种极为有效的方式。这类活动通常鼓励学生团队基于创新思维提出独特的商业构想，并要求他们制订出全面的商业计划。参赛过程中，学生需要将他们的创业想法清晰地呈现给评审团和公众，这不仅锻炼了他们的商业技能，也提高了他们团队协作和公共演讲的能力。在这些竞赛和挑战中，学生能够在真实且具有竞争性的环境中测试他们的创业想法。这种经历对于培养学生的市场意识、战略规划能力和风险评估能力极为重要。同时，这些活动还提供了一个平台，让学生能够从业界专家和评审那里获得宝贵的反馈和建议，这些反馈对于他们未来改进和完善创业计划至关重要。参加这类竞赛还能增强学生应对压力和挑战的能力，这是创业过程中不可或缺的素质。在激烈的竞争中，学生能够学会如何在限定时间内有效地解决问题、适应环境变化，并作出快速决策。

（四）建立创业实验室或创业孵化中心

创业实验室或创业孵化中心的建立为大学生提供了一个实际操作和创业尝试的平台，它们往往有必要的资源，如资金、办公空间、技术支持和商业指导，能够帮助学生将他们的创业构想转化为现实。

在创业实验室或创业孵化中心中，学生不仅能够实践他们的创业想法，还能够直接从经验丰富的创业导师那里获得指导。这种指导不仅涉及商业策略和运营管理，还包括如何应对创业过程中的各种挑战。通过这些互动，学生可以学习如何在实际环境中应用他们的知识和技能，以及如何有效地管理和发展他们的创业项目。创业孵化中心还提供了与潜在投资者和合作伙伴建立联系的机会，不仅能够帮助学生为他们的创业项目筹集资金，还能为他们的项目提供更广泛的市场和资源接触机会。通过与外部合作伙伴的互动，学生能够扩展他们的职业网络，提高项目的可行性和市场认可度。

三、创业导师指导

创业导师通常是拥有丰富实战经验的企业家、行业专家或学术导师，他们通过分享个人经验、提供实践指导和建立必要的网络联系，帮助学生在创业的道路上取得进步。在当前的教育体系中，创业导师的作用不仅仅是传授知识，更重要的是引导学生理解和应对创业过程中的复杂性和挑战。通过与创业导师的互动，学生可以获得关于市场趋势、业务策略、风险管理以及创业心态等方面的深入见解。这种指导帮助学生在理论学习与实际应用之间架起桥梁，提高他们的综合创业能力。

创业导师可以通过多种方式对学生进行指导。一种常见的方式是一对一的辅导会议，导师在这些会议中针对学生的创业计划或项目为其提供具体的建议和反馈。在这个过程中，学生可以向导师提出具体问题，获取关于策略制定、资源获取和问题解决的个性化建议。除了一对一辅导，小组研讨会和研讨课也是创业导师指导的有效形式。在这些活动中，导师可以引导学生团队讨论特定的创业主题，如商业模式创新、市场分析方法或领导力发展等。通过集体讨论和案例分析，学生能够从同伴的想法中学习其长处，并在导师的引导下深化对创业核心概念的理解。创业导师还可以通过组织工作坊、讲座和网络活动来提供指导。这些活动为学生提供了了解行业动态、探索新兴市场和建立职业联系的机会。通过参加这些活动，学生可以直接从经验丰富的企业家和行业专家那里学习创业知识，了解创业成功的关键因素和常见陷阱。创业导师的指导还包括帮助学生建立和拓展职业网络。在创业过程中，建立广泛的职业网络对于资源获取、市场推广和合作伙伴寻找都至关重要。导师可以利用自己的行业联系帮助学生接触潜在的投资者、客户和合作伙伴，为他们的创业项目开拓更多的机会。

四、心态建设和持续学习

一个积极的心态和对知识的不断追求是创业成功的关键因素。在创业的旅程中，面对挑战和逆境的心态，以及对新知识和技能的持续渴望，能够显著影响创业者的表现和成果。

创业心态的培养涉及几个关键方面。一方面，培养韧性和适应性是至关重要的。创业过程充满挑战和不确定性，能够坚持并适应不断变化的环境对于创业者来说至关重要。学生需要学会在面对失败时保持韧性，从挫折中吸取教训，而不是放弃。例如，通过参与团队项目和解决实际问题，学生可以在实践中培养这种坚韧的心态。另一方面，培养积极主动的态度同样重要。这意味着学生需要积极寻求机会，主动解决问题，并愿意承担风险。创业不仅是对商业机会的把握，还是对个人能力和潜力的挑战。学校要鼓励学生参与竞赛、项目和挑战，使他们学会主动寻求成长和发展的机会。

在不断变化的商业世界中，持续学习是保持竞争力的关键。创业领域不断进步，新的技术、理念和市场策略不断涌现，因此，大学生必须培养自身对新知识的渴望和不断学习的习惯。持续学习不仅涉及学术知识的更新，还包括对行业趋势、技术进步和市场动态的关注。通过参加讲座、研讨会和行业会议，学生可以保持对新信息的敏感性，并将这些信息应用到自己的创业实践中。此外，通过在线课程、自学和参与研究项目，学生可以不断扩展自己的知识库和技能集。

第三节 创业团队的组建

创业团队是指在创业初期（包括企业成立前和成立早期），由一群才能互补、责任共担、愿为共同的创业目标而奋斗的人所组成的特殊群体[①]。创业团队的组建是一个综合考量多种因素的过程。遵循正确的组建原则，并按照一定的步骤来操作，可以大大提高创业成功的概率。一个强大的团队不仅能够有效地执行创业计划，还能在面对挑战时提供必要的支持。

一、创业团队组建的原则

在创业团队的组建过程中，遵循一系列原则是至关重要的。这些原则不仅指导着团队的构建，还确保团队能够高效运作，并最终实现创业目标。

（一）目标一致性

创业团队组建的目标一致性是指团队成员在目标和愿景上形成共识，这种共识为团队指明了清晰的方向和目的，是推动团队前进的基石。具体的目标可以包括市场定位、产品开发、收入目标甚至是更广泛的社会影响目标。这些目标应该具有挑战性，能够激发团队成员的热情和动力，同时也应该是实际可达成的，避免过于理想化而导致团队成员失去方向。明确的目标有助于确保团队成员在每一步决策和行动中都保持同步，减少内部的摩擦和误解。为了维护目标一致性，团队领导者需要定期与团队成员沟通，确保每个人都对团队的整体目标有清晰的理解，并且在实际工作中能够朝着这些目标努力。

[①] 邱小林，周文波. 大学生创新创业与就业指导 [M]. 北京：现代教育出版社，2020：43.

（二）成员选择的适当性

在选择团队成员时，应考虑他们的技能、经验、性格和价值观是否与团队的目标和文化相匹配。理想的团队成员应当具备以下特质。其一，技能互补。每个成员都应该拥有深厚的专业领域技能和知识，同时与其他成员形成技能上的互补。例如，技术专家、市场营销专家和财务分析师的结合可以为团队带来全面的视角。其二，性格和思维方式的协同。团队成员的性格和思维方式应当相互协同。例如，一些成员可能在解决问题时更具创造性和直觉性，而另一些成员可能更注重逻辑性，有较好的分析能力。这种多样性有助于团队在面对复杂问题时从多个角度进行思考。其三，文化和价值观的一致性。团队成员应当在核心价值观和文化上达成一致。这不仅有助于形成团队凝聚力，还能确保在遇到挑战和冲突时，团队能够保持统一。其四，多样性。团队成员的多样性不仅仅体现在技能上，还包括不同的文化背景、工作经验和观点。这种多样性能够为团队带来更广阔的视野，促进创新和创造力的形成和发展。

（三）角色和责任的清晰划分

当团队成员清楚地知道他们各自的职责和期望时，他们更有可能高效地完成任务，减少工作重叠和混乱。这不仅能提高团队的整体运作效率，还有助于避免因角色冲突或责任不明确而产生的摩擦。角色和责任的划分应该基于个人的技能、经验和团队的需求。例如，一位具有强大市场营销背景的团队成员可能负责市场推广和客户关系管理，而拥有财务背景的成员则可能负责预算管理和财务规划。此外，明确的角色划分还有助于团队成员了解如何与其他团队成员合作，确保团队的各个方面协调一致。

为了确保角色和责任的清晰划分，团队领导者应当在团队组建初期进行全面的规划，并与团队成员进行充分的沟通，包括明确每个角色的具体任务、责任范围以及期望成果。定期的团队会议和个人反馈会议也是必要的，以确保每个成员都在正确的轨道上，并及时调整角色和责任以适应团队的发展和市场的变化。

二、创业团队组建流程

在创业团队的组建过程中，有序的流程可以确保团队组建的每一步都符合创业目标和策略。以下是创业团队组建流程的关键步骤，它们共同构成了一个高效团队建立的基础。

（一）明确创业目标

明确创业目标不仅为团队的每一项活动指明了方向，也为团队成员提供了共同追求的目的。创业目标通常涵盖产品或服务的具体特性、目标市场、预期客户、长期愿景以及短期和长期的业务目标。例如，一个创业团队可能致力于开发一款创新的移动应用，旨在满足年轻消费者的特定需求，创业目标应该基于市场的实际需求和团队的能力来设定。具体而可衡量的目标有助于团队在创业过程中进行自我评估和调整。此外，这些目标还应当具有挑战性，以激发团队成员的热情和创造力，但同时也必须是实际可达成的，以避免导致团队成员的挫败感。

（二）制订创业计划

创业计划是将创业目标转化为实际行动的蓝图。一个详细的创业计划包括对目标市场的深入分析、产品或服务的开发计划、市场进入策略、营销计划、财务预算和资金需求，以及对潜在风险的评估。创业计划还应包括具体的实施步骤和时间表，即所谓的"里程碑"，这些"里程碑"有助于团队跟踪进度并及时调整策略。市场分析是创业计划的重要部分，它涉及对目标客户群、市场规模、竞争对手以及市场趋势的研究。通过深入的市场分析，团队可以更好地理解市场需求，从而设计出更符合市场和客户需求的产品或服务。财务规划是创业计划的另一个关键要素，包括资金需求估计、收入预测、成本分析以及利润预测。明确的财务规划不仅有助于团队在经营过程中保持财务稳定，还是吸引投资者和合作伙伴的重要因素。风险评估也是制订创业计划中不可或缺的部分。创业过程充满不确定性，团队需要识别潜在的风险，如市场风险、财务风险、技术风险和运营风险，并制定相应的策略。

（三）招募团队成员

招募合适的团队成员是构建成功团队的基石。在这一过程中，团队领导者需要考虑多种因素，以确保每个成员都能为团队的整体目标和愿景作出贡献。重要的考量因素包括每位候选人的专业技能、工作经验、个性特征以及价值观是否与团队目标和文化相吻合。在技能上，团队成员应具有互补性，这意味着每个成员的专长和技能可以弥补团队中其他成员的不足。例如，一个技术驱动的创业项目可能需要软件开发人员、产品设计师、市场专家以及财务顾问等不同背景的成员。在个性和价值观方面，选择那些与团队文化相匹配的人是至关重要的，这有助于维护团队的协作和和谐。

（四）明确职责划分

良好的职责划分有助于确保每位团队成员都能在其擅长的领域内发挥最大的效用，同时避免工作重叠和责任不明确的问题。这不仅能提高团队的工作效率，还能增强成员们的责任感和对团队目标的承诺。

在职责划分过程中，首先要考虑的是每位团队成员的能力和兴趣。每个人都有其独特的技能和优势，团队领导者需要认识到这一点，并据此分配职责。例如，对于具有出色创意思维的成员，可以将其安排在产品设计或市场营销的职位上；而那些擅长数字和关注细节的成员，更适合担任财务或数据分析的角色。考虑个人的职业发展目标也同样重要，这有助于提升团队成员的工作满意度和长期承诺。明确的职责划分可以显著提高团队的工作效率。当团队成员明确知道自己的任务和责任时，他们可以更专注地工作，减少沟通误解和冲突的发生。明确的职责也有助于优化团队的工作流程，确保项目按时完成，提高整体的生产力。明确的职责划分还能增强团队成员对工作的责任感。当团队成员清楚自己对团队和项目的贡献时，他们更有可能感到自己的工作是有价值和有意义的，从而更加积极地投入工作。同时，这种责任感还会增强团队成员对团队目标的承诺，有助于形成团队凝聚力和提升团队士气。为了确保职责划分的有效性，团队领导者需要定期与团队成员进行沟通，确保每个人都了解自己的任务和期望。这种沟通不仅涉及职责的确认，还包括对工作进展的反馈和可能的调整。随着团队的发展和市场的变化，职责划分可能需要适时调整，以适应新的工作要求和挑战。

（五）构建制度体系

制度体系是创业团队稳定运作的基础。它包括一系列规则、程序和标准，旨在指导团队的日常运作和决策过程。有效的制度体系能够确保信息在团队内部流通无阻，决策过程透明公正，同时为团队成员提供清晰的指引，使他们了解自己的角色和责任。这些制度包括但不限于决策机制、沟通渠道、绩效评估和反馈过程，以及奖励和激励机制等。例如，团队可以召开定期会议来讨论项目进度，建立明确的沟通渠道以保持团队成员间的信息同步，以及设立绩效评估标准以监控团队和个人的工作表现。制度体系还应包括处理内部冲突和问题的机制。在团队发展过程中，不可避免地会出现分歧和摩擦。有效的冲突解决机制和问题处理程序不仅有助于及时解决这些问题，还能防止它们升级或对团队的整体表现产生长期负面影响。

（六）团队的调整

随着项目的发展、市场环境的变化和团队成员的变动，团队结构和工作方式可能需要做出相应的调整。这可能涉及重新分配角色和任务，引入新的工作流程，甚至更换团队成员以适应新的需求。在这个过程中，团队领导者的作用尤为重要，他们需要敏锐地洞察团队内部和外部的变化，及时作出适当的调整，确保团队能够灵活适应这些变化。团队的文化和价值观也需要随着时间的推移而不断发展。强有力的团队文化能够促进成员之间的相互信任和协作，提高团队对外部挑战的抵抗力。领导者应积极培育和维护这种文化，通过团队建设活动、共同的目标和价值观以及对团队成员个人成长的支持，加强团队的内部凝聚力。

第四节　创业团队的管理

在创业的旅程中，创业团队的管理是一个至关重要的环节，它直接影响到团队的效率、创新能力及最终的业务成果。有效的团队管理不仅涉及日常运作的高效协调，还包括团队成员之间关系的建立、价值观的培养和激励机制的实施。

一、团队精神和凝聚力

在创业团队的管理中，培养团队精神和凝聚力是一个复杂而重要的过程。这不仅关系到团队成员之间的相互作用和合作，还直接影响团队面对挑战时的表现和整体成效。培养团队精神和凝聚力的核心在于创造一个积极的工作环境，使团队成员感到被尊重、价值被认可，且能够朝着共同的目标努力。

首要任务是确立一个共同的目标和愿景。一个明确且具有挑战性的目标可以激发团队成员的热情，为他们指明共同努力的方向。团队领导者在这个过程中扮演着关键角色，他们需要清晰地传达团队的目标，确保每位成员都理解这些目标对他们日常工作的影响，并持续强调这些目标的重要性。有效的沟通是培养团队凝聚力的另一个关键要素。团队领导需要建立一个开放和支持的沟通环境，鼓励团队成员分享想法和意见，同时提供及时的反馈。这种沟通环境有助于增强团队成员之间的信任，减少误解和冲突。定期的团队会议、一对一的交流以及非正式的社交活动都是促进团队沟通的有效方法。信任和尊重是团队凝聚力的基石。团队中的每个成员都应该感到他们的贡献被重视，他们的专业知识和技能被尊重。团队领导者应该在日常的互动中展现出对每位成员的尊重和信任，公平对待每个人，并在适当的时候对他们的努力和成就给予认可。鼓励团队合作和协作是增强团队精神的有效手段。通过团队建设活动和协作项目，团队成员可以学习如何更有效地一起工作，同时增进彼此之间的关系。这些活动不仅能提高团队合作的能力，还能增强团队成员之间的联系和归属感。处理内部冲突的能力对于维护团队凝聚力来说也是至关重要的。冲突如果得不到妥善处理，可能会损害团队的氛围和生产力。团队领导者需要具备有效的冲突解决技巧，能够及时识别和解决团队内部的问题，同时保持团队的和谐与合作。

二、绩效管理

绩效管理在创业团队中是一个动态和持续的过程，它要求团队领导者和成员之间有良好的沟通，共同努力以实现团队的目标。在创业环境中，由于资源通常有限，市场变化快速，因此有效的绩效管理尤为关键，它可以帮助团队优化资源分配，快速适应市场变化，并确保团队在正确的路径上前进。

绩效管理涵盖了从目标设定、绩效监控、评估反馈到绩效改善的全过程。这个过程要求团队领导者和成员之间有良好的沟通，确保每个人都明白自己的目标，并且知道如何实现这些目标。以下是绩效管理中的几个关键方面。绩效管理的第一步是为团队和每位成员设定明确、可量

化的目标。这些目标应与团队的总体目标和策略紧密相关。SMART 原则
（具体、可测量、可达成、相关性、时限性）是设定有效目标的一个有用
工具。目标设定过程应该是一个互动的过程，团队成员应有机会对自己
的目标提出意见和反馈。目标设定之后，需要有一个持续的监控和评估
过程来跟踪团队和个人的绩效，可以通过定期的进度检查、工作报告和
团队会议来完成。持续的监控有助于及时发现问题和偏差，确保团队保
持在正确的轨道上。定期的绩效评估是绩效管理的重要组成部分。这些
评估应基于之前设定的目标，并且应该包括对团队成员在工作中的表现
的全面评价。反馈应该是建设性的，旨在提升团队成员的表现并促进其
职业发展，而不仅仅是批评。有效的反馈应具体、及时，并且以积极的
方式提出。当发现绩效不符合预期时，应制订改善计划，包括额外的培
训、更改工作方法或调整目标。绩效改善计划应当具体、实际，并且有
明确的时间表。

三、激励机制

良好的激励机制不仅能提升团队成员的工作积极性，还能增强他们
对团队目标的承诺和贡献度。一个有效的激励系统应综合考虑团队和个
人的需求、动机和目标，旨在创造一个有利于成员个人和团队整体发展的
环境。

了解团队成员的个人需求和动机是制定有效激励策略的基础。团队
成员的动机可能因个人的价值观、职业目标和生活状况的不同而有所差
异。例如，一些团队成员可能更看重工作的安全性和稳定性，而另一些
成员则可能寻求职业成长和学习新技能的机会。了解这些个人差异有助
于设计更加个性化和有效的激励措施。激励机制的一个关键组成部分是
设定明确且可达成的目标。目标应与团队的总体战略紧密相连，为团队
成员提供明确的工作方向和成功的衡量标准。有效的目标设定可以提高
团队成员的工作积极性和参与度，使他们更有可能为实现这些目标而努

力工作。绩效反馈和认可也是激励机制中不可或缺的部分。定期和及时的绩效反馈能帮助团队成员了解自己的工作表现,识别需要改进的地方,并因自己的努力被赏识而激发更大的热情。公开和诚实的认可可以显著提高团队成员的满意度和自我价值感,进而提升其对团队目标的承诺。激励机制还应包括为团队成员提供发展和成长的机会,可以通过提供培训和学习资源、规划职业发展路径或提供晋升机会来实现。支持团队成员的个人和职业发展不仅能提高他们的工作能力,还能增强他们对团队的忠诚度和归属感。物质奖励如薪酬、奖金和其他福利,虽然是激励的一部分,但不应成为唯一的焦点。物质奖励应与团队和个人的绩效紧密相连,确保激励机制的公平性和有效性。此外,非物质奖励,如工作灵活性、职位提升和公认的表扬,也是重要的激励手段。

四、团队价值观建设

价值观建设不仅塑造了团队的文化和身份,还指导团队成员的行为和决策。积极的团队价值观能够激励成员们朝着共同的目标努力,并在团队内部营造一种基于信任和相互尊重的氛围。在快速变化和竞争激烈的创业环境中,坚定的价值观是团队能够持续成功的基础。

团队价值观的建设开始于对这些价值观的定义和明确化。这一过程需要团队领导者的积极参与,他们要明确地表述团队所崇尚的核心价值观,并确保这些价值观与团队的长期目标和愿景相一致。这些价值观应该具体、易于理解,并能够在日常工作中得到体现。例如,如果创新是团队的一个核心价值,那么团队的工作方式和决策过程中应该鼓励创新思维和尝试新方法。价值观的传播和内化是团队价值观建设的另一个关键环节。领导者需要通过自己的行为来展示这些价值观,并将其融入团队的各项活动中,如团队会议、培训以及日常的沟通中。此外,价值观应该成为团队招聘、评估和发展过程的一部分,确保新加入的团队成员能够理解并接受这些价值观。团队价值观的持续强化对于维护团队的凝聚力和效率同样重要。领导者应定期回顾和重申这些价值观，确保它们在团队成员之间得到认可，并在团队发展的各个阶段中持续发挥作用。同时，领导者应该鼓励和奖励那些在工作中体现团队价值观的行为，从而加强价值观在团队中的实际影响力。

第五节　创业团队的社会责任

在创业的道路上，社会责任是一个不可忽视的重要组成部分，它既体现了创业团队的价值观，也对企业的长远发展产生深远影响。创业团队的社会责任不仅关乎企业自身的道德和伦理标准，更是在当今社会中建立良好企业形象和实现可持续发展的关键因素。

一、社会责任的概念

社会责任指的是企业在追求经济利益的同时，对环境、社会和利益相关者（如员工、客户、供应商和社区）负责的行为。它超越了传统的营利目标，强调企业在确保经济效益的同时，也应承担起对社会和环境的责任。这种责任意识体现在企业的日常运营决策中，如采用环保的生产技术、公平的劳动实践、在社区中的积极参与以及透明和负责任的企业治理。对于创业公司而言，承担社会责任有助于塑造其品牌形象，建立与消费者之间的信任和忠诚度。现代消费者越来越关注企业的社会责任表现，许多人愿意支持那些积极承担社会责任、对社会有一定贡献的公司。因此，对创业公司而言，承担社会责任不仅是道德上的要求，更是市场竞争中的一种战略优势。

创业公司可以通过多种方式来实践社会责任。例如，采用环保的材料和生产流程，减少对环境的影响；为员工提供良好的工作条件和公平的薪酬来提升社会福利；参与社区服务和慈善活动，帮助社区解决问题。此外，创业公司还可以通过创新的产品和服务解决特定的社会问题，如通过提供可持续的能源解决方案或发展改善公共卫生状况的技术。社会责任的实践不仅有助于提升企业的外部形象，还能增强内部员工的工作满意度和归属感。当员工认为自己是一个对社会有积极影响的组织的一员时，他们更有可能感到自豪，这有助于提高员工的工作效率和忠诚度。

二、履行社会责任的策略

在创业过程中履行社会责任是现代企业不可或缺的一部分。它不仅反映了企业的价值观和伦理标准，而且对于建立品牌声誉、增强消费者信任和确保企业的长期成功具有重要意义。履行社会责任的策略涉及多个方面，包括环境保护、社会贡献、可持续发展、维护与利益相关者的关系等。

（一）环境保护

环境保护是企业社会责任的重要组成部分，涉及减少企业活动对环境的负面影响。在当前经济全球化和环境变化的背景下，创业团队在业务运营中融入环境保护的理念，不仅有助于减少对自然资源的消耗和对环境的破坏，还能提升企业形象，赢得消费者和社会的广泛认可。

创业团队在环境保护方面可以采取多种措施。企业可以在产品设计和生产过程中采用环保材料和技术，减少废物产生和能源消耗。例如，选择可回收或生物降解材料，运用清洁能源，以及采用高效的生产工艺等。创业企业还可以通过实施废物管理和回收计划来减少环境污染。这包括建立有效的废物分类和回收系统，减少生产过程中的废弃物，并尽可能地重复利用资源。同时，企业还可以通过优化供应链和物流来减少碳排放，例如，采用环保包装材料，优化运输路线，以及鼓励员工绿色通勤以降低对环境的影响。创业企业还可以积极参与或支持环保项目和倡议，如投资可再生能源项目，参与当地社区的环境保护活动，或支持与环境保护相关的非政府组织。这些活动不仅有助于企业在解决具体的环境问题中发挥自身的作用，还能提升企业在公众和潜在消费者心中的形象。

（二）社会贡献

创业企业通过社会贡献，不仅能够积极影响社会和环境，还能够提升企业的公共形象和品牌价值。实现社会贡献的方式多种多样，主要包括捐赠、志愿服务、支持社区项目和提供实习及就业机会等。

捐赠是一种直接有效的社会贡献方式。创业企业可以通过向慈善机构或社会福利项目捐款或捐赠物资来支持社会公益事业。这种捐赠既可以是一次性的，也可以是长期的。通过捐赠，企业能够帮助社会解决特定的问题，如贫困、教育发展不平衡、环境保护等。志愿服务也是企业作出社会贡献的重要形式之一。创业企业可以鼓励员工参加志愿活动，如参与社区清洁、为弱势群体提供援助或参与环境保护项目等。企业可以通过提供带薪的志愿时间或组织团队志愿活动来支持员工参与社会活动。这不仅有助于提升企业在社区中的形象，也能增强员工的团队精神和对企业的认同感。支持社区项目是另一种重要的社会贡献方式。创业企业可以参与或资助社区的教育、卫生、文化或环境项目。通过这种方式，企业不仅能帮助社区解决其面临的问题，还能够与社区建立更紧密的联系，提升企业的社会责任形象。提供实习和就业机会，尤其是为弱势群体和社会边缘人群提供就业机会，是企业履行社会责任的另一种方式。创业企业可以通过提供实习机会、职业培训和就业机会来帮助这些群体更好地融入社会和劳动市场。这不仅有助于提升这些群体的生活质量和改善其经济状况，还能够为企业带来多样化的观点和技能。

（三）可持续发展

对创业企业来说，可持续发展的实践意味着采取一系列旨在减少负面环境影响、增进社会福祉并促进经济长期增长的策略和措施。这包括开发和提供对环境影响较小的产品和服务，优化运营以减少资源消耗和废物产生，以及采取措施确保企业活动对社会具有正面影响。

可持续发展的核心在于创新和效率的提升。创业企业可以通过创新的产品设计、生产过程和商业模式来减小对环境的影响，同时提高资源使用效率。例如，开发使用可再生能源的产品，采用环保的材料和生产工艺，以及实施循环经济模式，都是促进可持续发展的实际举措。创业企业在实现可持续发展的过程中还需要考虑到与利益相关者的关系，包括与员工、客户、供应商、社区及环境保护组织等的互动。通过建立和维护与这些群体的良好关系，企业不仅能够更有效地实现其可持续目标，还能够提升品牌形象和声誉。

（四）利益相关者关系管理

在创业过程中，建立和维护与各方利益相关者的良好关系不仅能够促进企业的稳定发展，还能够提升企业的品牌形象和市场竞争力。利益相关者包括企业的员工、客户、供应商、社区成员及其他合作伙伴。对于这些群体，创业企业需采取一系列措施来确保他们的权益得到尊重和保护。

对员工而言，提供一个安全、健康且公平的工作环境至关重要。这包括确保工作场所的安全，提供合理的薪酬和福利，以及营造无歧视和鼓励多元化的文化氛围。此外，为员工提供职业发展和培训机会也是维护良好员工关系的重要方面。对于客户，创业企业应致力于提供高质量的产品和服务，并确保商业实践的公平和透明。企业要倾听和响应客户的需求和反馈，建立起客户信任和忠诚度。与供应商的关系管理同样重要。创业企业应选择那些遵守环境保护和社会责任准则的供应商，并建立基于互相尊重和公平的合作关系。通过这种方式，企业能够确保其供应链的可持续性和道德性。积极参与社区活动和支持社区发展是创业企业履行社会责任的另一个重要方面。这可以通过赞助社区活动、参与志愿服务或支持当地教育或其他公共项目等方式实现。通过这些举措，企业不仅能够帮助社区解决其面临的问题，还能够在社区中建立起良好的形象和声誉。

思考与练习

1. 描述一个成功创业者的主要特征。

2. 讨论团队多样性如何影响创业成功。

3. 分析一个创业团队失败的案例，指出其中的关键错误。

4. 设计一个团队建设活动。

5. 讨论如何在团队中解决冲突。

6. 分析创业团队在社会责任方面的作用。

第三章 创业机会与创业环境研判

学习目的：
★学习如何识别和评估创业机会
★掌握市场信息的筛选和分析技巧
★理解创业环境对创业机会的影响

重点与难点：
★创业机会的识别和评估
★市场信息的有效处理和分析
★宏观和微观创业环境的综合研判

第一节 创业机会的识别

在创业的旅程中，能够准确识别并把握创业机会对于确保成功至关重要。创业机会主要是指具有较强吸引力、较为持久的有利于创业的商业机会[1]。本节深入探讨了创业机会识别的多个方面，包括机会的来源、识别方法以及影响因素。通过学习这一节的内容，创业者将能够更好地理解市场动态和趋势，洞察潜在的商业机会，并制定出更有效的商业策略。

[1] 罗统碧，皮发万 . 创新创业基础 [M]. 重庆：重庆大学出版社，2021：78.

一、创业机会的来源

创业机会的来源是多元和广泛的，可以从市场需求、技术革新、新兴利益点、政策变动以及社会和人口结构的变化中发掘。这些来源为创业者提供了不同的路径，用以识别和开发潜在的商业机会。

（一）新市场的需求

创业者通过深入分析现有市场，能够发现那些被忽视或未被充分满足的需求。这种对市场的敏感洞察使他们能够在特定领域或细分市场中找到独特的商业机会。这种市场需求的挖掘不仅仅限于发现新的产品或服务需求，还包括对现有产品或服务的改进和创新。创业者需要关注消费者行为的变化，洞悉行业趋势，并以此为基础创造出能够满足或超越顾客期望的解决方案。例如，随着环保意识的提升，人们对环保和可持续产品的需求不断增长，这为创业者提供了开发环保商品或服务的机会。在挖掘市场需求的过程中，创业者还需要注意对细分市场的分析。细分市场通常有其独特的需求特点和消费者群体，通过深入了解这些细分市场，创业者可以开发出更加精准和创新的产品或服务，有效地满足目标顾客的特定需求。例如，针对儿童、老年人或特定爱好者群体开发专门的产品或服务，可以在这些细分市场中建立品牌优势。

（二）新技术及新知识的出现

新技术和新知识的应用在当今创业领域中占据着极为重要的地位。科技的不断进步，如移动应用（App）、二维码、人工智能、大数据等技术的发展，为创业者创造了一系列全新的服务和产品开发机会。这些技术革新不仅改变了市场的运作方式，还为传统市场中存在的问题提供了创新解决方案。新技术的应用还使得创业企业能够更有效地连接和服务更广泛的客户群体。例如，通过移动应用和在线平台，企业可以跨越地理限制，向全球客户提供服务。新技术还能帮助企业更好地理解客户需求，通过数据分析和用户反馈，不断优化和创新产品及服务。

（三）新利益的创造

新利益的创造指通过创新思维和策略为产品或服务增添新的价值，从而提升其吸引力和市场竞争力。这种创新不仅能够改善产品的功能，还能提高其性价比，在多方利益相关者之间创造共赢的局面。以伞行工作室的创业案例为例，这个团队巧妙地运用了共享经济的概念。共享经济模式近年来快速发展，尤其是在共享单车领域取得了显著成就。借鉴这一成功模式，伞行工作室开发了共享雨伞项目，将共享经济的概念应用于日常生活中一个常见但通常被忽视的需求——雨伞的使用。他们与高校和超市等场所合作，使雨伞使用变得更加方便和经济，同时也减少了雨伞的浪费和遗失。这种共享模式不仅为用户提供了便利，还为合作伙伴如高校和超市创造了价值。高校和超市通过提供共享雨伞服务，增强了自身的服务体验，提升了顾客满意度。同时，这一模式还有助于减少雨伞的生产和消费，对环境保护也有积极影响。

（四）政策、法规的变化

政策和法规的变化不仅影响人们的行为规则，还可能创造出新的市场需求和商业模式。以"新型物联网智能生物燃烧器项目"为例，该项目的创立便是对国家环保政策变化的直接响应。随着社会大众环境保护意识的增强，政府对秸秆焚烧等环境问题采取了更加严格的管理措施。在这样的背景下，传统的秸秆处理方法不再适用，农民面临着秸秆处理的难题。这种情况促进了"新型物联网智能生物燃烧器项目"的诞生，该项目通过创新技术解决了秸秆的回收和利用问题，既符合环保政策的要求，又满足了农民的实际需求。该创业项目采用物联网技术，使秸秆燃烧过程更加高效和环保。通过智能控制，减少了污染物的排放，同时将秸秆转化为可利用的资源，如生物质能。这种创新不仅解决了农村地区的环境问题，也为农民提供了额外的收入，创造了经济和环境双重效益。政策和法规的变化还可以激励创业者探索新的商业模式。例如，在可再生能源政策的推动下，太阳能和风能等绿色能源领域的创业机会日益增多。政策的支持和市场的需求共同促进了这些领域的创新和发展。对于创业者而言，关注政策和法规的调整，理解其对行业和市场的影响，可以帮助他们抓住时代变迁中的商业机会。通过与政策和法规变化的同步，创业者不仅可以避免潜在的风险，还能在新的市场需求中找到成长和发展的空间。

（五）社会和人口结构的变化

随着社会的发展和人口结构的变迁，人们的需求和偏好也在不断变化，这些变化为创业者提供了新的市场机会。中国正经历人口老龄化的快速变化，这一趋势对于产品和服务的需求产生了显著影响，特别是在关注老年人福祉和需求的领域。随着社会的发展，不同年龄段、不同社会群体的需求也会发生变化，为创业者提供新的业务方向和增长点。因此，对社会和人口结构变化趋势的深入理解对于创业者来说至关重要，它不仅有助于创业者发现新的市场机会，还可以帮助创业者更好地定位其产品和服务，以满足特定人群的需求。

二、创业机会识别方法

常用的创业机会识别方法主要有市场调研法、系统分析法、问题导向法和创造革新法四种。

（一）市场调研法

市场调研法是识别创业机会的核心方法之一，它涵盖了多种技术和策略，用于深入了解市场动态和消费者需求变化。创业者可以通过与客户、供应商和销售商的直接对话，获取关于产品或服务的反馈、需求和改进建议。这种互动不仅提供了宝贵的市场洞察，还有助于建立长期的商业关系。问卷调查是另一种有效的市场调研工具，它可以帮助创业者量化和分析消费者偏好、行为模式和市场趋势。这些数据对于形成市场策略和决策至关重要。同时，互联网调查、社交媒体分析和在线论坛等可以提供即时的市场反馈和消费者见解。市场调研还包括对行业报告、市场分析和预测的研究。创业者可以通过专业的市场研究机构或行业协会获取这些资源。这些深入的分析报告通常包含行业趋势、市场规模、增长潜力和竞争格局等信息，对于识别和评估创业机会至关重要。

（二）系统分析法

系统分析法要求创业者进行全面而深入的市场环境分析，包括对宏观环境和微观环境的双重考察。在宏观环境方面，政治环境分析涉及了解政策变化、政府规章和国际关系如何影响市场；经济环境分析则涉及经济周期、货币政策、就业率等因素；社会文化分析关注人口统计、文化趋势、消费者行为；技术环境分析探讨技术变革如何影响产品开发、市场需求和运营模式；法律环境分析则聚焦于法规、标准和合规问题；环境因素分析则涉及自然资源、环保法规和可持续性问题。在微观环境方面，创业者需要分析目标市场的特定元素，包括顾客需求、竞争对手、供应商和分销渠道的状况等。这些分析可以帮助创业者了解行业的具体运作模式、市场需求的细微差别和潜在的竞争优势。

通过综合这些宏观和微观分析，创业者能够获得对市场环境的全面且深入的理解，识别出潜在的商业机会，并制定出适应市场需求的策略。系统分析法的成功运用可以大大增加创业项目成功的可能性，同时降低未充分考虑市场和环境因素而产生的风险。

（三）问题导向法

问题导向法要求创业者具备发现问题的敏锐洞察力，并能够创造性地提出解决方案。创业者通过研究和分析特定群体或行业，可以发现那些未被满足的需求或待解决的难题。这些问题可能是消费者面临的实际困扰，也可能是行业内的效率瓶颈或服务缺口。识别问题后，创业者的任务是发展出既有效又具有商业潜力的解决方案。这可能涉及产品创新、服务改进、流程优化或技术应用等多个方面。例如，如果在某个行业中发现客户服务效率低下，创业者就可以开发一个自动化的客户服务平台，以提高效率和顾客满意度。

问题导向法的成功关键在于对市场需求和消费者行为的深刻理解。这要求创业者不仅要有能力识别问题，还要能够准确理解问题背后的原因和消费者的真实需求。通过这种方法识别的商业机会通常能够更直接地满足市场需求，具有较高的成功概率。

（四）创造革新法

创造革新法通常涉及对特定市场需求的深入分析或对新技术的创新应用。在一些情况下，创业机会可能源自对现有市场需求的重新思考，促使创业者探索新技术或新方法以满足这些需求。而在另一些情况下，新技术的发明本身就可能开启全新的市场。创造革新法的应用通常伴随着高风险和高挑战，尤其是在新技术研发和市场验证方面。然而，这种方法也可能带来高回报，尤其是当新技术或创新成功引领市场潮流时。例如，智能手机的出现就是创造革新法应用的一个典型案例，它不仅满足了用户的移动通信需求，还开启了移动互联网、移动支付等全新行业。成功的创造革新通常需要创业者具备前瞻性的思维和持续的创新能力。在这个过程中，对新技术的深入理解和对市场动态的准确把握至关重要。此外，创业者还需要具备将创新技术转化为商业产品的能力，包括产品开发、市场定位和商业模式的设计等。

三、识别创业机会的影响因素

识别创业机会是创业成功的关键步骤，这一过程受到多种因素的影响。理解这些影响因素对于创业者来说至关重要，因为它们可以帮助创业者更准确地识别和评估潜在的商业机会。以下是影响创业机会识别的几个主要因素。

（一）市场需求和趋势

深入理解当前和未来的市场需求，能使创业者洞察到那些未被充分满足的需求，或者是市场上的缺口。例如，在消费者偏好不断变化的今天，人们的健康和环保意识增强，这将导致对某些产品或服务的需求增加。通过对这些趋势的分析和理解，创业者可以发现新的商业机会，开发出满足这些需求的新产品或服务。技术进步和社会变迁也是识别新商机的关键因素。新技术的出现或社会习俗的变化往往带来新的消费模式和市场机会。创业者需要持续关注市场动态，通过对市场趋势的敏锐洞察，在竞争中抓住先机。

（二）技术发展

技术发展和创新对于识别创业机会同样至关重要。技术的进步不仅可以创造全新的市场机会，也可能改变或淘汰现有市场。在这个快速发展的时代，新技术如人工智能、区块链或物联网等正在改变许多行业的运作方式。创业者需要紧跟技术的最新发展，理解这些技术如何应用于不同的业务场景，以及它们如何影响消费者的行为和期望。例如，智能手机的普及改变了人们的沟通方式、购物习惯和生活方式，为创业者提供了开发新应用、服务和产品的机会。同时，技术发展也带来了对传统业务模式的挑战，创业者需要不断创新，以适应这些变化。通过对新兴技术的洞察和应用，创业者可以在竞争中脱颖而出，开创新的市场空间。

（三）行业动态和供应链结构

每个行业都有其特点，如竞争格局、供应链结构、行业规范以及政策环境等方面的特点。这些因素共同决定了行业内的商业机会以及如何最有效地利用这些机会。了解行业的竞争格局是识别创业机会的关键，包括了解行业内的主要竞争对手、他们的优势和弱点，以及市场份额的分布。此外，对新进入者的门槛、客户忠诚度以及品牌影响力也需要深入研究。例如，在一个高度竞争的行业中，创业者需要寻找独特的差异化策略来突破重围；而在一个成熟稳定的市场中，创新可能是打破现状的关键。

供应链结构也对识别创业机会至关重要。有效的供应链管理可以降低成本、提高效率并优化客户体验。创业者需要了解整个供应链的流程，包括原材料的采购、生产过程、分销渠道以及最终的客户交付。对供应链中的每个环节的了解可以帮助创业者发现提高效率或降低成本的机会。行业规范和政策环境的变化也是影响创业机会的关键因素。政府政策、法规变化、行业标准以及安全要求等都可能对创业机会产生重大影响。创业者需要及时掌握这些变化，以确保企业的运营不仅合规，还能从中发现新的机会。

（四）社会文化因素

社会文化因素包括社会价值观、消费者行为的变化和文化多样性，它们不断地重塑市场趋势，为创业者提供了丰富的机会源泉。随着时间的推移，社会价值观和消费者偏好经历了显著的变化。例如，越来越多的消费者开始关注健康和环境保护问题，这推动了健康食品、有机产品、可持续发展的消费品和绿色技术等方面的需求增长。创业者可以通过提供与这些新兴价值观相符合的产品和服务来抓住这些市场机会。文化多样性为创业者开辟了新的市场机会。在多元文化的社会中，不同群体的独特需求和偏好催生了对定制化产品和服务的需求。例如，针对特定文化或社区的美食、服饰或娱乐产品，都可能成为成功的商业机会。在识别创业机会时，对社会文化趋势的变化保持敏感是至关重要的。创业者需要不断研究和分析新兴的生活方式和消费模式，如远程工作、在线教育和健康生活等，以便及时把握市场动向。通过深入了解这些趋势，创业者可以预测未来的市场需求，从而在激烈的市场竞争中占据先机。

（五）政策和法规环境

政府的政策和法规制定往往直接影响着市场的开放性、业务的可行性以及创业的整体成本。政策支持，如税收优惠、创业补贴或特定行业的扶持政策，可以为创业者提供重要的资源和优势。相反，某些法规限制或政策变动可能会对企业运营构成挑战，甚至导致某些市场的关闭。因此，对政策环境的深入了解和对政策变化保持高度敏感对于创业者来说至关重要。这不仅能够帮助他们规避潜在的风险，还可以让他们及时抓住由政策变化带来的新机会。例如，政府对可再生能源的支持可能为与清洁能源相关的创业项目创造有利条件。

（六）个人经验和直觉

创业者的个人背景、知识、技能和过往经历赋予了他们对机会的独特洞察力。这些因素使创业者能够在海量的信息中筛选出那些真正具有潜力的机会，对市场的变化做出快速而准确的反应。经验丰富的创业者通常能够更加迅速地评估市场情况和潜在风险。他们的知识和经验帮助他们了解市场动态，预测行业趋势，并基于此制定策略。例如，一位有着多年行业经验的创业者可能会对消费者需求、竞争对手策略或行业标准有深刻的理解，这使他们能够识别那些被别人忽视的机会。直觉也是创业者识别机会的重要工具，尤其是在信息不完全或市场快速变化的情况下。直觉往往基于对某个特定市场或领域的深刻了解，能够帮助创业者捕捉那些难以用数据量化的机会。在某些情况下，直觉可能会指引创业者探索新的领域，或尝试创新的方法。然而，过度依赖个人经验和直觉也有其局限性。它们可能导致对新情况的忽视或对创新机会的误判。市场和技术的快速变化要求创业者不断更新他们的知识和技能，保持对新趋势的敏感。因此，虽然经验和直觉是宝贵的资产，但它们也需要与系统的市场分析和研究相结合，以确保做出全面和客观的判断。

第二节　市场信息的甄选

在创业过程中，市场信息的甄选主要涉及有效信息的收集技巧、信息评估与筛选以及基于这些信息进行的市场预测和趋势分析。

一、有效信息收集技巧

创业者在进行市场信息收集时，需要使用多种技巧和方法来确保获取的信息全面、准确、有用。信息的收集不仅可以帮助创业者了解当前的市场状况，还可以帮助他们预测未来的趋势，从而制定更加有效的商业策略。市场信息的收集是一个多维度、多渠道的过程。这个过程包括对市场的全面调研，如通过网络搜索、行业报告、市场研究、社交媒体分析、参与行业会议和展会等方式来获取信息。网络和社交媒体平台是获取即时市场反馈和消费者情绪的重要渠道，而行业报告和市场研究可以提供深入的分析和长期的趋势预测。同时，直接与消费者或行业专家进行互动，如组织调查问卷、面对面访谈或焦点小组等活动，也是收集市场信息的重要手段。

在收集市场信息时，创业者需要注意信息的质量。市场上的信息量巨大，但并非所有信息都是准确和有用的。因此，创业者需要具备甄别和筛选信息的能力，确保所依赖的信息是准确和可靠的。这就需要创业者具有批判性思维，能够从不同的信息源中筛选出最有价值的信息，并对信息进行交叉验证。除了收集现有的信息，创业者还需要具备前瞻性思维，能够根据收集到的信息预测市场的未来趋势，包括对行业发展趋势的分析、对新兴技术的追踪、对消费者行为变化的分析等。通过对这些趋势的分析，创业者可以预测市场的潜在变化，从而在竞争中保持先机。信息的收集也需要系统性和持续性。市场状况是不断变化的，因此创业者需要持续地收集和更新信息，既要关注外部市场环境，也要监控内部业务运行。例如，通过跟踪销售数据、客户反馈和运营效率，创业者可以及时调整业务策略，以适应市场的变化。

二、信息评估与筛选

信息评估与筛选的过程涉及对从不同渠道收集到的信息进行深入分析，从而判断其真实性、相关性、准确性和时效性。正确的信息评估和筛选可以帮助创业者避免做出错误的决策，同时为企业的战略规划提供有价值的依据。

信息评估的过程首先涉及对信息来源的审查。在当前信息过载的时代，不同的信息来源可能提供相互矛盾或质量不一的信息。因此，创业者需要对信息来源的可靠性进行评估，要考虑到信息提供者的专业背景、历史记录、声誉等。例如，政府发布的统计数据、知名咨询公司的行业报告或大学研究所的学术文章通常被认为是可靠的信息来源。相比之下，非正式渠道，如个人博客或社交媒体帖子，可能需要更谨慎地对待。对于收集到的信息，创业者需要进行全面的评估，包括但不限于评估信息的时效性、相关性和准确性。时效性是指信息是否为最新的，这一点对于快速变化的市场尤为重要。相关性指信息与创业项目的关联程度，只有与项目直接相关的信息才值得进一步分析。准确性则是评估信息是否基于事实和数据，而不是个人观点或假设。信息的评估还包括对数据的分析，判断信息背后的逻辑是否合理，数据是否经过合理的统计处理。这一步骤可能需要创业者具备一定的数据分析技能，如使用统计软件来识别数据中的趋势和模式，或者对数据进行交叉验证。

在评估了信息的各个方面之后，创业者需要对收集到的信息进行筛选。这一过程涉及决定哪些信息是有用的，哪些信息应该被排除。在这个阶段，创业者需要将信息与自己的创业目标和策略对齐，筛选出那些最有助于实现这些目标的信息，如权衡不同信息的优先级，确定哪些信息对决策过程最为关键。对信息进行评估和筛选是一个持续的过程，随着市场状况和企业战略的变化，创业者需要重新评估先前收集的信息。在这个过程中，创业者需要保持开放和灵活的态度，随时调整信息评估的标准和方法。

三、市场预测与趋势分析

市场预测与趋势分析不仅帮助创业者了解当前市场状况，更重要的是，它们可以预测未来市场的变化和发展方向，从而为创业者提供制定长期战略和决策的重要依据。

（一）市场预测

市场预测是一项涉及深入分析和综合多种信息的复杂任务。在这个过程中，创业者需要充分利用各种数据来源，并运用不同的分析方法来预测市场的未来走向。

有效的市场预测依赖于多样化和广泛的数据。除了市场研究报告和政府统计数据，创业者还应考虑行业专家的见解、竞争对手的动态、经济指标、消费者调研和行为分析等。社交媒体和在线论坛等非传统数据源也可以提供关于消费者偏好和市场趋势的宝贵洞察。通过综合利用这些不同来源的数据，创业者可以更全面和深入地了解市场趋势。市场预测不仅需要收集数据，还需要采用合适的分析方法，如定量分析（如统计模型和经济预测工具）和定性分析（如情景分析和德尔菲法）。定量方法依赖于数据的数字处理，可以提供具体的市场预测和趋势图表。定性方法则更侧重于通过专家见解和行业知识来解释市场的潜在变化。市场预测是一个动态的过程。随着新信息的不断出现，原有的预测可能需要调整。创业者需要持续监测市场的变化，如新兴技术的发展、消费者行为的变化、宏观经济条件的波动等，并根据这些变化调整他们的市场预测。这种灵活性和适应性对于在不断变化的市场环境中保持竞争力至关重要。

（二）趋势分析

趋势分析在市场研判中扮演着至关重要的角色。它不仅帮助创业者了解当前市场的状态，更重要的是揭示了市场变化的模式和动力，为创业者制定长远策略奠定了基础。深入的趋势分析涉及以下几个方面。其一，消费者行为分析。消费者行为的变化往往是市场变化趋势的早期指标。通过分析消费者购买模式、品牌偏好、消费决策过程等，创业者可以了解消费者需求的演变。例如，数字化和移动设备的普及改变了消费者的购物习惯，导致在线购物和电子支付成为重要趋势。其二，技术进步影响。技术的发展对市场变化趋势有着深远的影响。新兴技术，如人工智能、大数据和物联网，正在改变产品和服务的交付方式，创造新的商业模式。创业者需要关注这些技术的发展，以及它们如何影响现有市场和潜在的新市场。其三，宏观经济和行业趋势。市场趋势还受到宏观经济和整个行业发展的影响。经济增长、通货膨胀、利率调整和政策环境变化都会影响消费者的购买力和企业的运营成本。同时，行业内部的发展，如供应链优化、生产方式的改变也会引发市场变化。其四，社会文化因素。社会文化的变化也是影响市场趋势的重要因素，如人口结构的变化、生活方式的演变和消费者价值观的转变。比如，大众环保意识的提升促使更多的消费者倾向于购买绿色环保产品。

进行市场趋势分析时，创业者需要采用多种方法和工具，如数据分析、专家访谈、情景分析等。通过综合运用这些不同的方法和信息来源，创业者可以得到更准确和全面的市场趋势分析。在市场预测和趋势分析过程中，创业者还需要考虑到外部环境的不确定性。政治、经济、社会和技术等方面的变化可能会对市场产生重大影响。因此，市场预测并不是一种精确的科学，而是需要不断调整和更新的过程。创业者需要持续关注市场内部和外部环境的变化，及时调整自己的预测和战略。创业者还需要运用不同的预测工具和技术来提高预测的准确性，如统计分析方法、预测模型、情景分析以及德尔菲法等。通过结合不同的工具和技术，创业者可以从不同角度对市场进行分析和预测，从而获得更全面和深入的洞察。

第三节　创业机会的评估

在创业的旅程中，对创业机会进行评估是不可缺少的环节，它是区分成功与失败的关键步骤。这一过程要求创业者不仅凭借直觉和热情，更要通过系统的分析和理性的判断来评估潜在机会的可行性和发展潜力。正确的创业机会评估可以帮助创业者避免不必要的风险，明智地分配资源，同时为企业的未来发展铺平道路。因此，掌握有效的评估技巧和方法，深入理解评估过程中的关键要素，对于每一位创业者来说都是必不可少的。

一、创业机会评估原则

创业机会的评估原则是指导创业者系统地分析和评价一个潜在商业机会的基本准则。这些原则包括以下几点。

（一）可行性原则

可行性原则是评估创业机会的基础。这一原则要求创业者从多个角度审视机会的实施可能性，包括对目标市场的需求分析、判断市场是否存在足够的需求以及这些需求是否持续和稳定。此外，资源的可获取性也是关键考虑因素，创业者需要评估是否能够获得必要的资金、人力和技术资源来实现商业目标。同时，技术成熟度的考量也十分重要，尤其是对于依赖新技术或创新解决方案的创业项目。最后，经济合理性是可行性评估中不可或缺的一环，需要创业者仔细分析项目的成本效益，确保商业模型在财务上是合理且可行的。

（二）营利性原则

营利性原则强调创业机会带来的经济回报。这一评估原则要求创业者对潜在市场规模、收入来源、定价策略和销售潜力进行详尽分析。在营利性评估原则下，首要任务是预测和量化潜在的市场需求，判断产品或服务能否满足这些需求，并评估市场接受度；其次，分析成本结构同样重要，涉及初始投资、生产成本、运营成本等，以及这些成本随时间的变化情况；再次，对预期利润的估算是不可或缺的部分，需要综合考虑所有收入和支出，预测项目的长期盈利能力；最后，营利性评估原则还要求考虑市场竞争状况，评估产品或服务在市场上的竞争优势和潜在的市场份额。

（三）风险评估原则

风险评估原则要求创业者全面考察与创业机会相关的各种潜在风险，如市场风险、财务风险、技术风险和运营风险。市场风险指产品或服务的市场接受程度、消费者需求的变化以及竞争强度。财务风险则关注于资金短缺、现金流管理，以及投资回报率等方面。技术风险包括新产品的研发风险、技术更新的速度，以及对知识产权的保护等。运营风险则涉及供应链管理、人力资源、日常管理等。识别这些风险，并对它们的可能影响进行评估，对于制定有效的风险管理和缓解策略至关重要。

（四）可持续性原则

可持续性原则着眼于创业机会的长期潜力和其对环境、社会和公司治理（ESG）方面的影响。在环境方面，要考虑创业活动是否符合环保标准、是否高效利用资源，以及其对自然环境的影响；在社会责任方面，重点关注企业如何对社会作出贡献，包括公平就业、社区参与，以及对社会福祉的改善；在公司治理方面，则关注企业的内部管理和决策流程的透明度和公正性。一个具有长期可持续性的创业机会不仅能够让新创企业在经济上取得成功，还能让其在社会和环境上产生积极影响。

二、创业机会评估要素

创业机会的评估涉及多个要素，创业者需要对这些要素进行综合考虑。

（一）市场潜力

对市场潜力的评估涉及对目标市场大小、增长速度和竞争格局的深入分析。这一评估过程要求创业者对市场有全面的了解，包括市场规模、成长潜力、市场细分和竞争者分析。

创业者需要评估目标市场的当前规模及其潜在容量，即了解市场中的消费者数量、购买力和消费频率。市场规模的大小直接影响企业的发展潜力。市场的增长速度是判断市场潜力的另一重要因素。市场增长趋势反映了未来的市场潜力，包括消费者基数的增长、消费能力的提升以及市场需求的变化趋势。了解目标市场的竞争格局对于创业成功也至关重要，包括分析现有竞争者的数量、市场占有率、产品或服务的差异化，以及市场进入的障碍。对竞争格局的深入了解有助于创业者确定自己的市场定位和竞争策略。

（二）客户需求

客户需求分析是评估创业机会时不可或缺的环节。创业者需要深入了解潜在客户的具体需求，以及当前市场上的产品或服务是否未能充分满足这些需求。识别潜在客户的需求是创业成功的关键，包括了解消费者的痛点、期望和偏好。创业者可以通过市场调研、焦点小组讨论、客户访谈等方式来收集这些信息。创业机会往往存在于市场上的空白点，即当前市场上的产品或服务未能完全满足客户的某些需求。识别这些未满足的需求可以帮助创业者发现市场上的潜在机会。不同的客户群体可能有不同的需求和偏好。有效的客户细分可以帮助创业者更精准地定位目标市场，开发更符合特定客户群体需求的产品或服务。

（三）价值提案

价值提案的制定是一个关键的战略活动，它要求创业者深入了解自己的产品或服务，以及它们在市场上的定位。这包括对产品特性、客户需求和市场趋势的深入分析，以确保价值提案能够精准地抓住目标市场的特点和需求。通过这种方式，创业者可以确保他们的产品或服务不仅具有吸引力，而且能够在竞争激烈的市场中脱颖而出。

一个有效的价值提案不仅阐述了产品的特点和优势，更重要的是揭示了它为消费者解决了哪些问题或满足了哪些需求，以及为何消费者应该选择这个产品而不是市场上的其他产品。价值提案的核心在于其能够清晰地传达产品或服务对目标客户的实际意义，如对产品的独特功能、性能优势或成本效益的描述，以及这些特点如何与消费者的具体需求相匹配。例如，如果一个创业项目提供的是一款新型健康监测设备，其价值提案可能聚焦于该设备如何以前所未有的准确度和便捷性帮助用户监测关键的健康指标。成功的价值提案能够使目标客户认识到选择该产品或服务将给他们带来的具体好处，如节省时间、降低成本、提高效率以及增加便利性。这不仅有助于区分竞争对手，也为品牌识别和提高市场地位奠定了基础。有效的价值提案应简洁明了，直接指向客户的核心需求和痛点，同时展示产品或服务如何以创新的方式满足这些需求。

（四）资源和能力

对资源和能力的全面评估有助于创业者确定创业机会的实际可行性。这种评估确保了创业项目在启动和发展过程中有足够的支持，同时也有助于发现潜在的资源缺口和挑战，从而使创业者能够更加有效地规划和执行其创业策略。

资金资源是创业项目的生命线，它不仅关乎创业项目的启动，还影响到后续的发展和扩张。资金来源包括个人储蓄、家庭和朋友的支持、天使投资者、风险资本或其他融资渠道。创业者需要评估所需资金的总额，以及这些资金如何帮助企业在不同阶段实现目标。人力资源是另一个重要考虑因素。合适的团队可以为创业项目带来必要的技能、知识和经验。构建一支高效的团队不仅包括招聘有才能的员工，还包括团队建设、人才培养和保持员工的高度积极性。团队成员应具备与项目目标相匹配的技能和背景。技术资源是实现创业目标的关键，包括所需的软件、硬件、专利技术或其他专业知识。创业者需要评估目前拥有的技术资源是否足以满足项目需求，或者是否需要通过合作、外包或购买新技术来补充现有资源。

（五）营利模式

营利模式的设计需要综合考虑市场机会、成本结构和定价策略，以确保企业在竞争激烈的市场中既能满足客户需求，又能实现财务目标。一个成功的营利模式是企业战略规划的重要组成部分，它直接影响企业的长期可持续性和成长潜力。

营利模式的核心在于确定企业如何从其产品或服务中获得收入，包括直接销售、订阅服务、广告模式、数据销售、交叉销售或其他多种收入形式。在设计营利模式时，企业需要考虑产品或服务的特性、目标市场、竞争状况以及消费者的支付意愿。对成本的管理也是营利模式中不可忽视的部分。企业需要精确计算和预测启动和运营的所有成本，包括但不限于生产成本、营销成本、人员成本、技术支持和物流成本。合理的成本控制能够提高企业的盈利能力和市场竞争力。定价策略是营利模式中的另一个关键要素。合理的定价不仅要覆盖成本并产生利润，还要考虑市场条件、竞争对手的定价以及目标客户的支付能力。有效的定价策略能够帮助企业在竞争中脱颖而出，同时确保收入目标的实现。

三、创业机会评估方法

在评估创业机会时，采用不同的评估方法可以帮助创业者从不同方面深入地了解创业机会的潜力和风险。以下是三种主要的评估方法。

（一）定性评估方法

定性评估是创业策划过程中不可或缺的一个环节，它通过提供深入的市场洞察，使创业者能够全面地了解市场动态，从而做出更加明智的决策。通过有效地运用定性评估方法，创业者可以在复杂多变的市场环境中找到自身的定位，从而提高创业项目的成功率。

定性评估从消费者的行为和偏好、市场趋势、竞争态势和潜在的市场机会等方面来评估创业机会。通过定性评估，创业者可以获得对其商业模式和市场策略的深入了解。这种评估方法通常涉及与目标市场和行业内的关键参与者进行交流，以收集有关市场状况、客户需求和竞争环境的信息。定性评估的价值在于其能够提供对市场复杂性的深入洞察，帮助创业者理解和应对那些采用数字化分析方法无法完全揭示的问题。这种方法通过分析人们的行为、态度和动机，帮助创业者了解他们的目标市场，并制定出更符合市场需求的商业策略。

（二）定量评估方法

定量评估为创业者提供了一个基于数据和实际计算的决策框架。这种方法可以确保创业项目的经济可行性，并为风险管理提供客观依据。虽然定量评估能提供关键的财务信息，但它也需要与定性评估相结合，以确保对创业机会的全面理解和评估。

定量评估的核心在于客观地分析数字数据，以评估创业项目的经济潜力和可行性。这通常涉及详细的财务预测，包括收入预测、成本预测和盈亏分析。这些分析有助于创业者确定所需的启动资本，预测项目的发展前景，并评估不同的运营方案。在进行定量评估时，创业者需要详细计算项目的启动成本，包括设备购置、原材料购买、员工招聘、市场推广和其他相关开支。除了这些直接成本外，还需考虑其他潜在的间接成本，如行政费用、设施租赁费用等。定量评估还涉及预测未来的收入流，要在对目标市场深入理解的基础上，考虑产品或服务的定价策略、销售量预测以及市场接受度。通过这些数据，创业者可以估算项目的发展前景和回报周期，从而判断项目的长期可行性。除了财务方面的评估，定量分析还包括对市场规模和市场份额的评估。这需要收集行业数据，分析目标市场的规模和增长趋势，以及潜在的市场份额。这些信息对于判断创业机会的吸引力和长期增长潜力至关重要。

（三）定性与定量相结合的评估方法

在评估创业机会时，定性与定量相结合的评估方法是一种综合性的分析方式，它融合了定性评估的深度理解和定量评估的数据驱动分析。这种方法在创业领域尤为重要，因为它能够提供一个全面的视角来分析创业机会，同时考虑到了市场动态、客户行为、财务可行性以及潜在的风险和挑战。

定性评估通常侧重于理解市场的深层次动态、消费者的行为和态度，以及业务环境的其他非量化方面，包括对行业趋势、竞争格局、客户需求以及产品或服务的市场接受度等因素的深入探讨。这种评估通常采取访谈、焦点小组、案例研究和市场观察等形式，以获得对目标市场和潜在客户的深刻洞察。定量评估则侧重于收集和分析数据，以评估创业机会的具体市场规模、财务可行性、预期收入和成本以及投资回报，包括利用市场调研、财务模型和其他统计工具来量化潜在的市场机会和风险。通过这些分析，创业者可以更准确地预测业务的经济表现和发展潜力。将定性和定量方法结合起来，创业者能够更全面地评估商业机会。这种结合方法使他们能够利用定量数据支持或质疑通过定性分析得出的假设，同时为定量分析提供上下文和解释。例如，在评估一个新市场机会时，定量数据可以表明市场规模和增长潜力，而定性分析则可以揭示市场的特定需求和消费者行为的细微差别。定性与定量相结合的评估方法也有助于更好地理解和应对充满不确定性和复杂性的市场机会。在快速变化的市场环境中，定性分析有助于揭示趋势和模式的变化，而定量分析则提供了衡量这些变化的工具。

第四节　创业环境综合分析

创业环境主要包括宏观经济环境、政策和法规要求以及行业特性和市场结构，这些因素共同构成了创业者必须面对和适应的商业环境，综合分析这些要素可以帮助创业者更全面地了解他们所处的商业环境，识别机会和挑战，并制定相应的应对策略。

一、宏观经济环境分析

在创业过程中，对宏观经济环境进行分析是不可或缺的一部分。它直接影响着企业的成长潜力、市场机会以及可持续发展。宏观经济环境包括了一系列广泛的经济因素，如经济增长率、通货膨胀率、利率、货币政策和国家的经济政策等，这些因素共同塑造了创业的背景和前景。

经济增长率是衡量一个国家或地区经济活动增长速度的指标。高经济增长率通常预示着强劲的市场需求和消费者信心，能为创业企业提供丰富的机会。相反，低经济增长率或经济衰退可能导致市场需求减弱，消费者支出下降，从而增加创业的难度和风险。通货膨胀率是另一个关键因素，它影响着消费者的购买力和企业的成本结构。高通货膨胀率可能意味着更高的运营成本和原材料成本，同时消费者的实际购买力下降从而减少对新产品和服务的需求。在这种环境下，创业者需要仔细考虑定价策略和成本管理。利率是影响创业资金成本的重要因素。较低的利率使得借贷成本降低，有利于创业者获得启动资金。然而，高利率环境下，融资成本增加，可能限制创业企业的发展和扩张。货币政策和国家经济政策对创业也有着直接影响。例如，政府可能实施刺激经济增长的措施，如减税、增加政府支出或降低利率，这些政策可能会创造有利的商业环境。相反，紧缩政策可能导致市场需求减少和资金紧缩。

在进行宏观经济环境分析时，创业者需要考虑这些因素如何影响他们的商业模式和市场机会，包括分析当前的经济状况，并对未来经济趋势进行预测。通过了解和分析这些宏观经济指标，创业者可以更好地评估其商业计划的可行性，制定应对策略，并把握市场机会。分析宏观经济环境时还应考虑到不同行业和市场的特定影响。不同行业对宏观经济变化的敏感度不同，因此创业者需要根据自己的行业特性进行定制化的分析。

二、政策环境与法规要求

政策环境与法规要求会对创业者的商业决策、运营成本、市场策略以及整体的企业可持续性产生深远影响。对创业者而言，深入了解和适应这些法规和政策环境是确保企业顺利运行和长期发展的关键。

（一）税收政策和企业注册法规

税收政策和企业注册法规是创业过程中的关键因素，它们直接影响企业的财务健康和合法运营。不同国家和地区的税率、税收优惠政策、会计处理方法有所差异，这些差异对企业的盈利能力和资金流动性有显著影响。例如，某些国家可能为初创企业提供税收减免或延期缴税的优惠，以降低创业初期的财务负担。企业注册法规定义了不同类型企业的注册程序和资本要求，这些法规涉及企业的法律形式、最低资本要求、股东责任等多个方面。合规注册不仅能确保企业的合法性，也是企业获得财务资源、开展商业活动的基础。

（二）劳动法和员工权益

劳动法是规范雇主与员工关系的重要法律框架，涵盖工资、工作时间、休假政策、工作场所安全和健康标准等多个方面。对创业企业来说，遵守劳动法不仅是法律义务，也是建立企业声誉和吸引优秀人才的关键。企业在劳动法方面是否合规直接关系到员工的满意度和企业文化的建立。例如，确保公平薪酬、合理安排工作时间、提供职业发展机会以及营造安全的工作环境，都是提高员工积极性和忠诚度的重要因素。此外，合理的解雇程序和纠纷处理机制也有助于维护企业与员工之间的和谐关系。

（三）环境法规

遵守环境法规是当代企业社会责任的重要组成部分。随着社会环保意识的提升，企业在其运营和生产过程中必须遵循相关的环境标准，包括废物处理、污染物排放标准、资源的可持续使用等。对于生产型企业来说，这意味着必须采用环保的生产工艺、减少废物产生，并采用可再生的资源。环境法规的遵守与否不仅是合法性的问题，也与企业的品牌形象和市场竞争力息息相关。企业的环保措施可以成为其市场优势，吸引越来越多注重可持续性的消费者。合规的环保措施也能避免潜在的法律风险和罚款。

（四）行业特定规章

不同行业的运营有着各自的规章制度，这些规章定义了行业内企业必须遵循的标准和规范。例如，医药行业的临床试验要求、食品行业的卫生标准、建筑行业的安全规范等。对创业者来说，了解并遵守这些行业特定的规章是确保企业合法运营的基础。这些规章不仅关乎企业的合规性，也直接影响企业产品或服务的质量、安全性和市场接受度。

（五）政府支持政策

政府支持政策对创业具有重要的促进作用。许多国家和地区的政府为鼓励创业和创新，提供了各种形式的支持，包括税收优惠、启动资金补贴、创新研发资金等。这些政策可以显著降低创业初期的财务压力，保障资金和资源支持，加速产品研发和市场推广。例如，税收减免政策可以使初创企业将更多的资金用于业务发展和扩张；而创业资金支持和技术创新补贴可以帮助企业在竞争激烈的市场中快速成长，提高其技术和产品的竞争力。

在我国，政府对大学生创业的支持政策表现在多个方面，具体包括以下几个方面。其一，税收优惠政策。对于符合条件的大学生创业企业，政府实施税收减免政策，包括但不限于增值税、企业所得税等，以减轻创业企业的财务负担。其二，启动资金补贴。通过大学生创业基金、创业投资基金等形式，为大学生创业项目提供初期资金支持，帮助他们跨越创业初期的资金障碍。其三，创新研发资金支持。针对有创新研发需求的大学生创业项目，政府提供专项资金支持，鼓励技术创新和产品升级。其四，创业培训和辅导。通过创业培训项目、创业孵化基地等形式，为大学生创业者提供创业知识培训、项目指导、管理咨询等服务，提高其创业能力和成功率。其五，创业实践平台。建立大学生创业实践基地和孵化器，为大学生提供实验室、办公空间、技术支持等资源，帮助他们将创意转化为实际项目。

三、行业特性和市场结构

对行业特性和市场结构的深入了解不仅影响着企业的策略制定，也直接关系到其市场定位和竞争能力。

（一）行业特性分析

行业特性分析涉及对一个特定行业的增长潜力、技术发展速度、市场进入障碍等多个方面的考察。通过分析行业特性，创业者能了解所在行业的动态，从而做出更明智的商业决策。

要想评估一个行业的增长潜力，创业者必须深入分析市场规模、预期增长率以及潜在的市场需求。例如，一个正在快速增长的技术行业可以提供大量创新机会，但同时也伴随着激烈的竞争和快速变化的消费者需求。了解行业的增长潜力有助于创业者确定投资规模、制定市场策略并预测未来的收益潜力。在技术快速变化的行业中，持续的创新是企业生存和成功的关键。这要求创业者不仅要关注当前的技术趋势，还要预见未来的技术发展方向。例如，在人工智能、可再生能源等领域，新技术的出现可以颠覆整个行业的竞争格局。因此，对这些技术的跟踪和应用成为企业制定长期战略和保持市场领先地位的重要因素。市场进入障碍涉及资本需求、技术专业知识、监管合规等多个方面。在一些高度专业化或资本密集的行业，如制药、航空航天等，高昂的研发投入和严格的监管标准形成了显著的市场进入障碍。对于创业者而言，了解这些障碍有助于他们评估创业项目的可行性、资金需求和风险水平。同时，这也意味着在成功进入这些市场后，企业可能会面临较小的竞争压力。

（二）市场结构分析

分析市场结构使创业企业能够在复杂的市场环境中作出更加有效的战略决策。了解竞争程度、竞争对手和供应链特点，不仅有助于企业识别市场机会和挑战，还可以增强其对市场动态的适应性和灵活性。这种全面的市场分析是构建企业竞争优势、实现可持续发展的基础。

市场的竞争程度决定了创业企业必须采取策略和措施来确保其生存和发展。在高度竞争的市场中，企业需要特别关注创新、品牌差异化和有效的营销策略，包括开发独特的产品或服务，以区别于竞争对手，以及通过市场营销活动建立品牌知名度和品牌忠诚度。此外，理解市场竞争格局，如寡头垄断、完全竞争或垄断竞争等，也对制定价格策略和市场定位至关重要。深入了解主要竞争对手的策略、优势和弱点，对于创业企业制定有效的市场策略是非常有用的，包括分析竞争对手的市场份额、产品或服务的特点、价格策略、营销活动以及客户服务等。了解这些信息可以帮助创业者发现竞争对手的不足之处，并在这些领域寻求突破。此外，分析竞争对手的行为也可以为创业企业掌握市场动态和趋势提供线索，有助于创业企业做出适时的调整。供应链的特点如供应商的多样性、可靠性和成本效率，对产品的质量、成本控制和交货时间有直接影响。了解供应链的结构和运作模式对于保证生产效率、成本控制和市场响应速度至关重要。例如，强大的供应链可以使企业更快地响应市场变化，快速推出新产品，或者在成本上具有竞争优势。因此，供应链管理也是创业企业制定运营策略的一个重要方面。

思考与练习

1. 识别一个潜在的创业机会，并讨论其可行性。
2. 分析当前市场趋势对特定行业的影响。
3. 讨论如何有效收集和利用市场信息。
4. 分析一个创业机会的风险和收益。
5. 评估一个特定市场的创业环境。
6. 讨论政策变化如何影响创业机会。
7. 设计一份市场调研问卷。

第四章　创业计划与资源整合

学习目的：

★掌握撰写创业计划书的基本技巧

★学习如何进行有效的资源整合和创业融资

重点与难点：

★创业计划书的结构和内容

★创业资源的管理

★创业融资的策略

第一节　创业计划简述

创业计划是对构建一个企业的基本思想以及与企业创建有关的所有事项进行总体安排的文件，是创业的行动导向和路线图[①]。创业计划不仅是将创意转化为实际商业活动的蓝图，更是指引创业者从概念到市场的关键指南。通过深入理解创业计划的本质、探讨其特点、分析其对成功创业的作用，创业者能更好地准备和规划自己的创业旅程。

---

① 王东方，任美英，祁少华. 创新创业基础 [M]. 厦门：厦门大学出版社，2021：193.

一、对创业计划的认知

创业计划是创业成功的基石，它不仅是一个文档，更是创业者将想法转换为现实的思考过程。这个过程要求创业者不仅深入了解市场环境、客户需求和自身资源，还要认识到潜在的挑战和机遇。

创业计划是对目标市场的深入洞察。这不仅包括收集和分析数据，更重要的是理解这些数据背后的市场动态和趋势。创业者需要评估市场的大小、潜力、结构和趋势，从而确定其业务模型在市场中的可行性。这一过程中，创业者必须考虑到市场的竞争环境、目标顾客群、市场需求的变化以及潜在的市场风险。客户需求探索对于创业计划的成功制订也至关重要，其目的是理解目标用户群体的痛点和需求，只有在此基础上才能设计出更符合市场需求的产品或服务。创业者需要采取各种研究方法，如市场调研、焦点小组讨论或一对一访谈，来收集关于消费者行为、偏好和需求的信息。创业计划还是一种资源配置指南。它能帮助创业者厘清实现商业目标所需的资源类型、数量以及如何有效地配置这些资源，包括财务资源、人力资源、技术资源等各种必要的投入。制订创业计划还需考虑如何最大化资源的使用效率和效果。创业计划也是一种风险管理工具。它使创业者能够识别和评估与创业项目相关的各种风险，包括市场风险、财务风险、技术风险和运营风险等。通过对这些风险的识别和分析，创业者可以制定相应的应对策略，从而降低风险对企业成功的影响。

二、创业计划的特点

一个成功的创业计划应该是明确、实用、灵活和全面的。这些特点共同构成了创业计划的基础，帮助创业者将他们的创意有效转化为具体的行动和策略，最终实现创业目标。

（一）明确性

明确性是创业计划的核心。一个明确的创业计划需要清楚地阐述企业的目标、愿景以及达成这些目标的具体方法，包括对业务模型、市场定位、目标客户群以及企业的价值主张进行详细的描述。明确性确保了企业团队能够理解并集中精力和资源实现共同的目标，避免了资源的分散和浪费。对于潜在投资者来说，明确性也是评估投资价值和做出决策的重要依据。一个具体和清晰的计划更容易赢得投资者的信任和支持，因为它表明创业者对自己的业务有深入的了解，并能够有效地沟通其商业构想。

（二）实用性

实用性强调创业计划的实际执行性和可操作性。创业计划应当根据实际情况和可获得的资源来明确每一步的行动。这意味着计划中包含的市场分析、营销策略、财务预测和操作步骤都应基于现实情况和合理的预测。实用性还要求创业计划具有一定的灵活性，以适应市场和运营中可能发生的变化。市场环境和消费者需求是不断变化的，创业计划需要能够根据这些变化作出相应的调整。因此，创业计划不是一成不变的文档，而是一个能够根据实际情况进行动态调整的指导方案。

（三）灵活性

灵活性体现为创业计划能够根据外部环境的变化灵活调整。在商业环境快速变化的今天，灵活性是企业生存和成功的关键。这意味着企业必须能迅速适应市场需求的变化、技术的进步、竞争格局的变动以及法规和政策的更新。灵活性使得企业在面对不确定性和潜在的市场风险时，能够及时调整其商业策略和操作模式，从而维持竞争力。它要求创业者不断监控市场动态，以便快速响应并作出必要的策略调整，如改变产品方向、调整市场定位或重新规划资源分配。

（四）全面性

全面性要求创业计划涵盖企业运营的所有关键方面，确保对企业发展的每一个重要领域都有深入的考虑和规划，包括对市场环境、目标消费者、产品或服务、竞争对手、营销策略、财务管理、运营计划、团队构建和法律合规性的全面分析。全面性确保了创业计划在各个方面都是切实可行的，能够指导企业在实际操作中避免潜在的陷阱和风险。例如，除了产品开发，全面的创业计划还会关注到如何建立有效的销售渠道、如何进行市场推广、如何管理公司的财务以及如何构建一个高效的团队。

三、创业计划的作用

创业计划的作用是多方面的，具体来说主要体现在以下几个方面。

（一）指导作用

创业计划帮助创业者确立明确的商业目标和愿景，包括企业的长期愿景、短期目标、市场定位、预期成果等。具有明确目标的创业计划为整个创业过程指明了方向，确保创业者及其团队能够在一个共同的目标下工作。创业计划中的战略规划部分是实现这些目标的蓝图，它详细描述了企业应如何进入市场、分析竞争对手、进行资源配置、制定市场策略等。良好的战略规划能够使创业者在面临复杂市场环境时，做出有效和有针对性的决策。创业计划通过明确各个阶段的目标和计划，帮助创业者合理分配资源和时间。在资源有限的情况下，这种优化配置对于避免资源浪费和确保关键任务的完成尤为重要。创业计划中的风险管理部分强调识别可能的风险和挑战，并制定相应的应对措施。例如，对于市场风险、财务风险、运营风险等，通过提前规划和准备，创业者可以更好地应对这些潜在的问题。创业计划是团队成员共同努力的基础，它不仅为团队成员指明了共同的工作方向，还促进了团队内部的有效沟通和合作。当团队成员对企业的方向和目标有着共同的理解时，他们可以更有效地协同工作，共同推动项目走向成功。

（二）吸引资金

创业计划在吸引资金方面具有显著的作用。它是一个综合性的文档，涵盖了企业的全面情况，包括其商业理念、市场定位、运营策略、财务规划以及长期愿景。这种全面的展示使得创业计划成为评估投资风险和可能性的重要工具。

创业计划通过深入的市场分析，详细说明了企业的目标市场、潜在客户、市场需求及其变化趋势。这有助于投资者评估企业对市场的吸引力和企业的市场占有潜力。创业计划中的财务预测部分为投资者提供了企业财务健康状况的直观视图，包括预计的收入、利润、现金流量以及成本结构等信息，这些都是评估投资回报潜力和风险的关键指标。创业计划还包括了企业的运营策略和管理团队介绍。这不仅展示了企业的日常管理和运营能力，还体现了团队的专业水平和领导力，对于建立投资者信心是至关重要的。一个良好的创业计划还包含对潜在风险的评估和应对策略。这显示了企业对市场环境的深刻理解以及在面对挑战时的应变能力。

（三）风险管理

创业计划中的风险管理不仅涉及对潜在风险的识别，还包括制定有效的风险缓解和应对策略。在创业过程中，企业可能会遇到各种风险，包括但不限于市场风险、竞争风险、财务风险、技术风险和运营风险。一个全面的创业计划会对这些风险进行详细的分析，并提出相应的管理和应对措施。市场分析是风险管理的重要环节。通过对市场趋势、消费者行为、竞争格局等的深入研究，创业者可以识别潜在的市场风险，并制定相应的应对策略。例如，面对消费者需求的变化，企业可以通过灵活调整产品或服务来适应市场需求变化。

财务规划同样在风险管理中扮演着重要角色。创业计划中应包含详细的财务预测，包括收入预测、成本和开支预算、现金流管理等。这些财务指标不仅帮助企业监控财务状况，还有助于提前识别财务风险并采取预防措施。创业计划还应包括应急计划和备选策略。在面对不可预见的市场变化、供应链中断、法律法规变化等情况时，企业应有备选方案以减少潜在的负面影响。

（四）效率提升

一个明确和详细的创业计划不仅为企业提供了一幅清晰的行动路线图，而且有助于提高团队的整体工作效率。清晰的目标和具体的步骤指南使团队成员明确自己的工作重点和责任，这种明确性减少了团队内部的混乱和误解，每个人都能集中精力在其负责的领域内工作。当每个团队成员都明白自己的工作如何与企业的整体目标相结合时，他们的动力和参与度也会相应提高。创业计划还有助于资源的优化分配，通过对资源需求和时间安排的精确预测，企业能够在正确的时间向正确的活动分配适当的资源。这种策略性的资源分配可以最大化资源利用效率，减少浪费。创业计划还能加快决策过程。在企业运营中，经常需要作出快速决策。一个详细的计划能够提供必要的信息和指导，帮助团队快速作出基于事实的、一致的决策。创业计划还有助于监控和评估企业的进展。通过定期检查计划与实际执行情况的一致性，团队可以及时识别并解决偏离目标的问题。这种持续的监控和评估确保了企业在实现其长期目标的过程中保持正确的方向。

第二节　创业计划书的撰写

撰写创业计划书是一个综合性的过程，要求创业者在内容、结构和表达方式上都做到周全和专业。一份优秀的创业计划书不仅能够帮助创业者明确自己的商业目标,还能有效地向外界展示其商业构想。

一、撰写创业计划书应考虑的方面

成功的创业计划书不仅能够吸引投资者和合作伙伴,还能为创业者自身提供清晰的指导和方向。以下是撰写创业计划书时应考虑的几个重要方面。

其一,创业计划书应提供关于产品或服务的详细信息,包括产品的开发阶段、独特卖点、生产成本、定价策略以及分销方法。需要清晰地说明产品或服务如何满足市场需求,以及为什么消费者会选择你的产品。对产品的描述要简明扼要,避免使用专业术语,以确保所有读者都能理解。

其二,在创业计划书中深入分析竞争对手至关重要,包括了解竞争对手的产品、市场策略、销售额、市场份额以及他们的优势和弱点。创业者需要展示自己的企业如何在竞争中脱颖而出,应详细描述产品质量、服务、定位和价格方面的优势。

其三,深入的市场分析是创业计划书的核心部分,包括对目标市场的经济、地理、职业和心理等因素的分析,以及这些因素如何影响消费者的购买决策。此外,创业计划书还应包括营销计划,详细说明企业的广告、促销和公关活动安排,以及预算和预期回报。

其四,表明行动方针。创业计划书应明确企业如何将产品推向市场,包括生产线的设计、产品组装、原材料需求、生产资源、生产和设备成本等。这部分内容应展现企业的操作能力和对生产流程的深入理解。

其五,管理团队介绍。强有力的管理团队对于企业成功至关重要。在计划书中,应详细介绍管理团队的成员以及他们的职责、特殊技能和贡献。创业者需要展示团队成员的专业知识、管理能力和相关经验,以及他们如何帮助企业实现目标。

其六，计划摘要。计划书的摘要是最关键的部分，它应概括企业的基本情况、能力、局限性、竞争优势、营销和财务策略以及管理团队。摘要应简明、吸引人，能够迅速抓住读者的注意力，并激发他们对整个计划书的兴趣。

二、创业计划书的内容

创业计划书的内容应当清晰、详细且专业，能够全面展示企业的潜力和未来的发展方向。它是创业者与投资者沟通的桥梁，也是企业内部管理和运营的重要指导文件。以下是创业计划书的主要内容。

第一，摘要。这是创业计划书的开头部分，应简明扼要地阐述企业的核心理念、产品或服务、市场机会、团队概况以及财务概览。摘要应具有吸引力，能够激发读者的兴趣，吸引他们继续阅读整个计划书。

第二，企业描述。在这一部分中，详细介绍企业的背景信息，包括企业的使命、愿景、目标以及企业文化。同时，应阐明企业的法律结构、历史和当前的运营状况。

第三，产品或服务。详细描述公司的产品或服务，包括产品的设计、开发过程、使用方式、技术规格、创新点以及与现有市场选项的比较。要强调产品或服务的独特卖点和满足的市场需求。

第四，市场分析。这部分需要展示对目标市场的深入研究，包括市场规模、增长潜力、顾客群体、市场趋势以及竞争环境，分析潜在顾客的特征、需求和购买行为。

第五，营销和销售策略。介绍企业如何吸引和保留客户，包括营销计划、销售方法、定价策略、广告和促销活动、分销渠道等。

第六，运营计划。详述企业的日常运作，包括生产流程、供应链管理、设施、设备、人力资源以及其他与运营相关的细节。

第七，管理团队。介绍核心管理团队的成员，包括他们的经历、专业技能、以往成就和在企业中的角色。这部分展示团队的能力和企业成功的关键因素。

第八，财务规划。提供详细的财务预测，包括收入预测、现金流量预测、利润与亏损表以及资产负债表。这部分对于吸引投资者和贷款机构至关重要。

第九，风险评估。识别可能面临的风险和挑战，并提出相应的缓解策略。这体现了企业对潜在问题的意识和应对准备。

第十，附录。提供任何支持性的文件或额外信息，如市场研究数据、产品照片、法律文件、详细的财务表格等。

三、撰写创业计划书的主要原则

创业计划书应成为一个既具客观性和实用性，又不乏创新性和吸引力的文档。它是向外界展示企业潜力和愿景的重要工具，对于吸引投资、获得市场认可和指导企业发展具有重要意义。撰写一份优秀的创业计划书应遵循以下原则。

（一）客观性

创业计划书的客观性是指基于实际数据和客观事实，确保信息真实和可靠。客观性的实现需要创业者深入市场和行业进行实际调研，并对数据进行详尽分析。这意味着创业者应当收集和分析市场趋势、目标客户群体的行为、竞争对手的策略以及行业的发展动态等信息。这些信息应源于可靠的市场研究报告、行业分析、消费者调查和其他经验证的数据来源。创业计划书应当基于这些信息来构建其市场进入策略、产品发展计划、营销战略和财务预测。客观性原则有助于赢得潜在投资者的信任，并为创业企业的长期发展奠定坚实的基础。

（二）精练性

精练性要求创业计划书在内容上既全面又简洁。这意味着创业计划书应聚焦关键信息，避免不必要的细节和冗长的描述。在撰写计划书过程中，创业者应将注意力集中在企业的核心竞争优势、主要市场机会、独特的商业模式、重要的财务指标和管理团队的专业背景上。每一部分都应直接、清晰地表达其主旨，避免使用行业术语或复杂的技术语言，确保信息对非专业读者来说也是易于理解的。同时，精练性还意味着创业计划书应具备良好的逻辑结构和流畅的叙述，使读者能够快速把握其核心内容和主要观点。这种精练而高效的信息传递方式对于吸引投资者和潜在合作伙伴的注意力至关重要。

（三）全面性

全面性是指创业计划书需要详细而全面地涵盖所有关键的商业方面，不仅包括市场分析、竞争环境、营销策略、运营计划和财务预测等基本内容，还包括管理团队的介绍、产品或服务的详细描述、市场进入策略、潜在的风险与应对策略等。为了实现全面性，创业计划书应当综合考虑企业的内外部因素，如市场需求、客户行为、技术变革、供应链结构、法律和政策环境等。全面性确保创业计划书能够全方位展示企业的商业模式和运营计划，使投资者和其他利益相关者能够全面理解企业的潜力和风险。

（四）创新性

创新性要求创业计划书不仅仅是一份基于事实的报告，更是展示企业创新能力和独特性的媒介。这包括对产品或服务的创新性描述，以及如何通过独特的方式满足市场需求，如何通过创新的营销策略或运营模式与竞争者区分开来。创新性还涉及对企业商业模式的创新思考，如通过独特的价值链配置、新兴技术的应用或原创的商业合作模式来提升企业的市场竞争力。创新性是吸引投资者和合作伙伴注意的关键因素，因为它体现了企业的独特价值和长期发展潜力。

四、撰写创业计划书的技巧

撰写创业计划书的关键技巧可以归纳为以下几点。

（一）清晰的目标和愿景阐述

创业计划书的开篇应明确企业的主要目标和愿景。这不仅表明了企业的发展方向，还有助于潜在投资者和合作伙伴理解企业的核心价值及长远规划。明确的目标和愿景包括企业的长期愿景、短期目标，以及实现这些目标的具体策略和行动计划。它们为企业提供指导，并有助于团队成员和外部利益相关者形成共同的理解和期望。

（二）数据支持的市场分析

翔实的市场分析是创业计划书的核心部分。它包括对目标市场的综合评估，如市场规模、增长潜力、消费者行为、市场趋势和竞争格局。这部分应基于可靠数据和市场研究，以确保分析的准确性和可信度，包括对目标市场的细分、潜在客户群分析、主要竞争对手的优势和弱点分析，以及市场机会和挑战分析。准确的市场分析不仅有利于创业者制定有效的市场进入和增长策略，也为潜在投资者评估项目可行性提供了重要信息。

（三）实际可行的商业模式

在撰写创业计划书时，详细阐述一个实际可行的商业模式对于吸引投资者、获得市场认可和实现长期成功至关重要。创业计划应清晰地定义其产品或服务的特性、功能和优势，不仅包括技术规格和设计要素，还应涵盖产品或服务如何满足特定市场需求或解决特定问题。企业需要展现其产品或服务的独特性和竞争力。商业模式中的市场分析部分应展示企业对目标市场的深入理解，包括对目标客户群的描述、市场规模估计、市场增长预测和市场趋势分析。通过详细的市场分析，企业可以更好地定位其产品或服务，并制定相应的市场进入策略。定价应考虑成本结构、市场接受度、竞争环境和价值提案。企业需要展示其如何平衡成本和价格以实现营利目标，同时保持市场竞争力。商业模式还应包括详细的销售和分销计划，涉及产品或服务将如何被送达最终用户，包括选择的销售渠道（如在线销售、零售合作伙伴、直接销售等）和分销网络。收入模型部分应详细说明企业预期的主要收入来源，包括产品销售、服务费、订阅收费、广告收入或其他商业模式。此外，企业还应考虑潜在的次要收入来源，如数据销售、会员费或增值服务。商业模式应包括对企业主要成本的分析，如生产成本、运营成本、市场营销费用等。企业需要提供预期的盈利能力分析，展示其如何实现盈亏平衡和长期营利。

（四）明确的财务规划

明确的财务规划直接关系到企业的财务健康、投资吸引力和长期可持续性。这一部分的撰写应细致、准确，反映出企业对财务管理的深入理解和专业水准。

财务规划的关键在于展示企业的收入来源和成本结构，包括对企业预期收入的细致预测。这些预测应基于市场分析、产品定价策略、预期销量等实际数据和合理假设。同时，企业还需要详细列出所有预期的成本和开支，包括直接成本（如原材料、制造成本）和间接成本（如营销、管理、运营费用）。这些信息有助于投资者和贷款机构了解企业的盈利能力和财务稳定性。

现金流量分析也是财务规划的重要方面。这涉及对企业资金流入和流出的详细预测，是判断企业短期财务健康状况的关键指标。良好的现金流量管理能确保企业有足够的资金来支持日常运营和长期发展。盈亏平衡点分析也是财务规划的重要组成部分。这一分析能帮助企业确定是否达到盈利所需的销售量，是衡量企业市场前景和财务可行性的重要工具。

（五）团队和组织结构介绍

团队介绍应详细描述每位核心团队成员的专业背景、工作经验、技能和成就，以及他们对企业成功的具体贡献。这不仅包括创始人和高级管理团队，还应涵盖关键职能部门的负责人，如营销、财务、产品开发等部门负责人。通过展示团队成员的资历和专长，企业可以证明自身拥有实现商业目标所需的人力资源和专业知识。组织结构介绍应说明各个部门和团队成员的角色、职责和上下级关系。这有助于投资者理解企业的运作方式，以及企业如何通过团队的协作来实现业务目标。在介绍团队和组织结构时，还应强调团队的协作能力和沟通效率。一个团结协作能力强、沟通顺畅的团队更有可能在面对挑战时展现出强大的适应能力和创新精神。创业计划书还应展示团队对企业文化和价值观的承诺。一个有着强烈使命感和共同价值观的团队更能激发员工的热情和创造力，这对于初创企业的成长和成功至关重要。

第三节 创业资源的类型

在探索创业的道路上，了解和利用不同类型的资源对于创业者来说至关重要。每种资源都承载着特定的作用和价值，它们共同构成了创业成功的基石。以下是创业资源的主要类型。

一、财务资源

财务资源是实现商业目标的重要基础，它涵盖了从初始资金到运营资金的各类资金形式。这些资源对于企业的各个部门，如产品研发、市场推广、设备采购及员工薪酬等，都是不可或缺的。财务资源的来源多样，包括但不限于个人储蓄、家庭和朋友的支持、天使投资者、风险资本、政府补助以及银行贷款等。每种资金来源都有其特点和要求，因此创业者需要根据企业的商业模式和发展阶段，精心选择合适的融资方式。

个人储蓄和家人、朋友支持通常是创业初期的主要资金来源。这类资金相对容易获得，但金额有限。天使投资者和风险资本则更多地关注企业的成长潜力和市场前景，他们提供的资金规模通常更大，但相应地，他们对企业的控制权和回报要求也更高。政府补助和银行贷款则提供了另一种融资途径，尤其是对于那些在特定领域，如科技创新、绿色能源等领域有潜力的项目。有效管理财务资源是企业成功的关键。这不仅涉及资金的筹集，还包括资金的合理分配和使用。合理的财务规划和管理能够确保企业在不同发展阶段都有足够的资金支持，同时也能提高投资者对企业的信心。对于创业者而言，了解和掌握财务管理的基本原则，有助于企业在竞争激烈的市场中占据有利地位。

二、人力资源

一个企业的成功在很大程度上取决于它的创始人、管理团队、员工和顾问这些关键人物的能力和贡献。他们所具备的技能、经验和知识是企业成长和发展的动力源泉。

企业创始人通常是企业的灵魂人物，他们的愿景、热情和领导力是推动企业前进的重要因素。他们需要具备战略思维，能够在复杂的市场环境中做出明智的决策，并激励团队成员共同努力实现企业目标。管理团队的作用也同样重要，一个高效的管理团队不仅需要具备相关的专业知识和技能，还需要具有良好的沟通能力、决策能力和协调能力。他们负责制定和实施企业战略、管理日常运营，并确保团队的工作与企业目标保持一致。员工是企业运营的基石，他们直接参与产品的开发、生产和销售等核心业务过程。因此，招聘合适的员工，并对他们进行有效的培训和管理，对企业的长期成功至关重要。顾问和专家团队也对企业的成长与发展起着关键作用，他们通常在特定领域具有深厚的专业知识和丰富的实践经验，能够为企业提供战略指导、市场洞察和技术支持。

三、物质资源

物质资源如办公设施、生产设备、原材料、技术基础设施等是企业运营的保障。合理地管理和利用这些资源对于企业的顺利运行、生产和扩展业务至关重要。

办公设施为企业提供了必要的工作空间，它们的设计和布局可以影响员工的工作效率和团队合作。一个良好的办公环境不仅能提高员工的工作满意度，还能吸引优秀人才。生产设备是制造型企业的核心，这些设备的性能和效率直接影响生产成本和产品质量。因此，选择合适的生产设备、确保设备的维护和升级是企业运营中的关键考虑因素。原材料的质量和供应稳定性对于保证产品质量和生产效率同样重要。有效的原材料管理指确保材料的质量、控制成本以及保证供应链的稳定性。技术基础设施如信息技术系统和网络设备，支持企业的日常运营和通信。随着数字化和信息化趋势的加强，一套强大且可靠的技术基础设施对于企业保持竞争力和运营效率显得越来越重要。

四、知识资源

知识资源是创业成功的关键，它们使企业能够开发出创新的产品和服务，制定有效的商业策略，并在竞争激烈的市场中保持领先地位。对于创业企业来说，积累和利用这些知识资源是实现长期成功和可持续发展的重要途径。知识资源不仅包括技术知识和专业技能，还包括对市场趋势的理解、对商业策略的洞察以及对行业动态的深入了解。

专业知识是企业能够在其领域成功运营的基础，包括特定行业的知识、技术技能或者特定业务领域的专长。例如，一家科技创业公司的成功运营依赖其团队在软件开发、人工智能或数据分析方面的专业知识。

技术专长是创新企业的核心竞争力之一。在技术快速发展的今天，掌握最新的技术趋势和应用这些技术来开发创新产品或服务是企业成功的关键。技术专长可以帮助企业在竞争激烈的市场中脱颖而出。市场洞察包括了解消费者行为、市场趋势、竞争对手动态等。通过准确的市场洞察，企业可以更有效地定位自己的产品和服务，制定有效的市场进入策略。商业智慧涵盖了战略规划、决策制定、风险管理和创新思维等方面。拥有商业智慧意味着创业者可以识别和抓住商业机会，同时有效应对挑战和风险。

五、社会资源

社会资源提供了企业所需的广泛社会网络和联系，这些社会网络和联系对于企业的成长和扩张至关重要。社会资源可以帮助创业企业建立和加强品牌声誉，建立起与知名品牌和行业领袖的联系，创业公司可以借助这些合作伙伴的声誉来提升自己的品牌形象。这样的联盟不仅增加了企业的可信度，也通过合作伙伴的市场渠道提高了品牌的知名度。社会资源还能帮助企业拓展市场渠道。通过与各种合作伙伴、供应商和客户建立关系，企业可以更容易地进入新市场，拓展客户基础。这些联系不仅可以帮助企业销售产品，还能为企业提供宝贵的市场反馈，帮助企业改进产品和服务。社会资源还提供了获取行业信息和最新趋势的渠道。加入行业协会和参与网络活动可以帮助创业者获取最新的行业动态、技术发展和市场机会。这些信息对于企业制定长期策略和保持竞争力非常重要。通过这些社会网络和联系，企业可以更容易地找到商业合作机会。无论是寻找新的供应商、探索合作开发项目还是寻找合作营销机会，广泛的社会资源都是不可或缺的。通过这些合作，企业可以提高资源的利用效率，提高产品和服务的质量，并创造新的商业机会。

六、文化资源

文化资源主要包括企业的价值观、企业文化和品牌形象，这些资源在企业的发展和成功中扮演着关键角色。企业价值观是企业文化的核心，它决定了企业的经营理念和行为准则。正向积极的价值观可以帮助企业在决策过程中保持一致性，确保所有行动都符合企业的长远目标和道德标准。例如，对质量和客户满意度的重视可以促使企业提供高标准的产品和服务。企业文化影响着员工的工作态度和行为。积极、开放和创新的企业文化可以激励员工提高工作效率和对企业的满意度。这种文化环境鼓励员工提出新想法，积极参与团队合作，能够促进企业的创新和成长。企业的品牌形象是公众认知中的企业代表。一个强大和独特的品牌形象可以吸引客户和投资者，形成市场竞争优势。品牌形象不仅体现在标志和广告上，还体现在企业的行为和沟通上。通过一致的品牌信息，企业可以在竞争激烈的市场中脱颖而出。文化资源有助于塑造企业的外部形象和内部身份。它不仅影响客户和投资者对企业的看法，也影响员工的忠诚度和归属感。企业文化和价值观的共享有助于建立一个团结、协作的工作环境，促进企业目标的实现。

第四节　创业融资

创业融资是指创业企业根据自身发展的需要，结合生产经营、项目开发、资金需求等状况，通过科学的分析和决策，以内部或外部的形式为企业筹集资金的行为和过程[①]。

一、创业融资的原则

创业融资是创业过程中的一个关键环节，主要内容为如何为创业项

---

① 和征. 大学生创业计划书——方法与案例 [M]. 北京：中国纺织出版社，2023：147.

目筹集所需资金。在这个过程中，必须遵循一系列原则，以确保融资活动的成功和企业的健康发展。以下是创业融资中的四个核心原则。

（一）诚信性原则

诚信性原则要求创业者在整个融资过程中，无论是在筹备阶段、谈判过程还是签署协议时，都必须坚持诚实和透明的原则。诚实和透明是建立长期投资关系的基础。创业者应该向潜在投资者提供准确无误的信息，包括企业的财务状况、运营模式、市场定位、竞争环境、潜在风险以及未来的发展计划。这些信息的准确性对于投资者来说极为重要，因为它们直接关系到投资者的决策和对投资风险的评估。诚信也意味着在出现问题时能够及时通报。在创业过程中，企业可能会遇到各种挑战和困难，诚实地向投资者汇报这些情况，可以获得投资者的理解和支持，并共同寻找解决问题的方法。隐藏信息或误导投资者可能会短期内维持关系，但长远来看会损害信任，甚至导致法律纠纷。诚信性原则还涉及对投资者承诺的履行。创业者在融资过程中所作的承诺，无论是关于资金使用、业务发展还是收益分配，都应当严格遵守。这种一贯的诚信行为能够使创业者在投资界建立起良好的声誉，对于未来的融资活动和业务发展都是极其有利的。

（二）适度性原则

适度性原则强调在融资时平衡资金的需求与企业的实际情况。这个原则的核心在于确保融资额度既能满足企业当前和未来的需求，又不至于给企业带来过重的财务负担。适度性原则要求创业者准确评估企业的资金需求，包括对启动资本、运营成本、市场推广、产品开发和可能的扩张等方面的预算。这种评估需要基于详细的业务计划和财务预测，确保融资额度与企业的实际需求相符。适度融资还意味着避免过度债务或不必要的股权稀释。过多的债务可能会增加企业的财务风险，影响现金流的稳定性，而过度出售股份可能会导致创业者失去对企业的控制权。因此，创业者在选择融资方式时需要权衡这些因素，找到资金筹集和企业控制权之间的平衡点。适度性原则也涉及对融资时机的考虑。选择在企业发展的适当阶段进行融资同样重要。例如，在企业初创阶段可能需要较少的资金来验证业务模型，而在扩张阶段则可能需要更多的资金来支持业务增长。

（三）合法性原则

合法性原则强调所有融资活动必须严格遵守现行的法律和法规。这一原则不仅体现了企业对法律的尊重，也确保了融资活动的合法性，避免了未来潜在的法律风险。遵循合法性原则意味着创业者在进行融资活动时，需要熟悉并遵守相关的税务法规、公司法、证券法规以及其他适用法律。例如，在发行股份或债务融资时，需要符合证券法规的要求，包括披露要求和注册流程。创业者还需要考虑融资活动对公司股权结构的影响，确保符合公司法的相关规定。合法性原则还涉及透明和公正的融资操作，包括公平对待所有投资者、提供准确的企业信息以及避免误导性声明。这不仅有助于增强投资者的信任，还能够形成企业的良好市场声誉。

（四）低成本性原则

低成本性原则要求创业者在筹集资金时尽可能地降低成本。这一原则的核心是寻找并利用成本最低、最有效的融资方式，以减轻企业的财务负担，提高资金的使用效率，维持整体的财务健康。在应用低成本性原则时，创业者需要全面考量融资的直接和间接成本。直接成本包括利息、手续费等明显的财务支出，而间接成本则可能涉及股权稀释、融资过程中的时间消耗以及潜在的运营限制等。因此，选择最佳融资途径时，不仅要考虑当前的财务成本，还要评估对企业长期运营和成长的影响。

低成本性原则的应用也意味着在不同的融资渠道之间进行权衡。例如，银行贷款可能提供较低的利率，但可能要求更严格的还款条件；而风险投资虽然不需要立即还款，但可能导致较大的股权稀释。此外，创业者还可以考虑政府补助、众筹或债券发行等多种融资方式，每种方式都有其特定的成本和益处。

二、创业融资的渠道

融资渠道的选择对创业成功与否至关重要，创业者可以通过多种渠道筹集所需资金。

（一）个人资金

在创业融资的多种渠道中，个人资金是最直接和常见的方式之一。这种融资方式通常是创业初期的首选，因为它相对容易获取且能够迅速启动业务。使用个人资金意味着创业者利用自己的储蓄来创办企业。这种方式的优势在于没有债务负担，也不会造成股权稀释。个人资金可以用于初期的市场调研、产品开发或是简单的运营费用。然而，这种方式的缺点是资金规模有限，且将个人财务与企业风险直接联系起来。

（二）债务融资

债务融资包括信用卡借款、向亲朋好友借款或银行贷款。这种方式相较于股权融资，不会稀释企业所有权，但增加了企业的债务负担。

信用卡借款虽然快速便捷，但通常伴随着高利率。向亲朋借款可能不涉及高利息，但可能会影响人际关系。因此，在使用债务融资时，创业者需要仔细考虑还款能力和潜在的财务风险。

银行贷款作为一种传统的债务融资方式，在创业融资中发挥着重要作用。创业者可以通过银行或其他金融机构获得所需的资金，以支持企业的启动和发展。银行贷款的优势在于其相对稳定和可预测的借贷条款。

一般而言，银行会提供固定的利率和明确的还款计划，这使得创业者可以清楚地了解未来的财务负担。此外，与风险投资相比，银行贷款不会导致企业股权稀释，这意味着创业者可以保持对企业的完全控制权。获得银行贷款通常需要充分的准备并具备一定的条件。创业者需要提供详细的商业计划书和财务预算，以证明企业的发展潜力和偿还能力。银行往往要求一定的担保或抵押，可以是个人资产，也可以是企业资产。良好的信用记录也是获得银行贷款的关键因素之一。

（三）风险资本

风险资本适用于那些具有高增长潜力的初创企业。通过这种方式，创业者可以获得风险投资公司或个人投资者的资金投入，以支持企业的成长和扩张。通常，这种融资方式要求以公司股权为交换条件。风险资本的主要特点是投资者不仅提供资金，还经常参与企业的管理和决策过程，为企业提供行业经验、管理指导、市场网络和其他资源。这对于初创企业来说是一个重要的优势，因为它们通常缺乏运营企业的经验和资源。

选择风险资本融资时，创业者需要准备一份详尽的商业计划书，清晰地展示企业的市场潜力、竞争优势和营利模式。风险投资者通常寻找那些具有明确市场定位、创新技术或商业模式，并且有能力带来显著回报的企业。融资过程中股权的交换是一个关键议题。创业者在接受风险资本时，通常需要放弃公司的一部分股权。这意味着创业者将与投资者分享公司的所有权和控制权。因此，创业者需要仔细考虑股权交换的比例，确保在获得必要资金的同时，不会过度削弱对公司的控制。

（四）天使投资

天使投资是指个人投资者对初创企业进行的早期投资，这类投资者被称为天使投资者。天使投资者通常是经验丰富的企业家或行业专家，他们利用自己的个人资金对有潜力的初创企业进行投资，并且在企业发展初期提供支持。天使投资的特点是它通常发生在企业生命周期的早期阶段，这个阶段企业可能还没有完善的产品、稳定的收入或者清晰的商业模式。天使投资者在这个阶段投资，不仅代表对企业未来潜力的信任，也是对创业者个人能力的信任。

对于创业者来说，天使投资不仅意味着获得资金，还常常意味着获得投资者的经验、指导和人脉网络。天使投资者往往具有强大的创业背景或丰富的行业经验，能提供宝贵的业务指导、市场策略、管理经验以及行业联系，这些对于初创企业的发展至关重要。在获得天使投资时，创业者需要交换一定比例的股权。与风险资本相比，天使投资涉及的资金规模一般较小，但由于是在企业早期阶段进行，所涉及的风险相对较高。因此，天使投资者在做投资决策时会非常重视团队的质量、产品的创新性以及市场的潜力。对于许多初创企业而言，天使投资是实现从概念到市场的重要一步。它不仅提供了必要的资金支持，还为创业者打开了获取更多资源和知识的大门，有助于企业在竞争激烈的市场中快速成长。

（五）政府补助和贷款

许多政府部门和公共机构会提供特定的支持政策，旨在鼓励创业活动、创新和小企业的发展。这些政策通常包括直接的财政补助、低息贷款、税收优惠或其他形式的财务援助。

政府补助通常是不需要偿还的资金，往往用于支持特定领域或项目，如科技创新、绿色能源、社会企业等。政府补助可以为创业企业提供重要的启动资金，减轻它们在早期阶段的财务压力。申请政府补助通常需要详细的项目计划和预算说明，同时也要接受严格的审查。与传统的银行贷款相比，政府提供的贷款通常具有更低的利率和更灵活的还款条件。这类贷款尤其适合那些可能难以从传统银行获得资金的小企业或初创企业。政府贷款项目旨在促进经济增长、创造就业机会或支持特定行业的发展。

三、创业融资选择策略

创业融资的选择策略中，股权融资和债权融资是两种常见的融资方式，各有优势和适用场景。创业者在选择融资策略时，应充分考虑自身企业的具体情况和需求。

（一）股权融资

在创业融资的选择策略中，股权融资是一种常见且关键的融资方式，即创业者向投资者出售公司的一部分股权，以换取所需的资金。股权融资对于许多初创公司来说是吸引必要资金的重要途径，尤其是对于那些还没有稳定现金流或者处在早期发展阶段的企业。

股权融资的主要特点是它为企业提供了一种不必立即偿还的资金来源。与传统的债务融资相比，股权融资的压力相对较小，因为企业不需要在短期内承担还款和利息的财务负担。这使得创业者可以专注于企业的发展和扩张，而不是当前的现金流问题。通过股权融资，创业者往往可以获得投资者的额外资源和支持。许多投资者，特别是天使投资者和风险资本家，除了提供资金外，还会提供行业经验、管理知识、市场洞察以及宝贵的商业联系网络。这些资源对于初创企业的成长和成功至关重要。股权融资也意味着创业者需要放弃公司的一部分所有权。这可能会影响他们对企业的控制权。因此，在选择股权融资时，创业者需要仔细考虑股权稀释的程度以及与投资者的合作关系。

（二）债权融资

债权融资指的是企业通过借款来获取资金，这些借款可能来自银行、金融机构或者其他债权人。在债权融资中，创业者承诺在未来的某个时间点偿还本金并支付一定的利息。与股权融资不同，债权融资的显著特点是它不涉及公司股权的出售，因此创业者可以保持对企业的完全控制权。这一点对于不希望稀释自己在公司中持股比例的创业者来说尤其重要。债权融资的另一个优势是其成本相对可预测，因为贷款的利率和还款计划在借款时就已经确定，因此创业者可以更准确地计划其财务状况和现金流管理。然而，债权融资也带来了一定的风险和挑战。最明显的是，无论企业营利与否，借款都需要按时偿还，这对企业的现金流可能造成压力。此外，债权融资通常需要担保或抵押，这意味着如果无法偿还债务，创业者可能会失去抵押的资产。

对于初创企业来说，获取债权融资可能比较困难，尤其是对于那些没有稳定营收和资产作为担保的企业。因此，创业者在考虑债权融资时，需要仔细评估其偿还能力，并探索不同的借款选择，寻找最适合自己企业的方案。

第五节　创业资源的管理

在创业过程中，资源管理是至关重要的。有效地开发和利用资源可以为创业企业提供必要的支持，帮助其克服早期的困难，并实现持续成长。以下是创业资源管理的几个重要方面。

一、不同类型资源的开发

（一）内部资源的开发

在创业资源管理过程中，内部资源开发是至关重要的环节。内部资源主要指企业内部已拥有或可以自主开发的各类资源，包括人力资源、知识资源、技术资源和财务资源等。有效地开发这些资源对于初创企业来说意义重大，因为它们直接影响企业的运营效率和竞争能力。

有效地开发人力资源包括挖掘团队成员的潜能、提供培训和职业发展机会、建立高效的工作流程以及鼓励创新和团队合作。通过这些措施，企业可以提高员工的工作满意度和生产力，促进创新和问题解决。知识资源包括企业的知识资产和智力资本，如专利、商标、企业文化、管理经验等。有效管理这些资源包括保护知识产权、促进知识共享、不断学习和吸收新知识以及培养独特的企业文化。开发技术资源涉及不断创新和改进产品或服务、利用现有技术资源开发新的应用、提高技术效率以及维护和升级基础设施。有效地管理财务资源包括优化成本结构、提高资金使用效率、制定合理的财务规划以及确保良好的现金流管理。通过对这些内部资源的有效开发和管理，创业企业不仅能够提高自身的竞争力和市场适应性，还能为未来的可持续发展奠定坚实的基础。在资源有限的初创阶段，对内部资源的有效利用尤为重要，它可以帮助企业在竞争激烈的市场中站稳脚跟，逐步扩大业务规模。

（二）外部资源的开发

对外部资源的开发指识别和利用企业外部可用的资源，以支持企业的成长和发展。外部资源包括各种形式的资源，如与其他企业或组织的合作关系、市场机会、行业网络、投资资源以及政府支持和补助等。

成功开发外部资源要求创业者具备良好的市场洞察力和人际关系，包括与潜在的合作伙伴建立联系、参与行业活动以扩大人脉网络、寻找并利用各种资金支持机会以及与政府部门保持良好的沟通。通过这些方式，创业者可以获取关键的资源和信息，这对于企业的成长至关重要。对外部资源的有效开发不仅可以为企业带来资金上的支持，还能提供市场洞察、业务指导和技术支持等多方面的帮助。例如，通过与行业内的成功企业建立合作关系，创业者可以学习宝贵的经验，避免一些常见的创业陷阱；同时，通过参与行业活动和建立广泛的人脉网络，创业者可以及时了解市场动态和技术趋势，从而更好地定位企业和调整战略。外部资源的开发对于创业企业来说具有重大意义，它不仅提供了必要的资源支持，还有助于企业构建更广泛的合作网络，并使企业具备一定的市场影响力。创业者需要主动出击，积极寻找和利用各种外部资源，以促进企业的健康成长和长远发展。

二、有限资源的创造性利用

对于大多数初创企业来说，资源通常是有限的，包括资金、人力、时间以及其他物理资源。因此，如何创造性地利用这些有限资源，是创业者必须面对的挑战。

创造性地利用资源意味着以创新和高效的方式使用企业所拥有的一切，包括资金、人才、技术、数据以及网络等资源。创业者需要通过策略性思考，找到在资源有限的情况下实现业务目标的方法。在人力资源方面，创业企业可能无法雇用大量员工，因此需要找到最关键的岗位，聘请多面手或是具有关键技能的人才。同时，也可以通过外包、实习生计划或兼职合作等方式，以较低成本获得所需的人力资源。财务资源方面，创业者需要精打细算，确保每一笔支出都能带来最大的回报，如采用成本削减、现金流管理和预算控制等手段。同时，创业者还可以通过融资策略、政府补助和合作伙伴关系等方式，增加可用的财务资源。技术资源方面，创业企业可以利用现有的技术平台和工具，或通过合作伙伴关系获得更高级的技术，以提高生产力和运营效率。此外，利用开源技术和云服务也是节约成本的有效方法。市场资源方面，创业企业要创造性地利用社交媒体、内容营销和网络营销等低成本营销手段，帮助企业建立品牌知名度，扩大市场影响力，而不必投入大量的广告费用。

三、创业资源开发的推进方法

创业资源开发的推进方法是指创业者如何系统地识别、获取、配置和利用可用资源以支持企业的成长和发展。这一过程对于确保创业成功至关重要，特别是在资源有限的情况下。以下是推进创业资源开发的关键步骤。

（一）资源识别

资源识别是创业过程中的一个关键步骤，指对企业在创业阶段所需资源进行深入分析和确认。在这一过程中，创业者需要明确自己实现战略目标所需的具体资源，因为这些资源对于创业行为和决策具有显著影响。资源的种类多样，有的可以直接投入生产过程中，而有的则较为复杂，需要通过整合才能发挥作用。在识别资源时，不仅要评估资源的种类，还需要考量资源的数量、质量、使用时机和顺序，这是基于企业战术目标进行资源选择的过程，其中涉及资源层级性和可接受性的匹配原则。

通常情况下，资源的层级越高，它为企业带来的持续竞争优势时间也越长。然而，获取层级较高的资源往往成本较高，伴随的市场风险也相对增大。准确地识别资源能够使创业者更好地依据自身状况发掘机会。除了识别资源本身特性外，还需要对潜在的资源提供者进行评估。这要求创业者具备一定的行业知识和社会关系网络。为了获得长期的竞争优势，创业者需要全面评估供应商的可靠性。一般而言，创业者在初期会依赖与自身关系较近的资源网络，随着业务的发展，这个网络会逐步扩大。对于那些已经拥有一定关系网络的创业者而言，这样的资源网络可以更有效地推动其创业活动的展开。

（二）资源获取

资源获取是建立在资源识别基础上的关键步骤，它指的是采取各种手段或途径来获得创业企业所需的资源，并确保这些资源能够为企业的发展服务。在创业的起始阶段，创业者本身所具备的资源，如教育背景、经验、声誉、专业知识和社交网络等，常常是创业活动的基石。通常情况下，这些资源在创业团队之中是可获取的。研究显示，建立在团队基础上的创业往往比单打独斗更容易获得成功。在某些特定行业中，创业团队的社交网络和技术资源对企业的成功发挥着至关重要的作用。

在企业成立的早期，创业者面临着如何选取和应用这些资源到新成立的企业中的挑战。这个过程的关键在于辨别某种资源对于实现企业目标的重要性。资源的获取通常有三种主要方式：购买、联盟和并购。购买资源主要指通过市场交易来获得所需资源。资源联盟是指与其他组织合作，共同开发那些单独行动难以开发的资源，不仅包括显性知识资源，还包括隐性知识资源。资源联盟的关键在于双方资源和能力的互补性以及共同的利益目标。资源并购则是通过股权或资产收购，将外部资源转化为企业内部资源的方式，这要求并购双方在资源尤其是知识资源方面有较高的相关性。在创业全过程中，资源的获取始终发挥着关键作用，尤其在创业初期尤为重要。而且，资源获取需要特定的技能和分析方法。从这个角度看，创业教育的存在具有其合理性和必要性，它能够帮助创业者学习如何有效地获取和利用资源。

（三）资源配置

资源配置是创业管理中的关键环节，它指的是将企业手头的各种资源进行有效整合和系统化，以确保这些资源能够发挥最大的价值和效益。在资源整合之前，许多资源往往是分散和未经优化的。通过科学的方法综合和激活这些资源，企业可以实现资源的再构建，从而将有价值的资源有效地结合在一起，使其具备更好的柔韧性、条理性、系统性和更高的价值。

企业资源的配置过程包含两个主要环节：资源的整合和转换。资源整合是指将识别和获取的各种资源进行有序组织和结合，而资源转换则指将单一资源转化为更复合的形式，增加其价值和扩大其应用范围。仅仅识别和获取资源并不足以保证创业的成功。创业者或团队还需要将个人的核心资源投入新企业中，或者将个人能力与组织资源相结合，以创造独特的竞争优势。创业者的知识和技能是不断扩大企业资源规模和提高其价值的重要基础。这种资源转换和增值通常通过资源整合来实现，要求创业者在整合过程中有效地利用个人资源来构建企业竞争优势。创业者的能力对于建立和维护整个资源基础至关重要。这包括开发、管理和维护资源，同时也关系到创业教育的效果。创业教育对于创业者获取行业知识、产品知识、市场知识和构建声誉等方面都有重要影响。

成功的创业者能够迅速将个人资源转换为组织资源，并形成资源优势，这是区分成功和失败创业者的关键因素。那些不能迅速完成这种转换的企业可能会陷入发展停滞的困境。

（四）资源利用

资源利用指的是在已经识别、获取并有效配置了资源后，运用这些资源在市场上创造价值，形成独特能力，并生产出产品或服务的过程。对于企业而言，资源的有效利用是生存和创造财富的关键。因此，在成功地构建了新的资源能力或竞争优势后，企业需要利用这些独特优势来在市场上取得成功。这种资源利用过程包括资源的协调和拓展两个主要方面。

资源协调关注于使各种资源在企业内部形成协同作用。例如，协调创业者和合作伙伴之间的知识，使所有员工能够学习并实际应用这些知识。这使得内部技能和外部知识得以结合，从而促成创新性和有价值的成果。通过这种协调性工作，资源之间的联系不仅变得更紧密，而且更具匹配性，使得各种资源能更好地发挥自身的潜力，不仅能完成服务客户的使命，还加强了企业在动态市场中的动态能力。

资源的拓展则是在协调资源的基础上进一步发掘和开发潜在资源为企业所用的重要阶段，也被称为资源的再开发。在资源整合之后，需要更进一步地利用这些资源，不仅要实现财富的创造，更要在实现资源价值的基础上拓展资源库，进一步拓宽资源的范围和功能。这为企业下一步资源的识别、获取、配置和利用奠定了坚实的基础，也是企业持续竞争优势的核心来源。

需要说明的是，以上四个阶段并不完全具有线性关系，而是相互交叉的。例如，在获取资源的过程中就伴随着资源的整合和配置，据此可以吸引更多有效的资源到企业中来；在利用资源的过程中，根据资源本身的特质和存在的问题，同时配置并剥离资源，创造基于资源优势的竞争优势。

思考与练习

1. 设计一份创业计划书的大纲。

2. 分析不同融资方式的利弊。

3. 讨论如何有效管理人力资源。

4. 设计一个创业项目的预算。

5. 讨论技术资源在创业中的重要性。

6. 分析一个成功的资源整合案例。

7. 探讨在资源有限的情况下如何最大化利用资源。

8. 讨论在不同发展阶段对资源的需求变化。

第五章　商业模式

学习目的：

★了解商业模式的基本概念和重要性

★学习如何设计和创新商业模式

★掌握商业模式规划在企业发展中的作用

重点与难点：

★商业模式的构成要素和设计

★商业模式创新的方法和案例分析

★应对市场变化的商业模式调整

第一节　商业模式概述

一、商业模式的内涵

商业模式是指通过实现客户价值最大化，把能使企业运转的内外各要素整合起来，形成一个完整的、高效率的、具有独特核心竞争力的运行系统，并通过最优实现形式满足客户需求，同时使系统达成持续赢利目标，最终创造股东价值的整体解决方案[①]。商业模式作为企业的核心，

---

① 罗国锋，张超卓.创业融资[M].北京：中国铁道出版社，2021：92.

是企业赖以生存和发展的灵魂。它不仅关系到企业的即时营利，更是企业持续保持竞争力和发展潜力的关键。通过对企业商业模式的识别、分析和评价，可以全面、系统且严格地考察企业的运营状态和盈利能力。

商业模式的内涵涉及企业如何创造、传递并获取价值的基本原理。这个价值不仅仅是利润的创造，还包括为客户、员工、合作伙伴和股东提供的价值。商业模式是企业的核心逻辑，描述了企业如何通过特定的方式运作以达到其目标。

创造价值是商业模式的起点，它意味着企业提供的产品或服务为特定的消费群体带来核心价值。这涉及产品或服务的质量、特点以及与消费者需求的契合度。例如，星巴克针对咖啡爱好者和白领为其提供高质量的咖啡和舒适的环境，这些都是其创造的核心价值。传递价值指如何有效地将产品或服务的价值传达给目标消费群体。这通常涉及营销和品牌建设策略。例如，Nike（耐克）通过赞助体育明星来增强其品牌形象，这样做不仅提高了品牌知名度，也使其产品价值更加深入人心。获取价值是指企业如何从为客户创造的价值中获得最大的经济回报。这涉及定价策略、成本控制以及市场定位。例如，吉列的剃须刀和刀片模型，通过低价剃须刀和高价刀片的组合，实现了持续的收益。商业模式不仅是企业经济活动的基础，也是其社会价值和文化价值的体现。它关系到企业如何在不同的利益相关者之间建立平衡，包括供应商、客户、合作伙伴、内部员工等。一个成功的商业模式能够促进各方的互利共赢，增强企业的社会责任感和品牌忠诚度。

商业模式是企业在竞争激烈的市场中脱颖而出，获得资本和市场认同的关键。它使企业能够有效地利用有形和无形资源，通过创新应对市场变化，从而获得持续的竞争优势。此外，它还有助于企业更好地理解和预测市场动态，制定符合市场需求的战略决策。

二、商业模式的特点

商业模式通常具有以下几个特点。

（一）创新性

创新性是商业模式成功的重要驱动力。它不仅仅是简单地引入新产品或服务，更是在商业思维和运作方式上的革新。创新性表现在多个层面：产品设计的原创性、服务交付的创新方式、市场定位的独特性和新技术的应用。例如，数字化平台如 Uber（优步，美国提供网络约车服务的公司）和 Airbnb（爱彼迎，全球民宿短租公寓预定平台）通过技术创新颠覆了传统的服务模式，提供了全新的用户体验和价值。这种创新不仅满足了消费者未被发现的需求，同时也改变了整个行业的竞争格局。创新的商业模式能够为企业带来竞争优势，吸引更多的顾客，并且打开了新的市场机会。它要求企业具有敏锐的市场洞察力和快速的应变能力，能够在不断变化的市场环境中寻找和抓住新机遇。创新也需要企业在组织结构和文化上支持新想法的产生和实施，鼓励创新思维，打造一个灵活且富有创造力的工作环境。

（二）可持续性

可持续性关注的是商业模式长期的生存能力和效益，包括企业在经济上的持续营利，及其在环境、社会和公司治理（ESG）方面的责任。可持续的商业模式考虑到了企业活动对环境的影响，力求减少对环境的负面影响，如通过使用可再生资源、减少碳排放和废物产生等方式。在社会层面，它关注企业如何对员工、顾客和社区负责，如提供公平的工作条件、支持社区发展等。例如，有些企业采用循环经济的原则，将废弃物回收利用，或者通过社会企业模式解决社会问题。这种商业模式不仅有助于企业建立良好的品牌形象，提高客户忠诚度，而且能够使企业在资源日益稀缺的世界中保持竞争力。同时，可持续性还意味着企业能够预见和适应市场、技术和环境的变化，确保其商业模式能够长期有效。

（三）可扩展性

良好的商业模式必须具备随时间推移而扩展的能力，也就是说商业模式必须具备足够的灵活性和适应性，能够在不同市场环境和地区中成功复制。这种扩展不仅仅是地理位置的拓展，更是产品线、市场细分和服务范围的扩展。例如，全球知名品牌麦当劳和可口可乐，能够将自身的商业模式从本土市场成功扩展到国际市场，在很大程度上归功于它们在不同文化和市场需求下对产品和营销策略的灵活调整。这种可扩展性要求企业在维持核心价值和品牌识别的同时，对产品或服务进行本地化适配，以满足不同市场的特定需求。可扩展性的实现也依赖于企业内部的资源配置、组织结构和运营效率。有效的供应链管理、技术支持系统以及灵活的组织结构是支持可扩展性的关键。此外，对新市场的研究和理解，以及快速适应市场变化的能力，对于确保扩展的成功至关重要。

（四）营利性

营利性是商业模式的核心目的，是企业生存和发展的基础。一个具有营利性的商业模式能够为企业带来持续的收入流，支持其成长和扩张。营利性不仅体现在短期的利润上，更体现在长期的财务健康和资本积累方面。营利性依赖于多种因素：有效的成本控制、合理的定价策略、优化的资源分配以及高效的运营管理。例如，企业通过提高运营效率，减少浪费，可以降低成本；通过市场研究和客户洞察，可以制定出更具吸引力的定价策略。营利性还涉及对市场机会的把握和风险管理。企业需要不断创新，开发新产品或服务，进入新市场，以保持其收入来源的多样性和稳定性。同时，良好的风险管理和财务规划也是保持营利的关键，这包括对市场波动的预测、对投资回报的评估以及对资金流的精细管理。

三、商业模式的主要类型

商业模式的类型多种多样，每种模式根据其运作方式、收入来源和市场定位的不同而有所区别。以下是一些主要和常见的商业模式类型。

（一）B2B 模式

B2B（Business-to-Business）模式是商业交易的一种形式，其中两家企业相互进行产品或服务的买卖。这种模式的核心在于企业间的合作关系。B2B 交易通常涉及大宗交易和长期合约，这些交易的特点是价值高、数量大，且经常需要高度定制化的解决方案。在 B2B 模式中，供应链管理和批发交易扮演着关键角色。企业在此模式下不仅需要提供产品和服务，还需要确保这些产品和服务能够准确、及时地满足另一家企业的具体需求。因此，B2B 公司必须具备强大的后端支持能力，包括高效的物流系统、稳健的供应链管理以及可靠的客户服务。B2B 模式中的销售和营销策略与面向最终消费者的 B2C 模式有很大不同。B2B 销售过程往往更为复杂，涉及多个决策层级和长期的关系建立。这要求企业在营销策略上更加专注于建立信任和展示专业知识，而非简单的产品推广。

B2B 模式的一个典型例子是原材料供应商和制造企业之间的关系。原材料供应商需要确保其产品能够满足制造企业的质量标准和数量需求，而制造企业则依赖供应商的稳定供应来保证生产线的连续运作。在这种关系中，价格谈判、质量控制和供应链的可靠性成为关键因素。

（二）B2C 模式

B2C（Business-to-Consumer）模式中，企业将产品或服务直接销售给消费者，是一种普遍且直观的商业交易形式。这种模式广泛应用于零售行业，包括但不限于实体店铺、电子商务网站和直接邮购服务。B2C 模式的核心在于直接满足个人消费者的需求和偏好。B2C 企业的成功在很大程度上取决于其能够有效地与消费者建立联系和交流。这涉及品牌建设、营销策略、客户服务以及用户体验的优化。在这种模式下，企业需要深入理解目标市场，包括消费者的购买行为、偏好和期望。企业需要通过各种营销渠道，如社交媒体、电子邮件、线下活动等，来吸引和保持消费者的兴趣。在 B2C 模式中，客户体验的重要性不容忽视。从用户界面的设计到售后服务的质量，所有这些方面都直接影响消费者的满意度和忠诚度。因此，企业应努力提高产品质量、优化购物流程、加强客户支持等，这有助于提升消费者满意度和促进其重复购买。

随着电子商务和数字化营销的快速发展，B2C 模式越来越多地采用在线渠道来进行产品销售和品牌推广。这要求企业不仅要关注传统的销售点，如产品质量和价格竞争力，还要利用数据分析、社交媒体营销和个性化营销等现代技术来提升市场竞争力。

（三）C2C 模式

C2C（Consumer-to-Consumer）模式是电子商务领域的一种重要形式，它使得个人消费者能够直接相互买卖商品或服务。在这种模式下，交易双方均为个人，而非传统的企业或商业机构。C2C 模式通常借助第三方平台进行，这些平台提供一个市场空间，让个人卖家可以展示和销售他们的产品或服务，而个人买家则可以浏览、比较并购买这些商品。这种模式的代表性平台包括 eBay（易贝）、淘宝、Craigslist（美国大型分类广告网站）等，在这些平台上，商品种类繁多，从二手物品、手工艺品到个人服务等应有尽有。C2C 模式的显著优势在于它提供了一个低门槛、高灵活性的市场环境，使得普通消费者可以轻松进入电子商务世界，不仅作为购买者，还可以作为销售者。

（四）订阅模式

订阅模式作为一种创新的商业模式，在数字化时代得到显著增长和普及。在这种模式下，消费者通过定期支付费用（如每月或每年）来获取持续的产品或服务。这种模式已经从传统的杂志和报纸订阅扩展到了多个领域，包括但不限于在线流媒体服务、软件应用、健身会员，甚至日常消费品。这种模式的主要优势之一是能为企业带来持续稳定的收入流。不同于一次性购买，订阅模式通过定期收费为企业提供了更可预测的收入，有助于企业更好地规划和预测财务状况。除了财务稳定性，订阅模式还有助于建立和维护长期的客户关系。通过定期交付产品或服务，企业可以持续与客户互动，更好地了解他们的需求和偏好，从而提供更加个性化的服务。例如，许多订阅服务提供个性化推荐，根据用户的历史行为和偏好来调整内容或服务，这不仅提升了用户体验，也提高了客户的忠诚度和满意度。

（五）免费模式

免费模式，作为当代数字经济中一种非常流行的商业模式，已经在许多在线服务和应用程序中得到广泛应用。这种模式的核心在于提供无成本的基础服务，同时通过其他方式实现营利，如销售广告空间、提供高级功能或额外的附加服务。在免费模式下，吸引并维持大量用户成为成功的关键。由于基础服务是免费提供的，因此它能够轻松吸引大量用户，尤其是在进入市场的初期阶段。这种低门槛的进入方式对于快速扩大用户基数和提高品牌知名度非常有效。一旦拥有了庞大的用户群体，企业就有机会通过各种方式将这些用户转化为营利的源泉。例如，通过展示广告来向广告商收费，或向用户销售高级功能和增值服务，以此来补偿基础服务的免费提供。广告销售是免费模式中最常见的营利方式之一。企业可以通过在其平台或应用程序上展示广告来赚取收入。这种方式尤其适用于拥有大量活跃用户的服务，因为更多的用户意味着更高的广告曝光率和潜在的点击率。提供高级功能或附加服务是另一种常见的营利方式。在这种情况下，基础服务是免费的，但企业会提供额外的付费服务或功能，以满足某些用户的特定需求。例如，一些在线工具或应用程序会提供更高级的功能、额外的存储空间或去除广告的选项给付费用户。免费模式还有助于产品或服务的快速传播和市场渗透。由于初期用户无须承担费用，他们更乐于尝试新产品或服务。这种模式尤其适用于创新产品的市场测试和推广，因为它降低了用户的尝试成本和风险。

（六）特许经营模式

特许经营模式是一种在全球范围内广泛应用的商业模式，尤其在餐饮、零售和服务行业中极为普遍。在这种模式下，特许经营者（Franchisor）授权个体或企业（特许经营商，Franchisee）使用其品牌名称、商标、产品、服务以及运营方式。这种合作关系允许特许经营商通过支付一定的费用和分成来获得经营权。特许经营模式的优势在于其为特许经营商提供了一个经过市场验证的业务模式和高品牌认知度，这大大降低了创业的风险和初始市场测试的需要。对特许经营商而言，这种模式提供了一套完整的运营手册和持续的支持，包括培训、营销策略和经营管理。这使得即使是没有相关经验的创业者也能够加入并运营一个已经成熟的业务模式。此外，由于品牌已经建立并被消费者所认知，特许经营商通常能够更快地吸引客户，并从品牌的信誉中受益。

第二节　商业模式的构成要素

商业模式的构成要素是理解和设计商业模式的关键。它们共同构成了企业创造、交付和捕获价值的基础框架。以下是商业模式的主要构成要素。

一、价值主张

价值主张（Value Proposition）是商业模式的核心，它清楚地定义了企业提供给客户的独特价值。价值主张回答了客户关心的核心问题："为客户解决了什么问题？"或"为客户提供了什么好处？"。通过明确产品或服务的独特性、优势和满足客户需求，价值主张帮助企业在市场竞争中脱颖而出。

价值主张的有效性取决于其如何满足市场的需求或解决特定的问题。这不仅关乎产品或服务本身的质量和特点，还与它们如何与客户的期望、需求和体验相匹配密切相关。一个强有力的价值主张通常是明确、具体且有吸引力的，能够解决客户痛点，为其提供明显的好处，或带来独特的体验。为了形成有效的价值主张，企业需要深入了解目标市场和客户群体，包括对客户行为、需求、偏好和购买决策过程的洞察。此外，市场研究、竞争分析和客户反馈是形成和调整价值主张的重要工具。有效的价值主张可以帮助企业确定正确的市场定位，为产品开发和营销策略的制订提供指导，并建立品牌的竞争优势。

二、客户细分

确定企业服务的目标客户群体是实现有效商业运作的关键。客户细分（Customer Segments）指将潜在客户分为不同的群体，每个群体具有相似的需求、行为或其他特征。通过对不同客户细分的深入理解，企业可以更精准地定位其市场，设计出更符合特定群体需求的产品或服务，从而提高市场占有率和盈利能力。在进行客户细分时，企业应考虑多种因素，如人口统计特征、地理位置、购买行为和心理特征等。例如，一家在线教育平台应将其客户细分为寻求职业发展的年轻专业人士、寻求新技能的退休老年人和需要学业辅导的学生。每个细分市场的特定需求和偏好都不同，因此需要定制化的价值主张和营销策略。

客户细分使企业能够更有效地利用其资源，通过针对不同群体的特定策略来实现市场响应和收入最大化。企业可以采取为不同细分市场提供定制化的产品和服务、设计特定的营销活动，甚至是调整定价策略等方法来进行精确的客户细分，从而提高客户满意度和忠诚度，同时提升市场竞争力。

三、渠道

渠道（Channels）是企业交付其价值主张给客户的途径，对于确保产品或服务能够有效地到达目标市场至关重要。渠道包括但不限于销售和分销渠道、市场营销和通信渠道。选择适当的渠道可以极大地影响客户体验感和企业的市场覆盖范围。渠道的选择和管理取决于多种因素，包括目标市场的特性、客户购买行为、产品或服务的性质，以及成本效益考虑。例如，一些产品可能最适合通过在线电子商务平台销售，而其他产品通过实体零售店或直销代表接触目标客户更有效。渠道策略要求考虑如何整合不同的销售和营销渠道，以提供无缝的客户体验，包括线上与线下渠道的结合，以及使用社交媒体、电子邮件营销等多种沟通工具来增强与客户的互动。

四、客户关系

客户关系（Customer Relationships）要素描述了企业如何与其客户建立和维护关系。客户关系管理对于提升客户满意度和忠诚度至关重要，它涵盖了从初始接触到售后服务的整个过程。客户关系可以采取多种形式来建立和维护，如个性化服务、自助服务、自动化服务、社区参与和共同创造等。选择何种类型的客户关系策略取决于目标客户群体的特性、企业的价值主张以及市场竞争环境。例如，一些企业可能侧重于提供高度个性化的服务来满足特定客户群体的需求，而其他企业则可能通过自助服务和自动化工具来提高效率和降低成本。

有效的客户关系管理需要企业不但关注吸引新客户，而且重视保持现有客户的满意度和忠诚度，要定期收集客户反馈、提供优质的客户支持服务以及通过客户忠诚计划来激励其重复购买。随着数字技术的发展，社交媒体和在线社区等新兴渠道为企业与客户互动提供了新的机会。通过这些平台，企业可以更有效地与客户沟通、获取客户洞察以及共同创造价值。

五、收入流

收入流（Revenue Streams）指的是企业通过其价值主张如何盈利。这是商业模式中至关重要的部分，因为它直接影响企业的财务可持续性和盈利能力。收入流有多种形式，包括产品销售、服务费用、订阅费、广告费、租赁或出售资产等。不同的收入流模式适合不同类型的企业和市场环境。例如，一些企业可能依赖单次销售的收入，而其他企业则可能采用订阅模式，提供持续的服务或产品更新。

在设计收入流时，企业需要考虑多种因素，如目标市场的支付能力和偏好、竞争对手的定价策略，以及产品或服务的成本结构。有效的收入流模式不仅能够确保企业的财务健康，还可以支持企业的长期发展和效益增长。企业还可以通过多元化收入来源来降低风险，如开发多个产品线、探索不同的市场细分或实施多种定价策略。通过多样化收入流，企业能够更好地应对市场波动和不确定性。

六、关键资源

关键资源（Key Resources）是企业运营和实现商业模式所依赖的资产和能力。这些资源支持企业交付其价值主张，服务于目标客户群体，并实现收入目标。关键资源可以是物理的、智力的、人力的或财务的。物理资源包括建筑、设备和库存等；智力资源指品牌、专利、版权和专业知识等；人力资源则指企业的员工和管理团队；财务资源则包括现金、信贷额度和投资等。管理和优化这些资源对于企业的成功至关重要。企业必须确保资源的有效利用、维护和升级关键资产，并根据业务需求和市场变化调整资源配置。例如，技术公司可能需要重点投资研发和知识产权保护领域，而服务行业的企业则可能更侧重于人力资源的培训和发展。

随着市场和技术的发展，企业还需要不断评估和更新其关键资源，包括投资新技术、培养新技能或寻求额外的资金来源。通过有效管理关键资源，企业可以增强其竞争优势，适应市场变化，并实现长期发展。

七、关键活动

关键活动（Key Activities）是企业为实现其价值主张、服务客户细分并生成收入所必须进行的核心操作。这些活动是商业模式运作的关键部分，它们直接影响企业的效率、效果和竞争力。关键活动的范围包括产品开发、生产、营销、供应链管理、服务提供和客户支持等。不同类型的企业和商业模式需要不同的关键活动。例如，制造企业可能重点关注生产效率和质量控制，而技术公司则可能侧重于产品研发和创新。有效地管理和执行这些关键活动对于保证产品质量、提高客户满意度和维持运营效率至关重要。这需要企业加大对相关技术的投资力度、优化流程、培训员工以及与供应商和合作伙伴建立紧密的合作关系。

随着市场的变化和技术的进步，企业也需要不断调整和更新其关键活动，如采用新的生产技术、引入新的营销策略或改进服务交付方式。通过持续优化关键活动，企业可以提高竞争力，适应市场需求的变化，并实现业务增长。

八、关键合作伙伴

关键合作伙伴（Key Partnerships）是指企业为实现其商业目标而与之建立合作关系的对象。这种伙伴关系可以帮助企业获取关键资源、共享风险、降低成本或访问新市场。

关键合作伙伴包括供应商、分销商、合作企业、联盟伙伴或其他组织。例如，一家技术创业公司可能与大型企业建立合作伙伴关系，以获取市场渠道和资源支持；零售企业可能与供应商建立紧密合作，以确保产品的稳定供应和质量控制。管理这些关键合作伙伴需要企业考虑到如何平衡相互利益、维持良好的合作关系，并确保合作目标与企业战略相一致。此外，企业还需要定期评估和调整合作伙伴关系，以应对市场的变化和新的商业机会。

有效的合作伙伴关系可以为企业带来多方面的好处，包括提高市场进入速度、分摊风险、提高运营效率以及共享资源和专业知识。这些合作关系有助于企业更好地实现其价值主张，服务于目标客户，并增强其市场竞争力。

九、成本结构

成本结构（Cost Structure）涵盖了实现商业模式所需的所有成本。理解和管理成本结构对于确保企业的财务健康和盈利能力至关重要。成本结构包括固定成本和变动成本。固定成本是指不随产品生产或服务提供数量变化而变化的成本，如租金、工资和保险等；变动成本则随生产或销售数量的增减而变化，如原材料成本、直接劳动成本和销售佣金等。在设计商业模式时，企业需要仔细考虑如何有效地管理和优化成本结构，具体措施有寻找成本节约的机会、实施效率提升措施、采用自动化技术或外包非核心活动等。此外，成本结构的设计还需要考虑市场定位和竞争策略，如是否追求成本领先或注重产品和服务的高质量。对于创业公司和新兴市场的企业而言，成本控制尤为重要，因为它们往往资金和资源有限。通过精细化的成本管理，企业可以提高其财务稳定性，支持长期增长并实现可持续发展。

这九个商业模式构成要素共同定义了企业如何创造价值、与客户互动、实现营利并在市场中运作。每个要素都是企业成功的关键组成部分，需要企业综合考虑并有效整合，以构建一个强大、灵活且可持续的商业模式。通过不断评估和优化这些要素，企业可以适应市场的变化，把握商业机会，并在竞争激烈的市场中获得成功。

第三节　商业模式的设计

设计商业模式是企业战略规划中的核心部分，涉及对企业运作方式的全面思考和规划。它不仅需要企业深入了解市场和客户，还要求企业构建高效的业务系统，发掘和利用关键资源，以及制定有效的营利模式。商业模式的设计可以按照以下步骤来进行。

一、确定业务范围

确定业务范围是设计商业模式的基础步骤，即对企业在市场中的角色和目标进行明确界定。这个过程不仅是对产品或服务本身的定义，还是对市场覆盖范围、服务对象以及如何在竞争中突出自身特色的全面考虑。在确定业务范围时，以下几个方面是至关重要的。其一，产品服务类型。明确企业提供的具体产品或服务，包括其功能、特性以及它们如何满足市场需求。这需要企业对自身的能力和潜在的市场机会有深入的了解。其二，市场定位。确定企业在市场中的位置。这涉及对目标市场的理解，包括市场规模、客户需求、竞争环境和市场趋势。市场定位不仅帮助企业确定销售目标和营销策略，还指导企业如何在竞争中保持独特性。其三，市场细分。基于不同客户群体的需求和特点，将市场划分为更小的细分市场。通过市场细分，企业可以更精确地定位其产品或服务，为不同的客户群体提供定制化的解决方案。其四，服务对象。明确企业的主要客户群体，包括了解这些客户的特征、需求、购买行为和偏好。了解服务对象对于设计有效的市场策略和提供更有针对性的服务至关重要。

二、分析和把握顾客需求

企业成功的基础在于准确理解并满足目标客户的需求和期望。这要求企业进行深入的市场研究和客户分析，以确保其产品或服务能够与市场需求紧密对接。进行详细的客户细分意味着企业需要识别并理解其目标客户群体的具体特征，包括人口统计数据（如年龄、性别、收入水平、教育背景）、地理位置、心理特征（如价值观、态度、兴趣）以及购买行为（如购买动机、购买频率、品牌偏好）。这些信息能够帮助企业构建客户画像，更好地理解目标市场。企业还需要通过市场调研和数据分析来深入了解这些客户群体的需求和问题，可以采取问卷调查、焦点小组讨论、一对一访谈、市场观察或数据挖掘等方法进行。了解客户的真实需求和痛点是设计有效价值主张的基础。持续的市场调研和客户反馈机制对于保持企业与市场需求同步至关重要。市场和客户需求是动态变化的，企业需要建立机制来定期收集和分析客户反馈，以便及时调整其产品或服务和市场策略。例如，电子商务企业阿里巴巴通过深入了解中小企业在贸易过程中遇到的困难，识别到了它们对于便捷、高效交易平台的需求。基于这些认识，阿里巴巴设计了满足这些需求的在线交易平台，成功吸引并维系了大量中小企业用户。

三、构建企业独特的业务系统

构建企业独特的业务系统需要明确和优化企业与不同的利益相关者，包括客户、供应商和合作伙伴之间的交易关系。有效的业务系统不仅强化了企业的内部运作，还加强了对外的合作关系。为了构建这样的系统，企业需要深入了解并积极管理与各方的互动，包括确保供应链的稳定性和效率，以及维护和提高客户满意度。例如，通过与供应商建立稳定的长期合作，企业可以获得更可靠的原材料供应来源，同时降低成本。而与客户的良好关系也能够提升企业的市场声誉和客户忠诚度。构建业务系统还意味着企业在市场中的定位更加明确，能够更有效地满足特定市场细分的需求。这样的系统有助于企业不断创新，适应市场变化，同时提高整体的运营效率和市场竞争力。

四、发掘企业的关键资源能力

关键资源不仅是企业运营的支撑，也是其在激烈市场竞争中脱颖而出的基础。企业的关键资源包括但不限于金融资源、人力资源、信息资源和客户关系等。金融资源的充足和有效管理对于企业的稳定运营和发展至关重要。它们支持企业的日常运作、市场扩张、产品研发和其他关键活动。因此，有效地管理财务，并寻找合适的融资渠道对企业的成长至关重要。人力资源是企业的另一项重要资产。招募和培养优秀的员工，以及维护良好的劳动关系，不仅能够提升企业的运作效率和服务质量，还能够促进创新和改善企业文化。员工的专业知识、技能和创造力对于企业的竞争力有着直接影响。在当今数字时代，数据和信息的重要性日益凸显。有效地利用市场数据、客户信息和业务洞察可以帮助企业做出更明智的决策，提高市场反应速度，以及优化产品和服务。客户关系的建立和维护对于企业的长期成功同样至关重要。通过有效的客户关系管理，企业不仅能够提升客户满意度和忠诚度，还能够通过客户反馈来改进产品和服务。投资于技术创新也是提升企业竞争力的关键。技术创新不仅可以提高企业的运营效率，还可以帮助企业开拓新的市场和服务领域。

五、构建独特的营利模式

营利模式定义了企业如何通过其提供的产品或服务获得经济收益，包括收入的来源、定价策略以及如何在企业与其利益相关者之间分配产生的价值。

选择合适的收入来源对于确保企业营利模式的有效性至关重要。这可能包括产品或服务的直接销售、通过订阅模式获得的持续收入、广告收入或其他形式的收入，如特许经营费或利润分享等。例如，电视台通过广告和节目冠名权销售来获取收入，而不是直接向观众收费，它们覆盖广泛的观众群体，并从广告商那里获得收入。

定价策略是营利模式中的另一个关键因素。企业需要根据产品或服务的成本结构、目标市场的支付能力、竞争对手的定价以及客户对价格的敏感度来制定价格。合理的定价策略能够帮助企业吸引客户，同时确保营利。考虑到市场的接受度对营利模式的成功至关重要，企业需要评估目标市场对不同收费模式的反应，确保所选模式符合客户的期望和行为。同时，企业还需要考虑其营利模式的收入潜力，以及是否能够持续地在市场中产生收益。

六、提高企业价值

提高企业价值是商业模式设计的终极目的，它涵盖了提高投资效率、降低运营成本和持续增加收入等多个方面。企业通过优化商业模式，不仅能提升自身在资本市场的吸引力，还能提高市场地位和品牌价值。

在提高投资效率方面，企业要确保投资决策能带来最大回报，包括技术创新、市场开拓和人才发展等领域的投资。合理的资本管理和投资决策有助于提升资本回报率，降低财务风险。运营成本管理对于企业提高获取利润的能力至关重要。通过优化生产流程、提高效率和合理管理库存，企业可以有效降低成本，提升价格竞争力和市场适应性。收入增长的能力反映了企业的市场拓展和产品创新能力。企业需要不断探索新的市场机会和收入渠道，提高产品和服务的附加值，确保长期稳定的收入增长。优化商业模式是提升企业价值的关键，可通过改进营利模式、强化客户关系、提升品牌知名度，以及采用新技术和创新策略等措施来实现。这些措施能帮助企业提升市场竞争力，吸引更多投资者和客户。企业的市场地位和品牌价值是企业价值的重要组成部分。企业需要在市场中树立良好声誉，建立强大的品牌形象，并提供高质量的产品和服务。

第四节 商业模式的创新

商业模式的创新是指在现有商业模式的基础上进行的改进和革新，目的是适应市场变化、满足客户需求或扩大竞争优势。在快速变化的商业环境中，企业需要不断创新其商业模式，以保持市场领先地位。一般而言，商业模式的创新主要有改变收入模式、改变企业模式、改变产业模式和改变技术模式四种方式。

一、改变收入模式

改变收入模式不仅能够为企业带来新的收入机会，还能增强其对市场波动的抵抗能力。在考虑改变收入模式时，企业需要综合考量市场趋势、客户需求以及自身的核心竞争力。

引入新的定价策略是改变收入模式的常见做法，具体指调整现有产品或服务的价格，或对不同客户群体采用差异化定价。定价策略的调整需要基于对市场需求、成本结构和竞争状况的深入了解。例如，企业可能采用动态定价策略，根据市场需求和供应状况调整价格，以最大化收益。发展多样化的收入来源也是改变收入模式的重要途径。企业可以探索除传统销售之外的其他收入渠道，如提供相关的服务、销售配件和消耗品或通过数字化产品和服务开拓新的收入渠道。多元化的收入来源有助于降低单一市场或产品变动带来的风险。转向不同的收费模式是适应消费者行为变化的有效方法。随着消费者偏好的演变，许多企业从一次性销售转向基于订阅的模式。订阅模式为企业提供了稳定的收入流，并有助于建立长期的客户关系。此外，企业还可以考虑基于使用量的计费模型，让消费者按实际使用量付费，这种模式在某些服务行业尤其受欢迎。通过提供增值服务，企业可以在现有产品或服务基础上创造额外的收入。增值服务包括售后支持、定制化服务、高级功能或附加内容。这些服务不仅增加了企业的收入，还能提升客户满意度和忠诚度。

二、改变企业模式

改变企业模式指调整企业的核心运作和管理方式以适应市场的变化和提高企业效率。这种创新对于保持企业的竞争力和可持续发展至关重要。

重组企业结构是改变企业模式的一个关键做法，包括简化组织层次、建立更加灵活的团队结构或重新分配资源和职责。灵活的组织结构可以提高决策效率，加快企业对市场变化的响应速度，这也有助于激发员工的创造力和参与度，为创新提供动力。采用新的商业流程也是重要的创新举措，包括引入新的工作流程、采用自动化技术或改进信息管理系统。通过优化商业流程，企业能够提高工作效率，减少错误和浪费，从而降低运营成本。改变供应链管理方式同样重要，包括采用更有效的库存管理系统、建立更紧密的合作伙伴关系或利用新技术来提高供应链的透明度和灵活性。良好的供应链管理不仅能提升企业对市场需求的响应速度，还能降低成本并提高客户满意度。外包非核心业务是另一种提高企业核心竞争力的策略，通过将非核心的功能如行政、人力资源或某些生产活动外包给专业公司，企业可以集中资源和注意力于其核心业务上，如产品开发、市场营销或客户服务。

这类创新有助于企业适应快速变化的市场环境，提高运营效率，降低成本，并增强企业的整体竞争力。通过持续改进和创新企业模式，企业能够更好地应对未来的挑战和抓住新的市场机会。

三、改变产业模式

改变产业模式是指企业通过创新的方式改变其在行业中的角色或影响力，进而推动整个行业的发展和变革。这种创新不仅能帮助企业增加竞争优势，还对整个行业具有深远的影响。

在进行新的市场细分方面，企业可以通过深入研究和分析市场趋势、消费者行为和未被满足的需求来识别新的市场机会，包括开发针对特定消费者群体的定制化产品或服务，或对全新的市场进行细分。例如，随着消费者健康和环保意识的提升，某些企业会专注于开发可持续和环保的产品，从而吸引对这些产品感兴趣的消费者。改变行业标准或实践是产业模式创新的另一重要方面。企业可以通过引入更高效的生产方法、更先进的技术或更严格的质量标准来引导行业发展。这种创新不仅提升了企业自身的产品和服务质量，也为整个行业树立了新的标杆。例如，某些科技企业通过推动创新技术的应用，改变了整个行业的运作方式和消费者的使用习惯。与竞争对手或其他行业参与者合作也是改变产业模式的一种策略。通过建立合作关系，企业可以共享资源、技术和市场信息，共同开发新产品或进入新市场。这种合作不仅有助于降低研发和市场推广的风险和成本，还可以加快产品上市的速度。例如，汽车行业中的多家公司可能合作开发新的电动车技术，共同推动行业向更可持续的方向发展。推动可持续性实践也是改变产业模式的一种方式。随着全球对可持续发展的重视程度日益提升，引领行业向更环保、承担更多社会责任的方向发展成为许多企业的目标。这不仅提升了企业的品牌形象和声誉，也为整个行业的长期可持续发展贡献了力量。

四、改变技术模式

改变技术模式是商业模式创新的一个关键方向，涉及利用新兴技术改进产品或服务，提高运营效率，甚至开辟全新的业务领域。随着科技的快速发展，这种创新成为企业保持竞争力的重要途径。

引入最新的数字技术如云计算、大数据、物联网和人工智能，可以显著提升企业的产品和服务质量。这些技术能够帮助企业更好地了解和预测市场趋势和消费者需求，优化产品设计，提供个性化的客户体验。

例如，利用大数据分析技术可以帮助企业精确定位客户需求，开发更符合市场需求的产品。自动化和人工智能的应用也是改变技术模式的重要方面。这些技术可以提高生产效率，降低运营成本，并提升产品质量和一致性。在制造业中，自动化生产线可以加快生产速度，减少人为错误；在服务行业，AI 驱动的客户服务可以提高响应速度和服务质量。开发新的技术解决方案以满足特定的客户需求或解决行业痛点也是技术模式创新的重要途径，包括研发新的软件工具、移动应用或其他技术产品。例如，开发基于区块链的供应链管理系统可以提高供应链的透明度，减少欺诈和错误。技术模式创新还可以帮助企业开拓新的业务领域。企业可以利用新技术探索之前未涉足的市场，提供创新的产品或服务。例如，掌握了虚拟现实技术的企业可以进入虚拟现实内容的开发和分销领域。

思考与练习

1. 描述一个创新的商业模式并分析其成功因素。

2. 讨论商业模式创新在现代企业中的重要性。

3. 分析一个商业模式失败的案例。

4. 设计一个针对特定行业的商业模式。

5. 探讨如何在商业模式中整合新兴技术。

6. 分析客户需求如何影响商业模式设计。

7. 讨论市场变化对商业模式的影响。

8. 设计一个针对特定市场趋势的商业模式调整方案。

第六章　创办新的企业

学习目的：

★ 了解创办新企业的基本步骤和要求

★ 学习企业注册流程和合规性问题

★ 掌握新企业的初期管理和运营策略

重点与难点：

★ 新企业的规划和准备

★ 企业注册的法律和行政程序

★ 初期企业管理和市场进入策略

第一节　了解企业常识

创办新的企业需要了解企业的常识如企业的定义与不同类型、企业的职能，以及企业运营中的法律和伦理问题等。这些内容为创业者提供了全面的理论基础，有助于他们更好地理解企业的运作机制，并为后续的创业活动奠定坚实的知识基础。通过学习这些基本的企业常识，创业者能够为自己的创业之路做好充分的准备。

一、企业的定义

企业是指依法设立的、以营利为目的、从事商品的生产经营和服务活动的独立核算经济组织[①]。企业作为市场经济体系中的基础单位，扮演着极其重要的角色。它们不仅是商品和服务生产与交换的主体，也是推动社会经济发展和创新的动力源泉。企业的定义涵盖了它们在市场中的多重功能和责任，这些功能和责任共同构成了企业的核心特性和运作原则。在市场经济中，企业通过生产各种商品和提供多样化的服务来满足消费者的需求，不仅包括实体产品的制造，还涵盖了信息技术、金融、教育、健康等多个领域的服务提供。企业在这个过程中创造价值，通过销售商品和服务获得收入，实现自身的持续发展和扩张。企业的运营和扩张为社会创造了大量就业机会，不仅为员工解决了生计问题，还带动了相关行业和市场的发展。企业的增长和盈利能力直接影响着国家的经济健康和稳定水平，对于促进国内生产总值（GDP）增长、提高人均收入水平以及增加政府税收都有着重要意义。企业的主要目标虽然是营利，但它们在现代社会中也肩负着越来越多的社会责任，体现在环境保护、社会福利促进和社区发展等方面。在可持续发展成为全球共识的今天，企业被期望采用环保的生产方式，减少碳排放和废物产生，保护自然资源。同时，企业也被鼓励参与社会福利活动，如慈善捐赠、社区服务和公益项目，以此来回馈社会，提升企业的社会形象和品牌价值。

在经济全球化和网络化的大背景下，企业的运作模式和战略也在不断演变。它们需要适应快速变化的市场环境，响应消费者多样化的需求，同时把握技术创新带来的机遇。这要求企业不断提高管理效率，优化产品和服务，创新商业模式。随着数字化转型的深入，企业更需关注数据安全、客户隐私保护等新兴问题，以适应日益复杂的运营环境。

[①] 段威，李真，张林丽. 中职生创新创业教育 [M]. 北京：北京理工大学出版社，2022：140.

二、企业的主要类型

个体企业、合伙企业和有限责任公司（LLC）是三种常见的企业类型，每种类型都有其独特的特点和适用场景。对于创业者来说，了解这些差异对于选择最适合自己业务模型的企业类型至关重要。

个体企业是最基本的商业组织形式。这种企业类型的显著特征在于其简单的结构和易于成立的特点。个体企业的所有权和经营权完全掌握在单一业主手中，这意味着业主对企业的所有利润负有完全的控制权，同时也要承担所有的债务和责任。这种企业形式不需要复杂的注册程序，因此成为许多小规模创业者的首选。个体企业最适合于那些规模较小、运营简单、资本需求不高的业务项目，如个人工作室、小型零售店或独立咨询服务。

合伙企业指两个或多个合伙人共同拥有和经营的组织形式。在这种企业形式中，合伙人之间的合作和资源共享是其主要特点。合伙企业可以将不同合伙人的专长、资源和资本结合起来，共同推进业务的发展。这种企业类型适用于那些需要多方技能和资源整合的业务，如律师事务所、会计师事务所或顾问公司。合伙企业中的责任和利润分配通常根据合伙协议来决定，这要求合伙人之间有良好的沟通并能做到相互信任。

有限责任公司结合了合伙企业和公司的特点，其关键特征是为公司股东提供有限责任保护。这意味着股东的个人财产与公司财产是分开的，股东对企业的债务和责任仅限于其对企业的投资额。这种企业形式可以保护股东免受企业债务和法律责任的影响，同时允许企业拥有更灵活的管理和运营结构。由于这种保护机制，有限责任公司特别适合那些风险较高的业务领域，如制造业、科技创新公司或大型服务提供商。有限责任公司在税务处理上也有一定的灵活性，允许通过所得分配来避免双重征税。

三、企业的基本职能

企业的基本职能是其日常运营和长期成功的关键要素。这些职能横跨不同的管理和操作领域，确保企业高效运作，并实现其商业目标。以下是企业的几项基本职能。

（一）生产和运营

生产和运营是企业的核心职能，对于确保企业的产品或服务能够有效地满足市场需求至关重要。在生产型企业中，该职能包括从原材料采购到最终产品制造的整个过程。有效的生产流程管理意味着企业能够在保证产品质量的同时，优化生产效率和控制成本。这不仅涉及生产技术和设备的选择，还包括生产计划制订、库存管理以及供应链协调。合理的库存控制能够确保原材料和成品的有效管理，避免过度库存或库存短缺，从而降低仓储成本并提高资金流动性。对于服务型企业，生产和运营职能则更多关注于服务的交付效率和质量，包括服务流程的设计、员工培训、客户服务标准的设定和实施，以及服务交付过程中的质量监控。优秀的服务交付能力不仅能够提高客户满意度和忠诚度，也是企业在竞争激烈的市场中脱颖而出的关键。

在现代企业中，生产和运营管理也越来越依赖于技术和创新。采用先进的生产技术、自动化设备和信息管理系统可以显著提高生产效率和降低错误率。同时，对于服务型企业，数字化工具和平台可以帮助企业优化服务流程，为客户提供更加个性化和高效的服务。生产和运营职能的优化是企业提升竞争力、降低成本和提高市场响应速度的关键。通过持续改进生产流程和服务交付方式，企业不仅能够更好地满足客户需求，也能在激烈的市场竞争中保持优势。

（二）市场营销

市场营销起着连接企业与其客户、推广产品或服务的重要作用。在当前竞争日益激烈和消费者需求多样化的市场环境中，有效的市场营销策略对于企业的成功至关重要。

市场营销的首要任务是通过市场研究深入了解目标客户，包括分析消费者的需求、偏好、购买行为以及市场趋势。准确的市场研究可以帮助企业发现潜在的市场机会，为产品开发和营销策略的制定提供数据支持。产品定位是市场营销的另一个关键环节。通过明确产品的目标市场、价值主张和竞争优势，企业能够更有效地向消费者传达其产品的独特性。成功的产品定位有助于企业区分竞争对手，吸引目标消费群体。品牌建设则是市场营销中长期且持续的过程。强大的品牌知名度不仅能提高企业的市场影响力，还能建立消费者的信任和忠诚度。品牌建设包括塑造企业的品牌形象、维护品牌声誉和提升品牌价值。通过一致的品牌信息和体验，企业能够在消费者心中建立起正面和独特的品牌形象。广告和销售策略是市场营销的直接手段，旨在促进产品的销售。广告活动需要创意和有效地向目标市场传达企业的信息，吸引潜在客户。销售策略则涉及确定销售渠道、销售团队管理和销售促进活动等，以实现销售目标。客户关系管理的目的是维护和增强与客户的关系。通过有效的客户关系管理，企业可以提高客户满意度和客户的重复购买率，并建立长期的客户忠诚度。这通常涉及收集和分析客户数据，提供定制化服务，以及处理客户反馈和投诉。

（三）财务管理

良好的财务管理不仅能确保企业拥有足够的资金来维持日常运营和支持发展计划，还为企业管理层提供关键的财务信息以支持战略决策。

资金管理是财务管理的基础，涉及企业资金的获取、分配和控制。

有效的资金管理确保企业能够满足其短期和长期发展的资金需求，包括支付日常运营费用、投资新项目以及应对突发事件。此外，合理的资本结构和融资策略对于优化资金成本和降低财务风险也至关重要。财务规划包括制定企业的财务目标、评估财务风险和机会，以及规划未来的投资和成长路径。通过长期的财务规划，企业能够确保其财务策略与总体商业目标保持一致。预算制定是企业财务管理中的一个重要环节。预算是对未来一段时间内企业收入和支出的估计，它有助于企业在财务上保持组织和纪律，确保资源得到有效利用。预算还作为衡量实际业绩的基准，帮助企业控制成本。财务报告和审计则确保了企业财务状况的透明度和可靠性。财务报告，如利润表、资产负债表和现金流量表，为管理层、股东、投资者和其他利益相关者提供了企业经济活动的详细记录。而审计则通过独立和客观的方式评估企业的财务报告，确保其准确性和合规性。

（四）人力资源管理

人力资源管理指对企业最宝贵资产——人力资本的管理和优化。有效的人力资源管理不仅能够吸引和保留优秀人才，还能提升员工的工作满意度和效率，从而对企业的整体发展产生积极影响。

招聘是人力资源管理的基础环节，具体包括识别企业的人才需求，并吸引合适的候选人加入团队。有效的招聘策略需要企业准确了解岗位需求，设计合理的招聘流程，并利用各种渠道寻找和吸引人才。选择合适的员工不仅能够快速填补组织的人才空缺，还能为企业带来新的思路和能量。员工培训和发展是另一个关键环节，旨在提升员工的技能和知识水平，以适应企业的发展需求。通过持续的培训和为员工提供职业发展机会，企业可以确保员工的技能不断提升，同时激励员工提升自我，从而增强企业的竞争力和创新能力。绩效评估系统是评价员工工作表现和贡献的重要工具。通过设定明确的绩效目标和评价标准，企业可以有效地监控员工的工作进度和成效。绩效评估还可以作为薪酬调整、晋升以及员工发展规划的依据。薪酬和福利政策对于吸引和保留优秀人才至关重要。合理且具有竞争力的薪酬结构可以激励员工的工作积极性，而福利政策如健康保险、退休金计划和工作生活平衡政策则能提升员工的整体满意度和忠诚度。良好的劳动关系管理有助于构建和谐的工作环境，减少劳动纠纷，并确保企业遵守相关的劳动法规。这包括处理员工关系问题、促进员工参与以及建立有效的沟通渠道。

（五）研发和创新

在当今快速变化的商业环境中，不断地创新是企业生存和发展的关键。新产品或服务的开发是研发和创新职能的核心。这不仅涉及基于市场需求的创意生成，还包括产品设计、原型开发、测试和市场推广。企业通过不断推出创新的产品或服务，不仅能够满足消费者不断变化的需求，还能够开拓新的市场，提高品牌的市场份额和知名度。技术创新同样是此职能的重要组成部分。技术创新包括采用新的生产技术、软件开发、数据管理和分析等。这些技术的应用和改进能够提高企业的运营效率，降低成本，提升产品质量，从而增强企业在市场上的竞争力。在一些高科技行业中，技术创新尤为关键，它直接关系到企业的核心竞争力和行业地位。工艺改进也是研发和创新职能的重要方面，包括优化现有的生产流程，提高生产效率和加强质量控制。通过改进生产工艺，企业能够更有效地利用资源，减少浪费，同时提高产品的一致性和可靠性。

为了支持研发和创新，企业需要投入相应的资源，包括资金、人力和时间。同时，鼓励创新文化的建立和维护也至关重要。这意味着企业需要创建一个鼓励创意思维、实验和风险承担的环境。通过持续的研发投入和创新努力，企业不仅能保持其产品和服务的竞争力，还能在市场中保持领先地位。创新使企业能够适应市场的变化，抓住新的商业机会，并在长期竞争中保持优势。

四、遵守法律和伦理

企业在运营中不仅要遵循法律规定，还需要坚守伦理和道德准则。这些因素对企业的声誉、可持续发展具有深远的影响。

（一）法律遵从性

法律遵从性是企业运营的基本要求，即企业在各个方面都要遵守相关法律法规，包括但不限于公司法、税法、劳动法、环保法规、消费者权益保护法等。这些法律法规为企业的经营活动设定了框架和界限。

在公司法层面，企业必须按照法定程序成立，并遵循规定的公司治理结构和流程，包括正确登记公司信息、定期提交财务报告和其他相关文件。遵守公司法有助于保护股东和管理层的合法权益，同时维护企业的合法运营状态。遵从税法同样重要。企业须依法纳税，包括但不限于所得税、增值税、关税等。正确的税务处理不仅符合法律规定，还能避免税务问题导致的法律风险和财务损失。企业需要设立有效的税务管理系统，确保税务申报的准确性和及时性。劳动法的遵守则关乎员工的合法权益。企业必须确保提供公平、安全的工作环境，遵守最低工资标准、工时规定和福利政策。同时，企业还须确保不因性别、年龄、种族、宗教或其他身份而歧视员工。

（二）伦理准则

企业伦理准则是指企业在经营活动中应遵循的道德标准和行为准则。良好的企业伦理对提高企业声誉、加强客户和员工的信任以及促进企业长期可持续发展至关重要。企业伦理涉及多个方面，如诚实守信、负责任的决策、公平竞争行为、透明的信息披露以及对利益相关者的尊重和关怀。企业应避免欺诈、贿赂、侵犯知识产权和其他不道德行为。通过遵循高标准的伦理准则，企业能够构建良好的商业声誉和品牌形象。企业还需要关注其对社会和环境的影响，实施可持续发展战略，减少环境污染，参与社会公益活动。企业履行社会责任，不仅有助于解决社会问题，也能提升企业在公众中的形象，提升品牌价值。

第二节　开办企业准备

从业务计划的制订到资金的管理，再到团队的建设和管理，这些准备工作共同奠定了企业成功启动和持续成长的基础。通过对这些关键准备工作的深入了解和精心筹备，创业者可以更好地应对创业过程中的挑战，为企业的成功奠定坚实的基础。

一、业务计划与策略制定

业务计划与策略制定为企业未来的发展方向和战略决策提供了明确的指引。一个周全的业务计划不仅是企业成功的蓝图，还是吸引投资者和建立合作伙伴关系的关键。

市场分析是制订业务计划的起点。这一过程涉及对目标市场的细致研究，包括分析市场规模、市场增长潜力、客户群体特征及需求。深入的市场分析有助于创业者了解市场动态和机会、识别挑战和风险。了解消费者行为、购买习惯及偏好对产品定位和营销策略制定至关重要。分析竞争对手也是制订业务计划的关键部分。创业者需要对现有和潜在的竞争对手进行全面分析，如分析他们的产品、市场份额、优势和弱点。这有助于创业者确定产品或服务的独特卖点（Unique Selling Proposition, USP），并制定有效的市场进入策略。营销策略的制定是制订业务计划的核心内容，包括确定产品的定价策略、推广方式、销售渠道和客户关系管理。应基于市场分析结果，针对目标客户群体，制定营销策略。有效的营销能够提高品牌知名度，吸引潜在客户，并将其转化为实际销售。运营管理计划涉及日常运营的具体安排，如生产流程、供应链管理、员工管理以及质量控制等。制订运营管理计划，需要考虑成本效率和产品质量，以确保企业的顺利运作和持续成长。

在确定长期发展目标时，企业需要考虑其愿景、使命以及未来几年的业务增长目标。这些目标应具体、可衡量，且与市场现实相符。长期目标的设定有助于指导企业的战略规划和决策过程，确保所有的努力都朝着共同的方向迈进。

制定策略还需要考虑企业的核心竞争优势。核心竞争优势可能是技术创新、特殊的服务模式或独特的市场定位。企业的核心竞争优势是企业在激烈的市场竞争中脱颖而出的关键。通过强化这些优势，企业能够构建自己的品牌形象，赢得市场份额。

二、资金需求和预算

明确资金需求和预算是创业准备过程中的关键环节，对企业的财务健康和长期可持续发展具有重要影响。确定资金需求和预算的主要任务是评估开办企业所需的全部资金，并制订一个合理的预算计划，包括启动资金需求评估、预算编制、财务规划以及未来的融资策略制定等内容。

（一）启动资金需求评估

在开办企业的过程中，对启动资金需求的准确评估是至关重要的一步。这不仅关乎企业初期各项活动能否顺利进行，也对企业发展的稳定性和可持续性具有深远的影响。创业者需要对所有可能的初始投入成本进行仔细估算，以便为企业的顺利启动和运营打下坚实的基础。

固定资产投资是启动资金中的一大重要部分，主要包括企业基础设施的建设和设备的采购，如办公空间的购置或租赁、办公设备和软件的购买、生产设备的投入等。办公空间的选择和布局应考虑到企业的实际运营需求和未来发展空间，设备和软件的选择需要兼顾效率、可靠性和成本效益。在估算固定资产投资成本时，创业者应考虑到长期租赁和设备维护等方面的费用。

运营资金是企业日常运营不可或缺的资金，涵盖了从原材料采购到产品制造，再到产品销售和日常管理的所有方面的资金投入，如原材料和库存成本、员工工资和福利、日常办公费用、保险费用等。运营资金的充足与否直接影响企业运营的连续性和效率，因此在编制预算时需要充分考虑市场波动、季节性需求变化等因素。

市场推广是企业提高品牌知名度和吸引客户的关键活动。这部分预算包括广告费用、市场促销活动费用、公关费用、网络营销费用等。市场推广费用的高低和分配方式直接影响企业产品或服务的市场覆盖率和品牌形象。在确定市场推广预算时，创业者应考虑不同市场推广渠道的成本效益和预期的回报率。

（二）预算编制

预算编制是企业财务规划的核心组成部分，对新创企业而言更是如此。在预算编制方面，企业需要对未来的收入和支出进行详细的预测和规划，确保企业从启动初期到成长阶段其财务状况都是健康和稳定的。有效的预算编制不仅能帮助企业控制成本、优化资源分配，还能为企业未来的战略发展和决策提供关键的指导。

预算的编制始于对企业所有预期支出的细致分析，涵盖了从日常运营费用到市场推广活动的所有成本。创业者需要基于实际的市场环境和业务需求进行成本分析，以确保预算既实际又具有前瞻性。例如，对于人力成本的预算，不仅要考虑到当前员工的薪酬和福利，还要预留空间以吸纳未来的新员工。同样，对于市场营销和推广的预算，需要基于市场竞争态势和目标客户群体进行合理规划。企业的收入预测同样重要，创业者要在对市场需求、销售渠道和定价策略综合评估的基础上预测收入，同时要考虑到市场的变化性和不确定性，合理估计产品或服务的销售额。这些预测不仅帮助企业设定销售目标，还能为后续的市场策略调整提供依据。现金流预测也是确保企业运营顺畅的关键。它涉及对企业现金流入和流出的详细分析，确保企业在任何时候都能满足其财务需求。现金流管理的有效性直接影响到企业应对市场波动和紧急情况的能力。因此，预算中应包含对现金流的持续监控和调整计划，以保证企业始终拥有足够的运营资金。

（三）财务规划

财务规划对于任何企业，尤其是新创企业来说，都是至关重要的。它不仅关乎企业的短期财务健康，更是企业长期稳定成长的基石。一个有效的财务规划包括债务管理、投资规划和风险管理等多个方面，确保企业在不断变化的市场环境中保持财务稳定和灵活性。

在财务规划中，债务管理是一个核心要素。对于大多数初创企业来说，合理利用债务是筹集资金的重要途径。然而，债务管理需要谨慎进行，以避免过度借贷和高利率负担。企业需要制定明智的借贷策略，包括选择合适的融资渠道、谈判有利的借贷条件和利率，以及制订还款计划。合理的债务管理不仅可以为企业提供必要的运营资金，还能保证企业的财务灵活性和良好信用状况。对于盈余资金的投资规划也是财务规划的关键组成部分。企业需要对闲置资金进行有效管理，以实现资金的保值增值，包括短期或长期的投资，如购买固定资产、股票或其他金融产品。投资决策应基于对市场趋势的深入分析，以及企业的风险承受能力。通过合理的投资规划，企业不仅能够为未来的发展提供资金支持，还能降低市场波动带来的财务风险。

在财务规划中，风险管理同样是不可忽视的部分。企业需评估和管理各种财务风险，如汇率波动、利率变化、市场波动等。这要求企业建立有效的风险监控和应对机制，包括定期的财务审计、市场趋势分析和灾难恢复计划。有效的风险管理能够帮助企业预见潜在的财务问题，及时调整策略以应对市场变化，保护企业免受不可预见事件的影响。

（四）融资策略

融资策略指如何筹集必要的资金以支持企业的启动和成长。对于大多数创业者而言，确定合适的融资途径、有效地谈判融资协议，以及确保资金使用的效率是构建有效融资策略的核心要素。

在制定融资策略时，首先需要考虑的是选择合适的融资渠道。融资渠道有个人资金、家庭和朋友的支持、银行贷款、风险投资、天使投资等多种形式。每种融资渠道都有其特点和条件，要根据企业的具体情况、成长阶段以及长期发展计划来选择合适的融资渠道。例如，对于一些高增长潜力的初创企业，吸引风险投资可能是一个理想的选择；而对于需要稳定资金流的企业来说，银行贷款可能更为适合。在融资过程中，与投资者的谈判是一个非常重要的环节。这不仅涉及资金的数量，更关系到企业的控制权和未来的利润分配。在谈判过程中，清晰地表达企业的愿景和增长计划，理解并尊重投资者的利益和期望，同时保持对企业核心价值和独立性的坚持，是达成成功融资协议的关键。融资所得资金的有效使用也至关重要。资金需要被投入能够带来最大回报的领域，如产品研发、市场扩展、团队建设或设备升级等。确保每一笔投入都有明确的目标和预期的回报，是企业长期可持续发展的基础。

三、团队建设和管理准备

一个有效且协作的团队是企业成功的关键，尤其是在企业初创阶段。团队的组建不仅包括人才的招募和选择，还包括团队文化的塑造、管理策略的制定和日常运营的协调。

组建一个创业团队首先要明确企业的核心价值和目标。这些价值观和目标将指导创业者在招聘过程中寻找与企业文化和愿景相匹配的人才。一个理想的创业团队应该是多元化的，成员具备不同的技能、经验和思维方式，这样才可以促进创意的产生和问题的有效解决。同时，每个团队成员都应具备创业精神，愿意在充满挑战和变化的环境中工作。在招聘团队成员时，除了关注他们的专业技能和经验，还应评估他们的性格、价值观和工作态度。创业初期通常资源有限，团队成员需要在快节奏和压力较大的环境中保持积极和灵活的工作态度。此外，团队成员之间的相互尊重、开放的沟通和合作精神也是团队成功的重要因素。团队文化建设是团队管理中的另一个关键方面。积极、包容且以目标为导向的团队文化可以激励团队成员发挥最大潜能，同时促进团队内部的协作和创新。为此，创业者需要通过自身的行为和决策来树立榜样，建立透明的沟通机制，鼓励团队成员提出想法和反馈，以及认可和奖励优秀的成员。

团队的管理还包括任务分配、目标设定和绩效监控。在分配任务时，应根据团队成员的能力和兴趣来分配，确保每个成员都能在其擅长的领域发挥作用。同时，要为团队和每个成员设定清晰且可达成的目标，这些目标应与企业的整体目标一致。定期的绩效评估和反馈可以帮助团队成员了解自己的工作表现，并指导他们在工作中不断进步。除了日常管理，团队建设活动也非常重要，企业可以组织团队建设训练、共同的社会活动或者非正式的聚会等活动，以增进团队成员之间的关系，建立团队凝聚力和信任。一个团结协作的团队更能在面对挑战时保持韧性，推动企业的发展。

第三节　注册新的企业

注册企业是将创业想法转化为实际商业行动的重要步骤，它不仅标志着企业正式进入市场，也是确保企业合法运营的基础。这一节详细介绍了企业注册的流程、必要文件，以及注册后需要遵循的合规要求，旨在为创业者提供全面的指导。

一、注册流程

企业注册是开办新企业的第一步，涉及以下流程。

（一）确定企业类型

企业类型的选择是注册企业的首要决策。不同的企业类型（如个体企业、有限责任公司、股份有限公司等）具有不同的法律特性、税务要求和责任限制。例如，个体企业的注册过程相对简单，但经营者需要承担无限责任；而有限责任公司虽然注册过程更复杂，但可以为股东提供责任保护。创业者在企业类型方面做出的决策不仅影响注册过程，还将长期影响企业的运营、税务处理和利润分配。

（二）准备必要文件

注册企业需要准备一系列法律文件。这些文件通常包括以下内容。其一，身份证明。企业所有者和股东的身份证明是确认企业法律主体身份的首要文件，主要为身份证、护照或其他官方身份证明文件。在提交这些证明时，必须确保它们是最新的、有效的，并且信息清晰可读。此外，如果涉及外国股东或合伙人，还需要提供额外的证明文件，以满足当地法律的要求。其二，商业计划书。商业计划书是展示企业商业模式和未来规划的重要文件，商业计划书要详细描述企业的商业模式、市场分析、运营计划和财务预测。其三，企业名称和地址。企业名称是企业身份的重要组成部分。企业名称应具有独特性，避免与已注册的企业名称混淆。同时，注册地址也是必须提交的信息，通常指企业的主要运营地点。在一些地区，注册地址需要满足特定的商业用途或法规要求。其四，潜在股东信息。股东信息，如每位股东的姓名、持股比例、投资额等，对于企业的法律结构和权益分配至关重要。对于有限责任公司或股份有限公司等企业形式，这些信息对于明确股东的权利和责任尤为重要。

在准备这些文件时，创业者必须确保所有信息都是准确且合法的。任何错误或遗漏都可能导致注册延误或更严重的法律后果。因此，建议在准备这些文件时，咨询法律专业人士的意见，确保所有提交的资料符合当地的法律法规要求。

（三）提交注册申请

提交企业注册申请是正式进入注册流程的标志，需要在当地商务或工商管理部门完成多项细致的工作。正确理解和执行这些步骤对于确保企业顺利注册至关重要。

第一步是填写注册表格，这份表格通常要求提供以下信息。

一是企业名称：选择一个独特且符合规定的企业名称。

二是经营范围：明确企业将进行的商业活动类型，这将定义企业的主要运营领域。

三是注册资本：指企业的初始资金规模，这通常反映了企业的投资能力和规模。

四是经营期限：企业预计的运营时长，根据业务性质和发展计划会有所不同。

五是其他相关信息：如企业的法定代表人、注册地址等。

填写这些信息时需要确保其准确性和真实性，因为任何错误或遗漏都可能导致注册流程的延迟。

第二步是提交法律文件。提交注册表格之后，创业者还需要提供一系列法律文件，包括身份证明、商业计划书、股东信息等，有时还包括特定的法律协议，如股东会议记录或合伙协议。这些文件是证明企业合法合规的关键，因此必须确保它们的完整性和准确性。

第三步，等待审核。提交所有必要的文件和信息后，创业者需要等待政府部门对这些资料进行审核。在这个阶段，政府机构会检查提交上来的资料是否符合所有相关的法律规定和要求。审核过程的时间长短可能因地区和企业类型的不同而有所差异。

（四）缴纳费用

缴纳费用是注册新企业过程中不可避免的一步。地区和企业类型不同，所需缴纳的费用也有所不同。通常这些费用包括政府登记费、许可证费用以及法律服务费等。这些费用通常用于处理注册申请、维护企业登记系统以及其他相关的行政服务。创业者需要提前了解这些费用的具体金额，并准备好这部分资金，以确保注册过程能够顺利进行。

（五）后续步骤

一旦完成注册申请并缴纳了相应的费用，企业就会获得正式的注册证书和营业执照，这标志着企业的正式成立。然而，注册只是创业之旅的开始，并不意味着所有工作都已完成。接下来，创业者还需要完成一系列后续步骤，以确保企业能够顺利运营。这些步骤包括但不限于税务登记、开设公司银行账户以及办理相关行业的特定许可和执照。这些步骤对于确保企业合法运营和满足监管要求至关重要。

二、注册后的合规要求

在成功注册企业之后，企业主需要密切关注并遵守一系列合规要求，以确保企业的合法运营和稳健发展。这些合规要求涵盖了税务登记、定期的年检和报告，以及特定行业所需的特许许可和执照要求。对这些要求的遵守不仅有助于企业避免法律问题和罚款，还能确保企业在良好的商业环境中稳步发展。

（一）税务登记

税务登记是企业合规操作的基础。一旦企业完成注册，就需要在当地税务机关进行税务登记，获取税务识别号。在这个过程中，企业必须提供相关信息和必要文件，以确保企业在税务系统中被正确识别。税务登记后，企业需要了解其所在地区和业务类型的税务责任，如增值税、企业所得税、员工个人所得税等。了解这些税务责任是非常重要的，因为它们直接影响企业的财务规划和报税程序。企业还需要定期向税务机关报告其财务状况和缴纳相应的税款，包括定期的税务申报和必要时的税款缴纳。正确和及时的税务申报是企业保持良好税务信用的关键，也是避免罚款和法律风险的重要手段。

（二）年检和报告

为了保持企业的注册状态和合法运营，许多地区要求企业进行年度检查或提交年度报告。这些年检和报告通常包括对企业财务状况、运营活动和市场状况的综合描述。进行年检和提交年度报告的目的是向政府和公众证明企业的持续运营状态和合规性。这些报告需要由专业会计师或审计师进行审核，以确保信息的准确性和可靠性。定期进行年检和提交年度报告不仅是法律要求，也是展示企业透明度和诚信度的机会。它有助于企业建立良好的声誉，并能为未来的融资和合作创造有利条件。

（三）许可和执照

对于某些特定的行业，企业需要获得额外的行业许可或执照才能合法运营。这些许可和执照涉及健康和安全、环境保护、特定产品或服务的质量标准等方面。要获取这些许可和执照必须先向相应的政府部门提交申请，并提供证明企业符合相关标准和规定的文件。在某些情况下，还需要通过特定的检查或考试。特许许可和执照对于确保企业的合法运营至关重要，尤其是在那些直接影响公众健康和安全的行业。因此，企业必须认真对待，确保所有的许可和执照都是最新的，并且符合所有相关的法律和规章要求。

特别需要注意的是，合规要求对于避免法律问题和罚款至关重要，因此创业者需要严格遵守并定期更新相关信息。

三、创业支持和服务

在创业过程中，充分利用各类创业支持和服务资源是至关重要的。

这些资源不仅为创业者提供了关键的信息和工具，还提供了实际的帮助和指导，对于帮助企业成功启动和成长极为重要。创业者可以从政府机构、私人机构以及网络平台获得广泛的支持。

（一）政府支持

政府的支持在创业过程中发挥着举足轻重的作用，尤其是对于处于启动阶段的初创企业来说。这种支持通常表现为多方面的援助，包括创业培训、税收优惠、专业咨询服务以及资金援助等，旨在帮助新企业克服创业初期的挑战，促进其在竞争激烈的商业环境中稳定成长。

提供创业培训是政府支持初创企业的重要手段。这些培训课程通常涵盖商业计划的制订、市场分析、财务管理、人力资源管理以及销售和市场营销策略等多个方面。这些课程不仅为创业者提供了必要的理论知识，还常常结合案例研究和实操演练，帮助创业者将理论应用于实践。通过参加这些培训，创业者可以更好地丰富自身储备，以应对企业运营过程中可能遇到的各种挑战。政府为了鼓励创业和刺激经济增长，还会针对初创企业制定各种税收优惠政策。这些优惠政策包括减免某些税项、延长纳税期限或提供税收抵免等。这类政策能显著减轻初创企业的财务压力，使它们能将更多资源投入产品开发、市场拓展和团队建设等关键领域。政府还常常提供专业咨询服务，帮助创业者在法律、税务、财务规划等方面做出明智的决策。这些服务有时通过政府机构直接提供，有时是由政府资助的第三方专业机构提供。例如，一些地方政府会设立专门的创业服务中心，提供从公司注册到税务规划的一站式服务。这些服务对于那些缺乏相关知识和经验的创业者尤其宝贵。资金是创业过程中的关键因素之一。政府通常通过提供低息贷款、担保、直接投资或补贴等方式来满足初创企业的资金需求。此外，政府还会设立特定的创业基金，专门用于投资有前景的创业项目。这些资金援助不仅能帮助企业解决启动资金问题，还能在企业发展的关键时期提供必要的财务支持。

政府的支持对于创业者来说极为重要，它们提供了企业成长所需的多方面资源和帮助。利用这些资源，创业者可以更好地应对创业过程中的挑战，加快企业的成长步伐，从而使企业在激烈的市场竞争中脱颖而出。因此，了解并积极利用政府提供的各种创业支持，对于任何初创企业而言都是至关重要的。

（二）私人机构支持

私人机构如咨询公司、投资机构和创业孵化器，为创业者提供了另一种形式的支持。咨询公司提供专业的商业咨询服务，帮助创业者对市场环境有更深入的了解和分析。这些服务通常包括行业趋势分析、目标市场研究、竞争对手分析和消费者行为研究。通过这些深入的市场洞察，创业者可以更好地定位他们的产品或服务，并制定有效的市场策略。咨询公司还提供运营优化、风险管理和组织结构调整等咨询服务，帮助企业提高运营效率和竞争力。投资机构包括风险投资和天使投资者能够为初创企业提供必要的资金支持。这些机构不仅提供资本，还常常给予战略指导、市场进入和管理经验等支持。投资者的网络资源和行业经验对于帮助初创企业建立商业关系、拓展市场和优化运营模式极为重要。投资机构的选择和评估通常基于企业的增长潜力、团队能力和市场机会。创业孵化器和加速器为创业者提供了一种综合的支持平台，包括办公空间、行政服务、培训和导师指导。这些机构通常在企业创立的早期阶段，帮助企业快速从概念验证走向市场推广。孵化器和加速器还提供了一个创业者互相学习、交流和合作的社群环境，这对于激发创新和共享资源具有重要意义。它们还经常举办路演和投资者见面会，为创业者提供展示项目和吸引投资的机会。

私人机构的综合支持对于初创企业的成长至关重要。这些机构不仅为创业者提供了资金支持，更为他们提供了知识、技能和资源，帮助他们在企业发展的各个阶段做出明智的决策。无论是通过专业咨询、资本投入还是孵化器和加速器提供的全方位服务，私人机构都在帮助初创企业实现其商业目标和愿景中发挥了巨大作用。

（三）网络资源

互联网和数字技术的兴起为创业者开辟了一个全新的资源和工具世界。这些在线资源和工具不仅提供了知识水平和技能的提升机会，还极大地简化了企业运营和市场推广的过程，从而为创业者在激烈的商业竞争中提供了必要的支持。

在线教育平台提供了广泛的创业相关课程，这些课程涵盖了从基础的商业管理知识到高级的市场分析技巧等各个方面的内容。这些平台使创业者能够根据自己的时间和速度来学习，弥补知识上的不足，掌握创业所需的各种技能。此外，许多课程还提供了实际案例研究和实践指导，使学习更加贴近实际操作。社交媒体平台如 Facebook、Instagram、LinkedIn 和 Twitter 等，以及各种网络营销工具，为创业者提供了一个低成本接触广泛潜在客户群的渠道。这些工具不仅能帮助企业建立和扩展其品牌影响力，还为其提供了与目标客户互动和了解市场需求的机会。通过精心设计的社交媒体策略和网络营销活动，创业者可以有效提升企业的市场可见度和品牌认知度。线上社区和论坛如 Reddit、Quora 和特定行业的在线论坛，为创业者提供了一个交流经验、分享挑战和获取建议的平台。在这些社区中，创业者可以与同行交流，获取前辈的经验教训，甚至找到潜在的商业伙伴或客户。这种互动和共享不仅能提供宝贵的见解，还能帮助创业者建立起有价值的职业网络。云计算服务、在线会计软件、项目管理工具和客户关系管理系统等在线工具和应用程序为企业的高效运营提供了必要的支持。这些工具使得数据存储、财务管理、客户跟踪和项目协调等工作变得更加简单和高效。这些工具还提供了用户友好的界面和定制化的功能，使得即使是缺乏技术背景的创业者也能轻松管理企业的日常运营。

思考与练习

1. 设计一个新企业的创业计划。

2. 讨论在不同行业中创办新企业的特殊考虑。

3. 分析企业注册过程中的常见挑战。

4. 讨论新企业在初期市场中的定位策略。

5. 设计一个新企业的营销计划。

6. 分析新企业在初期可能面临的财务问题。

第七章　新产品与服务的开发管理

学习目的：

★学习如何制定新产品和新服务开发战略

★掌握新产品和新服务开发过程

★了解影响新产品和新服务的因素

重点与难点：

★新产品和新服务开发战略的类型

★新产品与新服务的开发流程

第一节　新产品与产品创新

在现代市场中，技术和消费者需求不断变化，企业需要持续进行产品创新以满足市场需求。本节将介绍新产品与产品创新的基本概念、分类和特征，探讨企业在进行产品创新时需要考虑的重要因素，帮助创业者理解如何在实际操作中开发新产品。

一、新产品的含义

新产品是指在产品特性、材料性能和技术性能等方面具有先进性或独创性的产品①。新产品的开发是企业持续发展和保持竞争力的重要手段，既可以是开发全新的产品类型，还可以是对现有产品进行重大改进或更新。

产品创新是企业开发新产品的必要手段和最终目的，它在整个创新活动中占据着主导地位。从本质上看，产品创新是技术推进和需求拉引共同作用的结果。产品创新的出发点就是市场需求，企业根据明确的市场需求导向来确定产品创新的方向，从而创造出能够满足这种需求的产品。因此，进行产品创新，必须理解并满足市场需求。企业在进行产品创新时，应关注市场动态，深入研究消费者的行为和需求，运用先进的技术对产品进行创意设计，开发出符合市场需求的新产品。无论是全新产品创新还是改进产品创新，都需要在技术和市场需求之间找到平衡点，真正为客户带来价值，从而实现企业的可持续发展。

企业在进行新产品开发时，需要以自身的资源为依托，开发与企业技术水平和市场营销能力相适应的新产品。即使某些新产品在市场上前景诱人，但如果企业不具备相应的开发能力，也不应盲目投入开发。依托企业自身的资源，可以降低开发风险，保证新产品的开发过程与企业的战略目标和实际能力相符。另外，新产品开发不是企业某一个部门的工作，它需要多个部门的参与与协作才能完成。为了保障新产品的成功开发，设计科学的组织机构和组成跨职能的项目团队是必不可少的。跨职能团队能够汇集不同领域的专业知识和技能，在开发过程中相互支持，在遇到问题时快速反应并找到解决方案。高层管理者的支持同样是新产品开发成功的重要因素。高层管理者需要提供必要的资源和资金，在战

---

① 张予川.企业竞争模拟教程：沙盘模拟理论与实训 [M].武汉：武汉大学出版社，2022：53.

略上给予方向性指导。管理层的积极参与和支持能够增强团队的信心和动力，帮助团队克服困难，推进项目的顺利进行。

新产品开发，对于企业的发展具有重大意义，可以帮助企业保持长期的竞争优势，开发新的增长点，扩大市场份额，实现产品更新换代，提高产品竞争力，推动企业实现结构调整。面对市场的快速变化和激烈的竞争环境，企业必须不断推出新的产品以有效响应用户需求，并且超越竞争对手。开发新产品之后，企业可以进入新的市场领域，满足不同消费者的需求，从而实现市场份额的扩大。新产品带来的新增长点，能够为企业提供持续发展的动力和稳定的收入来源。新产品开发也是产品更新换代的必要手段，对提高产品竞争力具有重要影响。产品的市场寿命是有限的，旧产品在市场中的竞争力会随着时间的推移逐渐减弱。通过不断推出新产品，企业可以实现产品的更新换代，保持市场的活力和竞争力。同时，新产品的推出往往伴随着技术的进步和质量的提升，这些都能显著提高产品的市场竞争力。另外，在企业发展的不同阶段，需要不断调整产品结构以适应市场需求的变化。通过新产品开发和产品创新，企业可以优化产品组合，淘汰落后的产品，提高企业的运营效率，增强企业的整体竞争力和适应能力。

二、新产品的分类

按照不同的标准，新产品可以分为多种不同类型。常见的分类方法主要包括以下两种：一是从市场和技术角度进行分类，二是按新产品新颖程度进行分类。

（一）从市场和技术角度分类

从市场和技术角度看，新产品可分为市场型新产品和技术型新产品两种类型。

1.市场型新产品

市场型新产品是指产品实体的主体和本质没有发生显著变化，只是在色泽、形状、装潢等方面进行了改动，不需要使用新的技术。这类产品创新主要通过改变外观设计、包装方式或营销手段，给消费者带来耳目一新的感觉。例如，某种酒瓶由圆形改为方形或其他异形，其本质并没有变化，但这种设计改动可能会吸引消费者的注意力，促使他们产生购买的冲动。市场型新产品的特点是利用外部形式的变化来满足消费者的审美需求和心理需求，虽然技术含量不高，但往往能够在短时间内提升产品的市场竞争力和增加销售量。

2.技术型新产品

技术型新产品是指由于科学技术的进步和工程技术的突破而产生的新产品。这类产品在功能和质量上与原有的类似产品相比有了较大的提升和变化，体现了技术创新的成果。例如，不断翻新的手机或电视机，它们不仅在性能上有了显著提高，还可能增加新的功能，提供更优质的用户体验。技术型新产品主要通过引入新的技术和工艺，实现产品功能和性能的提升，满足市场对更高品质、更高效能产品的需求。技术推动的产品创新往往需要投入大量的研发资源和时间，但一旦成功，便能在市场中占据领先地位，形成强大的竞争壁垒。

这两种新产品的差异，详见表7-1。

表7-1 市场型新产品与技术型新产品的差异

新产品类型	市场型新产品	技术型新产品
最初创造力	市场营销	研究与开发
创造力实现	研究与开发	市场营销
支持来源	市场营销及其他职能部门	研究与开发及其他职能部门
潜在收益	小	大

新产品类型	市场型新产品	技术型新产品
风险	较小	较大
努力次数	少	多
成功次数	多	少

（二）按新产品新颖程度分类

按新颖程度，新产品可分为以下几种类型。

1.全新产品

全新产品是指采用新原理、新材料及新技术制造出来的前所未有的产品。这类产品的诞生通常是科学技术新成果的直接应用，代表着科技发展史上的一个重大突破。从研制到大批量生产，全新产品通常需要耗费大量的人力、物力和财力，这对企业的资源和研发能力提出了极高的要求。由于全新产品的研发周期长、成本高，一般只有具备强大技术实力和经济实力的企业才能胜任。然而，一旦全新产品成功上市，它便成为企业在竞争中取胜的有力武器，能带来巨大的市场回报，提升企业的品牌价值和行业地位。全新产品的成功推出依赖于先进的技术和创新的理念，还需要企业在市场调研、产品设计、生产工艺和质量控制等方面的全面协调与配合。

2.换代新产品

换代新产品是指在原有产品的基础上，通过采用新材料、新工艺制造出的适应新用途、满足新需求的产品。相较于全新产品，换代新产品的开发难度相对较小，是企业进行新产品开发的重要形式之一。换代新产品通常在技术原理和基本结构上继承了前一代产品的特点，但通过技术升级和工艺改进，提升了产品的性能和用户体验。这种创新方式能够延长产品的生命周期，快速响应市场需求的变化，保持产品的市场竞争力。企业在开发换代新产品时，通常需要在较短时间内完成研发和投产，并利用改进的产品迅速占领市场。例如，智能手机从 2G 到 3G 到 4G 再到 5G 的升级换代，每一次技术的提升和功能的增加，都是典型的换代新产品的表现。

3. 改进新产品

改进新产品是指在材料、构造、性能和包装等某一个或几个方面对市场上现有产品进行改进，以提高质量或实现多样化，满足不同消费者需求的产品。通过对现有产品的优化和改进，企业可以在不进行大规模技术创新的前提下，提升产品的市场竞争力。改进新产品的开发难度相对较小，通常是对现有技术和工艺的细化和优化，使产品在性能、外观或用户体验方面有所提升。这种创新形式能够快速响应市场需求的变化，在短时间内提高产品的附加值和市场接受度。例如，一款智能手机通过改进摄像头功能、增加电池续航能力或改良外观设计，就可以吸引更多的消费者。

4. 仿制新产品

仿制新产品是指对市场上已有的新产品进行局部改进和创新，但保持基本原理和结构不变而仿制出来的产品。仿制新产品通常通过对已有产品的观察和研究，结合自身的生产技术和市场需求，进行一定程度的优化和改进。对于落后国家或技术水平较低的企业而言，仿制新产品是一种有效的市场进入策略，通过模仿和改进先进国家已经投放市场的产品，可以填补国家生产空白，提高企业的技术水平。然而，在生产仿制新产品时，必须注意知识产权的保护问题，在合法合规的范围内进行生产和销售。仿制新产品可以降低研发成本和时间，快速占领一定的市场份额。

5. 新牌子产品

新牌子产品是在对产品实体进行微调的基础上，改换产品的品牌和包装，带给消费者新的消费利益，使他们得到新的满足的产品。新牌子产品通常涉及对已有产品的重新品牌化，这一过程包括重新设计产品的包装、改进产品的市场营销策略以及通过新的品牌形象传达不同的价值和利益。例如，一款常见的饮料产品可能会通过换上新颖的包装、使用新的品牌名称和标识，并进行一系列的市场推广活动，使其在消费者眼中焕然一新。新牌子产品的开发难度相对较低，其成功依赖于对市场和消费者需求的深刻理解。企业需要通过市场调研和消费者分析，确定目标市场和消费群体的偏好和需求，然后通过品牌重塑和包装设计，满足这些需求并提升消费者的购买欲望。

这五种类型的新产品特征，详见表7-2。

表7-2　五种类型的新产品特征

类型	特征
全新产品	采用新原理、新材料及新技术制造，代表科技发展史上的突破，研发成本高，风险大，回报高
换代新产品	基于现有产品，采用新材料、新工艺制造，提升性能或适应新需求，开发难度较小，是常用的产品更新形式
改进新产品	在现有产品的材料、构造、性能和包装等方面进行改进，提高质量或实现多样化，满足不同消费者需求，开发难度较小
仿制新产品	对市场已有的新产品进行局部改进和创新，保持基本原理和结构不变，降低研发成本和风险，须注意知识产权保护问题
新牌子产品	在产品实体微调基础上，改换品牌和包装，重新定位市场和消费者需求，利用品牌重塑和包装设计带来新的消费利益

三、企业进行产品创新的特征

（一）不可预见性

企业进行产品创新具有不可预见性，这主要源于其固有的复杂性和多变性。技术开发在很大程度上依赖于个体的主观能动性。创新活动往往受到创意灵感、研发过程中的突发状况以及市场环境变化等多种因素的影响，这些因素都是难以预测和控制的。一个突如其来的灵感或意外的技术突破可能引领一项创新取得成功，同样，一个微小的失误或外部环境的变化也可能导致整个项目的失败。

市场需求的不确定性，也是产品创新具有不可预见性的一个重要原因。即使企业在新产品开发过程中进行了详尽的市场调研和消费者分析，市场需求仍可能在产品上市前后发生变化。消费者偏好、经济环境、政策法规等外部因素都可能影响新产品的市场表现。产品能否真正满足市场需求，获得消费者认可，充满了不确定性。此外，竞争对手的反应也是一个无法预见的变量。市场上的竞争对手可能会推出类似甚至更优的产品，这将直接影响新产品的市场表现。企业在开发新产品时，无法完全预知竞争对手的行动，也无法控制其影响，这增加了产品创新的风险。企业进行新产品开发与产品创新，还存在一定的技术风险。在新技术的应用和开发过程中，可能会遇到各种预料不到的技术问题。这些技术难题有时会导致项目延误甚至失败，影响新产品的推出时间和市场竞争力。即使技术上取得了突破，能否顺利实现规模化生产和商业化应用也是一个不确定的过程。

（二）时效性

企业提供的新产品具有一定的时效性，创业者在进行创业活动时，必须基于其产品或服务，并依赖于相关的技术。这种时效性与企业的成长周期类似，产品或服务也具有生命成长周期。宏观市场中的产品和服务始终处于迭代更新的螺旋上升状态，不同的时间节点上，同一产品和服务可能呈现截然不同的市场价值。因此，企业和创业者必须敏锐地把握市场动向，迅速响应消费者需求。在快速变化的市场环境中，技术进步和消费者偏好的变化速度越来越快，产品的生命周期也变得越来越短。因此，企业和创业者要在合适的时间点推出产品，只有这样才能实现其市场价值。

随着市场的不断发展和消费者需求的变化，只有进行持续的产品创新才能确保企业在激烈的竞争中保持优势。创新可以延长产品的生命周期，为企业带来新的市场机会和增长点，从而增强企业的可持续发展能力。在现代社会提倡大众创新创业的背景下，市场环境瞬息万变，技术发展日新月异，企业必须不断进行创新，推出符合市场需求的新产品，以应对激烈的市场竞争和快速变化的消费者需求。

创新对创业具有十分重要的意义，新产品与创业的成败相关联。企业和创业者必须密切关注市场动态，抓住适当的时机进行产品创新和推出新产品，进而在市场中获得成功。无论是技术创新还是市场创新，只有在合适的时间点进行，才能真正发挥其价值，推动企业的发展和壮大。

（三）地域性

在不同地区和市场环境中，科学基础水平和技术开发程度也不尽相同。地区的风俗习惯、文化背景和地域特色会对市场需求产生深远的影响，从而导致新产品在不同地区呈现出不同的市场表现。在一些地区，科学基础和技术开发水平较高，人们对于新技术和新产品的接受程度也相对较高。这些地区往往有更好的教育资源和科技基础设施，居民对于科技创新有更深入的理解和支持，因此对于新产品的市场反馈往往趋于积极接受。新产品在这些地区更容易被推广和应用，能够迅速获得市场认可并实现商业化。相反，在科学基础和技术开发程度较低的地区，新产品的推广可能面临更多的挑战。这些地区可能缺乏必要的基础设施和技术支持，居民对新技术和新产品的理解和接受程度也相对较低。此外，当地的风俗习惯和文化传统也会对新产品的接受度产生影响。如果新产品与当地的传统观念或生活习惯不符，可能会遭遇市场的消极排斥，这使得创新产品在这些地区的推广难度加大。因此，新产品的地域性特征影响其市场接受程度，影响企业在不同地区的市场策略。在制定新产品开发和市场推广策略时，企业需要深入了解目标市场的地域特点，针对不同地区的需求和偏好进行定制化设计和营销，这样才能更好地满足当地消费者的需求，提升新产品的市场竞争力和接受度。

四、企业进行产品创新的影响因素

（一）技术因素

技术的进步和应用可以为产品创新提供动力。随着科技的快速发展，新材料、新工艺和新技术不断涌现，企业拥有了丰富的创新资源。这些技术进步可以提升产品的性能和功能，开创全新的市场领域，为企业带来巨大的商业机会。

一方面，企业的研发能力直接决定了其在技术创新方面的竞争力。高水平的研发团队和充足的研发资金是新产品开发成功的关键。一个拥有高素质研发人员的企业，能够更快速地吸收和应用最新的科技成果，缩短产品开发周期，降低研发风险。充足的资金投入则可以为研发活动提供必要的保障，使企业能够进行长时间的技术研究和实验，从而开发出具有市场竞争力的新产品。另一方面，技术还会对产品的生产工艺和质量控制产生深远影响。先进的生产技术和工艺可以提高生产效率，降低生产成本，提升产品质量，增强企业在市场中的竞争力。例如，自动化生产线和智能制造技术的应用，不仅可以提高生产精度和一致性，还能实现柔性生产，满足不同客户的个性化需求。

（二）市场因素

市场需求决定了企业新产品的开发方向，影响着产品的功能设计、外观设计和性能要求。通过深入的市场调研和消费者分析，企业能够了解市场上未被满足的需求和潜在机会，从而开发出具有市场竞争力的新产品。另外，激烈的市场竞争迫使企业不断进行创新，以保持其市场地位和竞争优势。在竞争激烈的市场中，企业必须通过不断推出新产品和改进现有产品，来满足消费者不断变化的需求，并超越竞争对手。市场竞争有助于促进技术的进步和产品的多样化，提高新产品的质量和性能，推动整个行业的发展。企业在制定创新战略时，需要充分考虑竞争对手的产品和市场策略，制定有效的竞争对策，以保证新产品的成功上市。

（三）组织因素

组织对企业产品创新的影响主要体现在企业的战略规划、组织结构、文化氛围和资源配置等多个方面。企业的战略规划决定了新产品开发的方向和目标。一个具有前瞻性和创新性的企业战略能够引导企业在技术研发和市场开发方面不断进取，推动新产品的成功开发和市场推广。企业的高层管理者在制定和执行战略规划中起着关键作用，他们的决策和支持直接影响创新项目的资源投入和实施效果。另外，组织结构对新产品开发与产品创新的影响也不可忽视。一个灵活、扁平化的组织结构能够促进信息的快速传递和决策的高效执行，有助于创新项目的顺利推进。跨职能团队的设置是实现这一目标的重要手段。跨职能团队由不同部门的专业人员组成，能够整合各方资源和专业知识，提升创新项目的整体效率。

（四）外部环境因素

外部环境包括政策法规、经济环境等，这些因素共同作用，影响着企业在产品创新活动中的方向和成功概率。

政府的政策导向和法律法规规定了企业创新活动的规范和边界，也为企业的创新提供了支持。例如，政府对科技创新的支持政策，包括科研经费补贴、税收优惠等，能够减轻企业的研发成本负担，激发企业的创新动力。知识产权保护法规的完善，可以为企业的创新成果提供法律保障，增强企业进行技术研发和产品创新的信心。此外，环保法规和市场监管政策也会影响企业的创新方向和策略。例如，严格的环保法规促使企业开发绿色产品和环保技术，以满足法规要求和市场需求。

经济环境包括经济增长率、通货膨胀率、利率水平和市场供求状况等。经济繁荣时期，市场需求旺盛，消费者购买力强，企业更有可能投入资源进行新产品开发和创新活动，以满足市场需求和扩大市场份额。在经济衰退时期，市场需求下降，企业可能面临资金紧张和成本压力，从而减少对新产品开发的投入，转向保守的经营策略。此外，国际经济环境的变化也会影响企业的创新活动。全球经济一体化和市场竞争的加剧，要求企业不断进行产品创新，以保持竞争优势和市场地位。

第二节　新产品开发战略与创新过程

成功的新产品开发离不开科学合理的战略规划和开发过程。本节将重点介绍新产品开发战略的主要类型，探讨企业在不同市场环境下应采取的开发策略，并分析新产品开发的一般过程。

一、新产品开发战略

（一）新产品开发战略目标

一般来说，新产品开发的战略目标可以分为发展目标、市场目标和特殊目标三种，这些目标各自对应不同的企业需求和战略方向。发展目标涉及企业的销售额或利润额，是企业进行新产品开发的核心驱动力之一。通过开发新产品，企业期望提升销售额和利润额，扩大市场份额，并实现可持续增长。市场目标与企业的相对竞争能力或竞争潜力有关，是企业在市场竞争中取得优势地位的关键。进行新产品开发不只是为了满足当前市场需求，更是为了提升企业的竞争力和市场地位。通过引入创新性的新产品，企业可以在市场中树立独特的品牌形象，增强客户忠诚度，并超越竞争对手。此外，特殊目标与企业的特殊状况有关，是根据企业自身的具体情况和需求设定的目标。

1.发展目标

发展目标指的是增强企业未来的竞争能力，促进未来销售额和利润增长的目标，它主要包括以下四种类型（见表7-3）。

表7-3 发展目标的主要类型

类型	特点	适用场景
迅速发展型	以最快速度开发新产品，迅速投放市场并扩大生产规模，需要较多资金投入，承受较大风险，一旦成功回报巨大	适用于迅速成长的市场和产品，如智能手机等技术快速迭代的行业
受控发展型	从节约投资和降低风险出发，逐步开发新产品，逐步扩大生产规模和市场占有率，开发速度与市场需求和竞争状况同步	适用于中小企业或市场环境较为稳定的行业，通过稳健发展实现市场扩张
维持现状型	立足现有产品或市场，通过持续改进现有产品实现逐步更新，保持市场占有率和竞争力，适合市场占有率高且产品生命周期长的产品	适用于家电、汽车等市场占有率较高、产品生命周期较长且生产工艺复杂的行业
受控收缩型	及时从不再有利可图或市场需求下降的产品开发中抽回资金，转向其他更有前景的领域或业务，与市场需求变化相适应	适用于面临市场萎缩或受到替代品威胁的行业，通过调整投资方向实现资源的重新配置和优化

（1）迅速发展型。迅速发展型目标是指企业以最快的速度开发新产品，并迅速将其推向市场，以占领市场份额为主要目的。为了实现这一目标，企业通常会大力投入资金，快速推进新产品开发和市场推广。该策略需要企业具备较强大的资源和资金保障，同时需要承受较大的市场风险。然而，一旦迅速发展型目标实现，企业可以在短时间内占据市场领先地位，获得显著的市场回报和品牌影响力。这种目标类型主要适用于迅速成长的市场和产品类别，如手机市场。快速变化的技术和不断升级的消费者需求使得企业必须以快速反应和迅速产品迭代来维持竞争优势和市场地位。

（2）受控发展型。受控发展型目标是从节约投资和降低风险的角度出发，逐步开发新产品、扩大生产规模和占领市场。与迅速发展型不同，受控发展型更加注重产品开发速度与市场需求状况的同步，或者与市场竞争状况的变化相适应。在稳定的市场环境中，企业通过渐进式的产品开发和市场扩展，在控制风险的同时，逐步实现市场的扩张和销售额的增长。受控发展型目标需要的研发资金相对较少，风险也较低，因此是大多数中小企业普遍采用的战略目标。这种策略允许企业在资源有限的情况下，通过谨慎而有计划的产品创新和市场进入，实现稳步发展和持续增长。

（3）维持现状型。维持现状型目标是指企业立足现有产品或市场，通过对现有产品的持续改进，实现逐步更新的产品开发。这种目标适用于那些市场占有率较高、商业寿命长且生产工艺复杂的产品。企业在这一类型的目标策略下，主要关注对现有产品的优化和改进，保持其市场地位和竞争优势。通过不断改进产品性能和质量，企业可以延长产品的生命周期，满足市场需求的变化，巩固市场份额。例如，家电行业中的许多经典产品，通过不断的技术升级和功能优化，保持了长久的市场生命力和消费者忠诚度。

（4）受控收缩型。受控收缩型目标是指企业从某一产品开发中及时抽回资金，有计划地转向其他领域或业务。这一类型的目标也是与市场需求相适应的。当企业发现某一产品或领域的需求减少或已经无利可图时，及时收回资金，并将其投入其他更有前景的产品或领域中。实施受控收缩型目标策略，企业需要对市场需求变化做出敏锐的判断和快速反应，及时调整投资方向，避免资源浪费和损失。例如，在市场饱和或技术成熟度高的行业中，企业可能会选择逐步缩减在老产品上的投入，转而投资于新兴技术或快速增长的市场领域，以实现资源的最优配置和持续发展。

2. 市场目标

市场目标，也称市场定位目标。通过提高新产品的竞争能力，企业可以提升其在市场中的地位。因此，企业可以基于对新产品竞争能力的预测来确定具体的市场目标。常见的市场目标包括以下几种。

（1）开拓新市场。通过新产品开发来创造新的市场机会，占领新的市场空间。这一目标要求企业具备前瞻性的市场洞察力和强大的创新能力，以发现和满足尚未被充分挖掘的市场需求。通过开拓新市场，企业不仅可以扩大其业务范围，还能建立新的收入来源和增长点。例如，海尔公司通过收购和新产品开发，成功进入彩电、空调和电脑等行业，开辟了新的市场领域。这种市场目标对于企业的长期发展和多元化经营具有重要意义，能够有效降低企业的市场风险，提升整体竞争力。

（2）维持市场占有率。通过开发替代型或改进型新产品来保持产品的市场竞争力，确保现有市场份额不被削弱。这一目标适用于市场已经相对饱和或竞争较为稳定的行业，通过持续的产品改进和优化，企业可以满足现有客户的需求，并防止市场份额被竞争对手侵蚀。维持市场占有率的策略强调对现有产品的优化升级，以适应市场需求的变化和技术的进步。例如，企业可以通过改进产品性能、提升用户体验或增加产品附加值等方式，保持其市场吸引力和竞争力。

（3）提高市场占有率。通过开发创新程度高或具有明显差异化优势的产品，或者开发竞争对手的替代产品，以争夺市场份额，扩大企业在市场中的影响力。这是一种进攻型的市场目标，旨在通过直接竞争，获取更大的市场份额。企业需要在产品创新和市场营销上投入大量资源，以确保新产品能够吸引消费者并超越竞争对手。例如，通过研发具有显著技术优势的创新产品，企业可以在激烈的市场竞争中脱颖而出，抢占更多的市场份额。

3. 特殊目标

在新产品开发中，特殊目标主要包括以下几种。

（1）多角化。多角化目标是指通过开发新产品来分散经营风险，增强市场适应能力。多角化目标战略主要有纵向多角化、同心多角化和横向多角化等多种形式。纵向多角化是指企业通过开发与自身生产过程上下游相关的新产品，控制供应链的更多环节，从而提高运营效率和降低成本。同心多角化是指企业利用现有的核心技术和市场优势，开发与现有业务相关的新产品，借助已有的市场基础和技术积累，实现快速扩展。横向多角化是指企业进入与现有业务无关的新领域，通过多元化经营来分散市场风险，提高企业的抗风险能力和市场适应性。

（2）季节性调整。季节性调整目标指通过新产品开发来避免季节性产品销售波动，保证资金正常运转。例如，企业在淡季开发新产品，以填补销售淡季的市场空白，保持企业的现金流稳定。通过季节性调整，企业可以平衡不同季节的生产和销售压力，优化资源配置，提升整体运营效率。这一目标对于那些产品销售具有明显季节性的企业尤为重要，如农业、旅游业等，通过新产品的开发，企业可以实现全年持续的业务增长。

（3）加速回收投资。加速回收投资目标指通过新产品开发来充分利用企业剩余的生产能力或现有技术，加速投资的回收。在这种情况下，企业通常会开发那些生产成本低、市场需求稳定的新产品，以快速实现投资回报。这一目标的实现有助于企业提高资金利用效率，降低投资风险，提升盈利能力。例如，一家电子产品制造企业可能会利用现有的生产线和技术，开发附加值较高的配件产品，从而在短时间内实现较高的投资回报。

（4）提高产品质量。一些企业在新产品开发中，要求新产品必须具有高质量水平，满足一定的质量标准。这不仅是为了满足市场需求，更是为了提升企业的品牌形象和市场声誉。通过开发高质量的新产品，企业可以树立良好的品牌形象，增强客户忠诚度，提升市场竞争力。例如，高端消费品制造商通常会在新产品开发过程中，严格控制质量标准，以确保产品能够满足高端市场的需求，保持品牌的高品质形象。

（5）维持或改变企业形象。这一目标指企业通过新产品开发，维持或改变其在市场中的形象。一些企业希望通过不断的创新来保持其在市场中的领先地位和创新形象，如索尼公司和宝洁公司。这些企业在新产品开发过程中，注重创新和品牌形象的塑造，确保新产品能够符合企业的品牌定位和市场预期。

（二）新产品开发战略模式

1.定位战略

定位战略的基本思路是有选择地开发一些风险较小的新产品，这些产品不会改变企业的基本产品结构，而是通过微调和优化来保持企业现有的市场地位和竞争能力。新产品的战略目标在于维持市场占有率和利润水平，企业并不寻求通过激进的创新或市场扩展来迅速扩大其市场份额，而是通过稳健的产品开发策略来巩固其现有的市场地位。这种策略适用于那些已经在市场上建立了强大品牌认知和客户基础的企业，通过持续的小幅改进和优化，企业可以在不增加过多风险的情况下，保持其市场竞争力。企业在选择开发新产品时，要仔细分析现有产品的市场表现和客户需求，有效地识别和捕捉市场机会，推出满足特定需求的新产品，从而实现产品线的优化和市场覆盖的扩展。

在定位战略中，创新来源以市场营销为主，创新程度多为模仿。这种策略强调对市场和竞争对手的敏锐观察和快速反应，通过对现有产品的改进和对竞争对手产品的模仿来实现创新。企业通过市场调研和消费者反馈，识别现有产品的不足之处，并在此基础上进行改进，推出优化版的新产品。这种模仿创新可以降低研发风险和成本，快速满足市场需求，提升产品的竞争力和市场接受度。另外，在定位战略中，投放市场的策略选择多为缓慢反应或敏捷反应。在缓慢反应的策略下，企业会仔细观察市场趋势和竞争动态，确保新产品在推出时能够获得最佳的市场效果。这种策略强调稳健和谨慎，避免盲目跟风或过早进入市场带来的风险。而在敏捷反应的策略下，企业则会迅速响应市场变化，通过快速推出新产品来抢占市场先机。这种策略适用于市场变化快、竞争激烈的行业，要求企业具备高效的研发和市场推广能力，能够在短时间内实现产品的快速迭代和更新。

2.进攻战略

进攻战略的基本思路是不拘泥于企业现有的产品和资源，主动进行创新，以成为市场的领先者或紧跟者，从而获取较高的收益。这种战略强调大胆创新，力图在一定的可控范围内，通过承受高风险来换取高收益。进攻战略的核心目标是迅速增加销售量和提高市场占有率，通过积极的市场扩展和技术创新，在竞争中占据有利位置。

进攻战略要求企业在制定新产品开发策略时，积极投入大量资源进行研发和市场推广，以期在短时间内占领市场份额并获得销售的增长。这种目标要求企业具备快速响应市场变化的能力，能够在市场需求出现的第一时间推出符合消费者需求的新产品，从而在激烈的市场竞争中脱颖而出。企业在选择开发新产品时，会重点考虑产品的技术创新和最终用途，以确保新产品能够满足市场需求并具有明显的竞争优势。通过在技术上实现突破，企业可以推出功能更强大、性能更优越的新产品，从而吸引更多的消费者。此外，通过明确产品的最终用途，企业可以精准定位目标市场，制定有效的市场推广策略，以扩大新产品的市场影响力。

进攻战略的创新来源主要是市场营销和技术。在市场营销方面，企业通过深入的市场调研和消费者分析，识别市场需求和潜在机会，制定精准的营销策略，确保新产品能够成功进入市场并获得消费者的认可。在技术方面，企业通过不断的研发投入和技术创新，提升产品性能和功能，以技术优势吸引消费者，赢得市场份额。

进攻战略的创新类型通常为先导型或适应型。先导型创新指的是企业在技术和产品上实现突破，推出市场上前所未有的产品，从而引领市场潮流。这种创新具有较高的风险和不确定性，但一旦成功，能够为企业带来巨大的市场回报。适应型创新则是指企业在现有技术和产品的基础上进行改进和优化，推出更符合市场需求的新产品。这种创新相对风险较低，但同样能够提升企业的市场竞争力。

进攻战略的创新策略有敏捷反应和率先进入市场两种。在敏捷反应策略下，企业通过快速响应市场变化，迅速推出符合消费者需求的新产品，从而在市场上占据先机。这种策略要求企业具备高效的研发和市场推广能力，能够在短时间内实现产品的快速迭代和更新。率先进入市场的策略则是指企业通过技术创新和市场预判，提前布局市场，推出具有前瞻性的新产品，从而在竞争中获得优势地位。

3. 冒险战略

冒险战略的基本思路是突破现有的经营条件和市场限制，投入大量资源开发具有高风险的产品，以期获得巨大的发展。当企业面临现有市场日益缩小或受到替代品威胁的严峻局面，限制其生存与发展时，或者企业确信通过自身努力可以获得显著成功时，冒险战略成为一种可行的选择。这种战略强调在高风险和高回报之间找到平衡，通过大胆创新和资源投入，实现企业的快速发展和市场占有率的大幅提升。

冒险战略需要企业在技术、资金和市场营销等方面具备强大的实力。首先，技术创新是冒险战略的核心驱动力。企业必须在技术研发上投入大量资源，追求突破性技术，以确保新产品在市场上具有显著的竞争优势。这种创新不仅限于内部研发，还包括通过收购或许可证贸易获得先进技术，从而快速提升企业的技术水平和创新能力。其次，资金投入是冒险战略成功的另一个关键因素。由于冒险战略涉及高风险和高投入，企业必须确保有充足的资金支持，以覆盖研发、生产和市场推广等各个环节的巨大成本。企业需要具备强大的融资能力和资本运作能力，能够在必要时迅速筹集资金，支持新产品的开发和推广。再次，企业还需要在财务管理上保持高度谨慎，确保资金的有效利用和风险控制，以应对可能出现的市场波动和技术不确定性。最后，市场营销也是冒险战略中的重要环节。企业必须通过精准的市场定位和有效的营销策略，确保新产品能够迅速进入市场并获得消费者的认可。由于冒险战略的新产品通常具有先导性和独特性，企业需要在市场推广上投入大量资源，进行大规模的市场宣传和推广活动，提升产品的市场知名度和接受度。通过积极的市场营销，企业能够迅速占领市场份额，实现战略目标。

冒险战略的目标是快速发展和大幅度提高市场占有率。企业在制定新产品开发策略时，必须瞄准市场的高增长区域和高潜力领域，迅速推出新产品，抢占市场先机。通过在市场中率先推出具有创新性和竞争力的产品，企业可以在竞争对手做出反应之前建立市场壁垒，占据有利位置，实现快速扩张。冒险战略所追求的创新来源是技术、收购或许可证贸易。这种多元化的创新来源使企业能够迅速获得先进技术和创新资源，提升自身的技术能力和市场竞争力。通过内部研发和外部获取相结合的方式，企业可以在较短时间内实现技术突破，推出具有竞争力的新产品。冒险战略的创新是先导型创新，企业追求的是在市场上领先的技术和产品，通过率先进入市场来抢占先机。先导型创新要求企业在技术和市场上保持高度敏感，能快速做出反应，在市场需求和技术趋势出现之前，推出具有引领性的产品，从而占据市场制高点，实现战略目标。

这三种战略模式的特点，见表7-4。

表7-4 新产品开发的三种战略模式特点

战略模式	定位战略	进攻战略	冒险战略
基本思路	有选择地开发风险较小的新产品，不改变企业基本产品结构	主动创新，不拘泥于现有产品和资源，争取成为市场领先者或紧跟者	突破现有经营条件和市场限制，投入大量资源开发高风险产品
实现目标	维持市场占有率和利润水平	迅速增加销售量和提高市场占有率	快速发展和大幅度提高市场占有率
创新来源	以市场营销为主，模仿创新	市场营销和技术	技术、收购或许可证贸易

战略模式	定位战略	进攻战略	冒险战略
创新类型	改进型	先导型或适应型	先导型
创新策略	缓慢反应或敏捷反应	敏捷反应或率先进入市场	率先进入市场

（三）实施新产品开发战略的规划

1.确定主要创新要素的来源

新产品必须具备独特的性能、低廉的成本或高超的技术优势，才能被视为成功的产品。为了确保新产品能够在市场中取得成功，创新者倾向于将这些优势的来源纳入新产品战略，这样可以为研发过程提供最佳指导。

新产品优势的来源主要包括市场营销、生产和技术等方面。在市场营销方面，通过深入的市场调研和消费者分析，企业可以识别出市场中的需求和痛点，从而开发出满足这些需求的新产品。有效的市场营销能够确保新产品在上市后迅速获得消费者的认可和接受，从而占据有利的市场地位。在生产方面，创新优势来源于先进的生产工艺和高效的生产管理。通过引入自动化生产线和优化生产流程，企业可以降低生产成本，提高产品质量和一致性。另外，技术也是新产品优势的重要来源之一。通过持续的研发投入和技术创新，企业能够开发出具有突破性技术的新产品。这些技术创新能够提升产品性能，带来新的功能和使用体验，使产品在市场中脱颖而出。

2.确定创新的程度

新产品创新的程度通常分为变革型创新、适应型创新和模仿型创新三种。企业在确定新产品创新的程度时，必须综合考虑自身的资源能力、市场环境和竞争状况。变革型创新适合那些具有强大研发实力和资金支持、希望通过技术突破实现市场领先的企业。适应型创新适用于希望通过逐步改进和优化产品，保持市场竞争力和持续增长的企业。模仿型创新适合资源有限，希望通过快速模仿成功产品降低风险并快速进入市场的企业。通过合理选择创新程度，企业能够在新产品开发中最大化市场回报，实现长期的可持续发展。

3. 新产品开发时序 / 时机选择

时序是指企业在开发新产品时选择的时间顺序，通常包括早期进入、同期进入和晚期进入三种方式。每种进入方式都有其独特的优势和风险，企业需要根据自身的情况和市场环境，选择最合适的时机推出新产品。

早期进入战略是指企业在新产品研制成功后立即将其投放市场。通过这种方式，企业能够引导消费趋势，抢占市场的制高点，获得先发优势。这种战略的核心在于占据市场先机，使企业成为行业的创新领导者。然而，早期进入战略伴随着较大的风险。一种全新的产品通常需要消耗大量资源来引导消费行为，培养消费习惯。企业需要投入大量研发资金，还必须耗费大量资金进行市场宣传，以保证消费者能够理解和接受新产品。这种高投入的市场教育过程，不仅考验企业的资金实力，还需要企业具备强大的市场营销能力和品牌塑造能力。

同期进入战略是企业在看到市场上有先行者成功推出新产品后，紧随其后迅速进入市场，成为第二或第三个进入者。这种战略依赖于先行者已经成功地在市场中引导了消费行为并使市场接受了新产品。同期进入者可以借助先行者的市场教育成果，只需着重宣传品牌和商标，而不必过多宣传产品本身，从而节省了市场开拓的资源，降低了市场风险和促销费用。然而，这种战略要求企业具备较强的开发能力和生产柔性，以便能够迅速响应市场变化，推出具有竞争力的新产品。因此，企业在实施同期进入战略时，需要密切关注市场动态和先行者的动向。

晚期进入战略是企业在新产品的市场反应已经显现出明显的潜力后，才决定进入市场。这种战略通常适用于那些市场潜力巨大或需要进一步改进的新产品。通过观察市场反应，晚期进入者能够充分了解新产品的市场表现和消费者反馈，从而在进入市场时进行针对性的改进和优化，提升产品竞争力。为了在已经形成的市场中争得一席之地，企业需要具备较低成本的生产能力和一定的特许权扩充能力，以在竞争中获得优势。晚期进入战略的优势在于风险较低，市场不确定性较小，但同样也需要企业具备灵活的生产和市场应对能力，以便在进入市场后迅速实现规模化生产和市场推广。

二、新产品开发与创新的过程

为了提高新产品开发的成功率，企业必须建立科学的新产品开发管理程序。虽然不同行业的生产条件和产品项目有所不同，但一般来说，企业在开发新产品和进行产品创新的过程中，大致需要经过以下八个阶段，如图 7-1 所示。

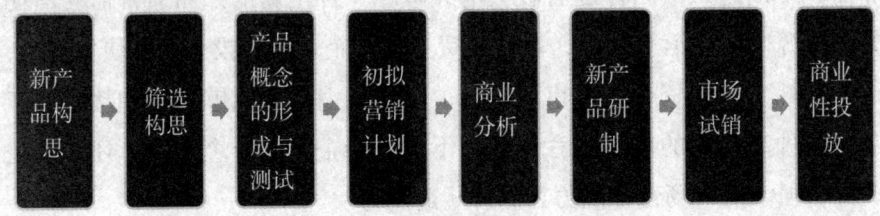

图 7-1　新产品开发与产品创新过程

（一）新产品构思

在新产品构思阶段，营销部门需要在不同环境中积极寻找新的构思，并激励公司内外人员提出创新想法。这些构思需要传达给相关部门进行审议和修正，以使其更加完善。新产品构思的来源广泛，既包括最高管理层，也包括发明家、专利代理人、大学、顾客、竞争对手和商业研究机构等。为了获得更多有价值的创意，企业可以采用头脑风暴法、征集意见法、顾客问题分析法等多种方法。

（二）筛选构思

筛选构思是对已获得的构思进行评估和筛选的过程。企业需要研究这些构思的可行性，并选出符合企业发展目标、长远利益以及与企业资源相协调的产品构思。在筛选过程中，企业既需要考虑市场成功的条件，包括产品的潜在市场成长率、竞争程度和市场前景等，还需要评估企业的内部条件、销售条件和利润收益条件，以确保所选构思具有实际操作性和市场潜力。

（三）产品概念的形成与测试

在产品概念的形成与测试阶段，企业需要将选定的产品构思进一步发展为更具体、明确的产品概念。这一过程通常通过文字、图像或模型等方式来清晰阐述，使之在顾客心目中形成潜在的产品形象。一个产品构思可能会转化为若干产品概念，每个概念都需要进行市场定位，并通过问卷调查等方式请目标消费群体进行测试和评估，从中优选出最佳产品概念。

（四）初拟营销计划

在这一阶段，企业需要制订初步的市场营销计划，明确将这种新产品引入市场的策略和步骤。这一计划需要在未来的发展阶段中不断完善，以保证新产品能够顺利进入市场并获得成功。

（五）商业分析

在这一阶段，企业要从经济效益的角度分析新产品概念是否符合企业目标。企业需要预测新产品的销售额，推算生产和销售成本以及预期利润。通过详细的商业分析，企业可以判断新产品的经济可行性，并做出进一步的决策。

（六）新产品研制

新产品研制主要是指将经过商业分析的新产品概念交送研发部或技

术工艺部门试制并生产出产品模型或样品，同时进行包装和品牌的设计。新产品研制必须确保模型或样品具有产品概念所规定的所有特征，以便在后续阶段中进行进一步测试和优化。

（七）市场试销

市场试销是新产品推向消费者市场的前一个阶段。试销的目的是了解经销商和消费者对新产品的实际反应，包括产品的使用情况、再购买意愿和市场潜力。通过市场试销，企业可以获得宝贵的市场反馈，进一步优化产品和营销策略。

（八）商业性投放

商业性投放意味着企业要动用大量资金，支付大量费用，企业需要就以下几个方面做出慎重决策：

1.投放时机（时间）

新产品正式上市时机，企业面临三种选择：

（1）首先进入。首先进入通常可得到"先行者"的好处，包括掌握主要的分销商和顾客以及得到有声望的领先地位。同时，先行者要承担主要的市场开发费用，失去"搭便车"的利益。

（2）平行进入。指与竞争对手同时、并以相同的方式进入市场。

（3）后期进入。在竞争对手进入后再进入。后期进入能够降低市场培育和开拓的代价、了解并避免竞争对手的产品缺陷、准确确定市场规模。

2.投放地区（地点）

企业需要决定新产品是推向单一的地区还是全国市场、国际市场，一般的做法是随时间而推行有计划的扩展市场，也就是由单一地区市场逐步推向全国、全球市场。在扩展市场时，企业需要对不同市场的市场潜力、企业在当地的信誉、通道铺设成本、该地区研究数据的质量、该地区对其他地区的影响和竞争渗透等市场吸引力参数做出评价，根据评价选择地区推进策略。

3.目标市场

目标市场的选择依据试销或产品开发所收集的资料。理想的目标市场应是最有潜力的消费者（用户）群体，他们通常具备以下特征：总是较早采用新产品；喜欢大量购买新产品；具有一定的传播影响力；对价格敏感度较低。

4.营销导入策略

在新产品投放前要制定尽可能完备的营销组合方案，合理分配营销预算到营销组合的各因素中，根据主次轻重有计划地安排各种营销活动。

第三节　新服务的含义、类型与特征

服务创新是企业在激烈竞争中脱颖而出的重要途径。随着服务经济的发展，服务创新变得愈发重要。本节将介绍新服务的概念和特征，探讨服务创新在现代市场中的重要性及其对企业发展的影响，分析服务创新的不同类型，帮助创业者掌握服务创新的基本理论和方法。

一、新服务的含义

所谓新服务，是指新开发的前所未有的全新服务以及在原有基础上进行了改良的服务[①]。新服务的范围很广泛，以前不曾提供的服务，无论是对服务传递过程的整体创新或重大变动，还是对现有的服务包和服务传递过程逐步作出的改善，只要能给消费者带来新的感受，就都属于服务创新的范畴。

---

① 张淑君.服务管理[M].北京：中国市场出版社，2010：50.

　　企业通过重新设计和构建服务流程，引入新的技术手段或管理方式，可以彻底改变传统服务的提供方式。例如，共享经济兴起，通过平台技术可以实现资源共享和按需服务，颠覆了传统的租赁和服务提供模式，使得服务的传递过程更加高效和灵活。另外，逐步改善现有的服务包和服务传递过程也是新服务的一个重要方面。这种渐进式的创新通过持续的改进和优化，不断提升服务质量和客户满意度。例如，餐饮行业通过优化点餐流程、提升服务标准和引入智能化管理系统，改善顾客的用餐体验；酒店业通过升级客房设施、改进预订系统和提供个性化服务，增强客户的入住体验。因此，企业为满足客户需求，实现持续发展，必须进行新服务开发。

　　新服务开发是在企业整体战略和创新战略指导下进行的一种开发活动。因此，有意识、有组织和系统性的开发活动通常占据主导地位。这种开发活动通常涉及多个部门和团队的协同合作，通过系统化的流程和方法，确保新服务的开发能够有效满足市场需求和企业目标。例如，一家金融机构可能会通过系统化的市场调研、客户需求分析和技术研发，开发出一款新的在线理财服务，这一过程需要严格的项目管理和多部门的协调合作，以确保新服务顺利推出并成功运作。然而，新服务的开发活动也具备偶然性和非系统性。例如，某些员工或某个部门在解决具体问题或受到外界环境影响时，可能会产生创新概念和思想，并进行相应的开发活动。这种自发性的创新虽然没有经过系统化的流程和组织，但往往能带来意想不到的创新成果。例如，一线员工在与客户互动过程中，发现了客户的某些潜在需求，并提出了新的服务改进方案，这种创新虽然起源于偶然，但也会对企业的服务质量提升起到重要作用。尽管偶然性的创新活动可以带来意外的惊喜和突破，但实践证明，有组织、系统性的开发活动更有助于提高新服务的质量。

二、新服务的类型

新服务的类型主要包括以下几种（见表7-5）。

表7-5 新服务的类型

新服务类型	描述
重大变革	为尚未定义的市场提供新的服务，通常伴随着技术的突破或商业模式的变革
创新业务	为现有市场的同类需求提供新服务。这种创新通过引入不同形式的服务，为消费者提供更多选择和更优质的服务
为现有服务市场提供新服务	向组织现有的顾客提供原来不能提供的服务。通过扩展服务范围，增加服务内容，提升顾客的整体体验
服务延伸	扩大现有的服务产品线，增加新的服务项目以满足更多客户需求和把握市场机会
服务改善	对已有服务进行改进和优化，包括加快服务过程的执行速度、延长服务时间、增加服务内容等
风格转变	改变服务的外观和感官体验，提升顾客的视觉和情感体验

（一）重大变革

重大变革是指为尚未定义的市场提供新的服务。这种类型的服务创新通常伴随着技术的突破或商业模式的变革，彻底改变传统的服务方式。例如，由于互联网的出现，网络订票改变了传统的订票方式，使得航空公司的订票业务服务发生了重大变革。这种服务创新为消费者提供了前所未有的便利，为企业开辟了新的市场机会。借助互联网技术，消费者可以随时随地订票，航空公司也能够更高效地管理和分配座位资源，提升运营效率和客户满意度。

（二）创新业务

创新业务包括一切为现有市场的同类需求提供的新服务，而该市场已存在满足同类需求的产品。这种类型的创新通过引入不同形式的服务，为消费者提供更多选择和更优质的服务。例如，健身组织为健康服务提供了不同的形式，包括团体课、私人教练等，满足了消费者多样化的健身需求；ATM 机的出现，为银行货币流动提供了新的形式，使得取款和存款更加便捷；一项上门接送旅客的机场班车服务与传统的出租车和客车服务形成竞争，为消费者提供了更加灵活和舒适的出行选择。这种创新业务通过差异化和个性化的服务，提升了消费者的体验感和满意度。

（三）为现有服务市场提供新服务

这种新服务是向组织现有的顾客提供组织原来不能提供的服务（也许其他组织可以提供）。这种类型的创新通过扩展服务范围、增加服务内容，提升了顾客的整体体验。例如，一家成功的零售书店开始提供咖啡服务，使得顾客在购书的同时还能享受咖啡的美味，延长顾客的停留时间并提升顾客满意度；一家健康俱乐部开设营养课程，帮助会员在健身的同时了解更多的营养知识，从而全面提升健康水平；航空公司提供空中传真和电话服务，使得商务旅客在飞行途中也能保持工作效率。这种类型的服务创新通过增加服务内容，提升了顾客的忠诚度和品牌认知度。

（四）服务延伸

服务延伸是指扩大现有的服务产品线，通过增加新的服务项目来满足更多的客户需求和把握市场机会。例如，饭店可以通过增加新的菜谱来吸引不同口味的顾客，航空公司可以增加新的航线以覆盖更多的目的地，法律咨询公司可以扩展法律服务项目以提供更全面的法律支持，大学可以开设新的课程或学位以满足学生多样化的学习需求。

（五）服务改善

服务改善是服务变革中较为普遍的一种形式，指的是对已有服务的性能进行改进和优化。这种改进涉及加快已有服务过程的执行速度、延长服务时间、增加服务内容等方面。例如，酒店在客房中增添一些便利设施，提高顾客的住宿体验；银行通过优化流程缩短业务办理时间，提升服务效率；零售店延长营业时间，方便顾客购物。服务改善通过细化和优化现有服务，提高服务质量和客户满意度，从而增强企业的市场竞争力。

（六）风格转变

风格转变通常涉及服务的外观和感官体验方面的改进，如改变饭店的色彩设计，修改组织的标识，或给飞机涂上不同的颜色。这些改变虽然并不从根本上改变服务的实质内容，但通过改变外表和包装，能够提升顾客对服务的视觉和情感体验。例如，饭店通过重新装修和设计，营造出更温馨和现代的氛围，提高顾客的就餐体验；品牌通过更新标识和包装，提升品牌形象和市场吸引力。风格转变通过增强服务的视觉和感官效果，提高客户的满意度和忠诚度。

三、新服务的特征

与传统的产品开发相比，企业进行服务创新具有以下几种特征。

（一）客户个性化体验

服务创新具有个性化体验的特征，因为服务本质上是为特定客户量身定制的，每个客户在消费某项服务时，其要求和行为特性都会有所不同。与大众消费品不同，服务需要因人而异地进行交付，以满足每个客户的独特需求。服务提供商要提供"个人定制"的服务体验，而非通用的解决方案，并在服务流程中对与客户的每一个接触点进行设计和开发，以照顾到客户的个人情况，提高服务品质和效率，最终提升客户体验感和满意度。

在服务创新过程中，了解和把握客户的个性化需求是至关重要的。客户在寻求服务时，往往会有具体的、个性化的需求和期望，这些需求和期望可能因客户的背景、偏好和具体情况而有所不同。例如，在酒店行业，不同的客户可能有不同的房间偏好、饮食需求和娱乐选择，酒店需要通过个性化的服务设计来满足这些多样化的需求。另外，个性化体验的实现还需要服务提供商在服务流程中考虑到每一个与客户接触的环节。服务流程的每一个接触点都是客户体验的一部分，从最初的咨询和预订，到服务的实际交付和后续的反馈处理，每一个环节都需要精心设计和执行，以满足客户的个性化需求。例如，在餐饮行业，餐厅可以通过个性化的菜单推荐、定制化的菜品制作和贴心的服务流程，为每位顾客提供独特的用餐体验。为实现个性化服务，企业需要进行高效的沟通和信息共享。企业需要通过多种渠道与客户进行互动，了解他们的需求和反馈。例如，通过使用客户关系管理系统（CRM），企业可以收集和分析客户的历史数据和偏好，从而在未来的服务中提供更加精准和个性化的服务。

（二）服务的无形价值

服务并不是通过提供有形的产品来实现客户价值的，它是一种无形的交互作用或体验。服务蕴含的价值是无形的，它只存在于服务的过程中，客户只有在亲身接受服务的过程中才能感受到这种价值。因此，客户对无形价值的体验是新服务开发成功与否的关键。

服务的无形价值体现在客户的体验和感受中。这种价值并不像实物产品那样可以被触摸或量化，而是通过服务提供过程中的每一个接触点和互动环节传递给客户。例如，在餐厅用餐的过程中，顾客不只是品尝食物，还会体验到服务员的态度、环境的氛围和整体的服务流程。顾客对这些无形因素的感受，影响着他们对服务的整体评价和满意度。服务创新应致力于给客户带来难忘的、真切的体验，使其留下持久的、正面的印象。通过创造独特的服务体验,企业能够在客户心中建立起深刻的品牌形象和忠诚度。例如,一家五星级酒店通过提供个性化的欢迎礼物、贴心的房间服务和细致入微的客户关怀,能够使客户在每一次入住中都感受到独特的尊贵体验。这种难忘的服务体验能够让客户对酒店品牌产生深厚的认同感,并愿意在未来继续选择该酒店。因此,满足客户的期望并对其反馈积极地予以回应是服务创新的核心目标。客户在接受服务时,往往会带有一定的期望和需求,企业需要通过创新的服务设计和执行来满足这些期望,从而提高客户满意度。建立积极回应客户反馈的机制,有助于提升客户的服务体验,帮助企业及时发现和解决问题,持续改进服务质量。

(三)服务的即时评估

服务流程中的每个接触点都会引发新的评价和期望,这使得服务提供商能够随时获取客户的感受和建议。采取专业态度对这些反馈进行研究和处理,有助于企业不断改进和完善服务,从而实现高质量的定制服务。每当客户与服务系统互动时,他们的体验和感受都会形成即时的评价。这种即时评价为服务提供商提供了宝贵的信息,使他们能够迅速了解客户的满意度和需求变化。与生产实物产品的企业相比,服务提供商在捕捉客户反馈方面具有一定优势。实物产品的评价往往需要使用一段时间后才能形成,而服务的评价则是即时的,客户在体验服务的同时就能表达出他们的满意度和期望。例如,在银行办理业务时,客户可以立即对柜员的服务态度、办理速度和业务流程进行评价,银行可以根据这些即时反馈,快速调整服务流程,改进员工培训,提高服务质量。为完善服务,企业需要及时听取客户的反馈并进行专业处理。企业需要建立有效的反馈机制,根据客户的即时反馈,快速做出可操作的改进。

（四）服务的整体性

在服务过程中，客户与企业的每一个接触点都对整体体验产生影响，因此每个环节的服务质量都至关重要。如果某个接触点的服务质量欠佳，就会影响客户对整个服务体验的评价，拖累整体服务流程的效果。因此，服务开发必须强调服务的整体性和每个与客户接触环节的交互作用。企业在设计和提供服务时，要考虑到客户在整个服务过程中的连续性体验。例如，在酒店行业，客户从预订房间、入住、享受服务到退房，每个环节都是整体服务体验的一部分。如果预订过程便捷、入住手续高效但退房时遇到问题，客户对酒店的整体评价仍然不会好。因此，酒店必须保证每个环节都能提供优质的服务，以维持客户的高满意度。

制造企业在提供服务时，也需要强调整体性，特别是在经销和售后服务环节。通过优质可靠的服务和特色化的客户体验，制造企业能够创造差异化的产品，建立竞争优势。例如，一家汽车制造商不仅要关注车辆的制造质量，还要重视销售过程中的客户体验和售后服务的及时性和专业性。如果汽车销售人员能够提供详细的产品说明和个性化的购车建议，售后服务团队能够迅速解决客户的问题，那么客户对品牌的认可度和忠诚度就会有很大幅度的提升。

第四节　新服务开发策略与创新流程

新服务的成功开发需要科学的战略规划和细致的过程管理。本节将探讨新服务开发的战略选择与制定，分析不同市场条件下适用的服务开发策略，并将详细讲解新服务开发的全过程，包括服务概念的提出、服务设计、试运行以及服务推广的各个环节，帮助学生系统地掌握新服务开发的步骤和技巧。

一、新服务开发策略

随着知识时代的来临，我国服务行业呈现蒸蒸日上的趋势，知识密集型服务行业更是其中的佼佼者。知识密集型服务业以产品无形化、雇员专业化、高增值性、高科技性等为特征，是我国服务业的重要组成部分，在社会经济中占据重要地位。在当今社会，利用现有的产品与服务可以满足市场和消费者的基本物质需求，而利用新服务和服务创新来满足人们的深层或隐性物质需求，甚至迎合消费者的精神需求，则显得更加具有挑战性。在当今时代背景下，商品市场和技术开发愈发显得趋于同质化。在同行业竞争愈演愈烈的商品经济中，有针对性地激活隐性市场需求，客观准确地捕捉深层市场需求以及消费者审美和市场偏好，是创新服务产品在商品市场占据一席之地的关键。新服务开发是为了在激烈的市场竞争中找到差异化优势，提升企业的市场竞争力。

企业借助创新设计，捕捉深层需求，激活隐性需求，运筹于前期研发，制胜于后期竞争。创新设计的范围涵盖服务的内容和形式，涉及服务的交付方式和用户体验设计。通过对市场和消费者需求的深入分析，企业可以准确识别出潜在的服务机会，开发出具有独特价值的新服务。此外，前期的研发投入和市场调研是确保新服务成功的关键，通过科学的研发和市场测试，企业可以有效降低新服务开发的风险，提高成功率。新服务的开发不仅需要企业具备强大的创新能力和研发实力，还需要企业具备敏锐的市场洞察力和灵活的市场应对能力。在新服务开发过程中，企业需要时刻关注市场动态和消费者需求的变化，不断调整和优化服务设计和交付策略。只有这样，企业才能在激烈的市场竞争中脱颖而出，赢得消费者的青睐和市场的认可。

一般制定新服务策略需要做到以下几点。

第一，该策略应包含明确的愿景和具体的目标，并且与企业的总体战略和长期发展方向保持一致。清晰的愿景和目标能够为企业提供明确的发展方向，确保所有新服务开发活动都能有条不紊地进行，并且朝着同一个方向努力。

第二，企业需要确定新服务开发的筛选标准和优先次序。通过设立科学合理的筛选标准，企业可以在众多创意和创新方案中挑选出最合适的方案。筛选标准应包括市场需求的紧迫性、技术可行性、财务回报预期等多方面。优先次序的设定有助于企业在资源有限的情况下，优先开发那些对企业发展最为关键的新服务，从而最大限度地利用资源，提升整体效益。

第三，企业需要对未来若干年内的新服务提供数量及其财务增长目标进行明确规划。这有助于企业在新服务开发过程中保持连续性和一致性，为企业的财务和资源规划提供依据。明确的新服务数量和财务目标能够帮助企业更好地进行财务预算和资源配置，确保新服务开发能够顺利推进。为了确保新服务策略的有效实施，企业必须为新服务的开发提供必要的人力资源和财务资源。企业需要在新服务开发过程中投入足够的专业人才，并提供充足的资金支持。人力资源方面，企业应招募具备创新思维和专业技能的团队成员，他们能够在新服务开发的各个环节发挥重要作用。财务资源方面，企业必须筹集足够的资金，保证新服务开发项目能够在不受资金限制的情况下顺利进行，从而提高新服务的成功率和市场竞争力。

二、新服务开发与创新流程

新服务开发与创新流程如图 7-2 所示。

图 7-2　新服务开发与创新流程

（一）问题识别

问题识别是新服务开发的第一阶段，企业需要找出客户关心的问题和困难以及他们的需求和期待。这一过程并不只是简单地直接询问客户的需求，而是深入观察客户的行为、习惯、喜好和生活方式，从中挖掘出真实的答案。客户往往无法明确表达他们的需求，甚至不清楚自己需要什么。因此，企业必须以客户需求为导向，通过细致的观察和分析来识别客户面临的最大难题。

问题识别阶段的核心在于深刻了解客户的实际生活和工作情境，找到那些真正影响客户体验和满意度的痛点。在问题识别过程中，企业需要运用多种方法和工具来获取客户的行为数据和反馈。识别出客户的主要问题和需求之后，企业需要基于这些信息形成新的服务解决方案。这些解决方案应以客户需求为导向，着眼于解决客户面临的实际问题，提高服务的便捷性和满意度。只有在充分理解客户需求和问题的基础上，才能制定出有效的服务方案，推动服务创新的成功实施。在这个过程中，企业需要始终保持客户导向的思维，通过不断的观察、分析和反馈，持续优化和改进服务方案，以满足客户的期望和需求。

（二）创意筛选

在这个阶段，企业需要从若干服务解决方案中筛选出最佳方案。这个过程的关键是针对问题识别阶段中尚未充分解决的客户需求、愿望、问题和困难，提出创新性的解决方案。

为了保证筛选出的创意能够有效解决客户问题并满足市场需求，企业应召集客户、非客户和跨职能部门的员工参与创意会议。客户和非客户的参与能够提供第一手的需求信息和市场反馈，而跨职能部门的员工能够从技术、运营和市场等多个角度对创意进行评估和完善。特别需要强调的是，在创意筛选阶段，一线工作的员工也要参加创意流程。这些员工经常处理客户的反馈和投诉，了解客户的需求和痛点，他们能够提供宝贵的建议，帮助识别那些未被满足的需求，并提出切实可行的解决方案。在创意会议上，企业应运用一套系统的筛选标准来决定哪些创意最具潜力，最适合企业的战略和资源条件。这些筛选标准包括创新性、可行性、市场潜力、资源需求、实现难度和预期收益等多个方面。利用科学、系统的筛选方法，企业能够最大程度地降低创新风险，提升新服务开发的成功率，最终实现服务创新的战略目标。

（三）方案制定

这一阶段的核心任务是对筛选出来的创意构思进行概念界定，并将其转化为具体的新服务方案。新服务方案草稿必须全面反映服务与创意之间的交互作用，展示不同产品与服务属性之间的联系。具体来说，方案草稿应详细描述服务流程中的各个环节，明确所有涉及客户的接触点和服务交付路径。图示说明可以直观地展示服务的各个组成部分及其相互关系，确保方案的全面性和可理解性。企业要让员工全面参与方案的制定过程，因为员工在了解自己在整个服务交付流程中的作用后，会体会到自己是企业团队中有价值的重要一员，这种参与感能够显著提升其士气和动力。员工的积极参与有助于方案的完善，为服务交付提供了坚实的保障，因为他们在执行过程中更能理解和支持方案的各个环节。

在形成新服务方案草稿后，需要对方案进行经营分析和财务评价。这一步骤的目的是保证新服务方案在实际运营中具有可行性和可持续性。经营分析主要包括市场分析、竞争分析和运营分析等方面，评估方案的市场潜力、竞争优势和运营效率。财务评价是通过成本估算、收益预测和财务风险分析等方法，评估方案的经济效益和财务可行性。通过进行经营分析和财务评价，可以识别出方案中的潜在问题和改进点，保证方案在实施过程中能够有效实现预期目标。最终，新服务方案的形成需要综合考虑各方面的评估结果和反馈意见，进行必要的调整和优化，通过多轮的评审和修订，形成最终的解决方案。

（四）测试验证

这一阶段，要对新服务方案进行细致的市场测试，收集客户反馈信息，并据此进行必要的调整和改进。

市场测试是验证新服务方案的重要手段。通过模拟实际市场环境，将新服务提供给一部分目标客户，企业可以收集到真实的客户反馈和使用体验。这些反馈信息包括客户对服务的满意度、服务流程中的问题和改进建议等。企业通过分析这些反馈，可以识别出新服务方案中的不足之处，并进行相应的调整和优化。由于许多新服务不能申请专利，且非常容易被模仿和抄袭，市场进入门槛较低，因此企业在推出新服务之前必须做好充分的测试、验证和完善工作。如果新服务能够满足并超越客户的期待和要求，那么企业在竞争中就会取得一定的优势。完善工作包括对新服务方案的各个环节进行细致的检查和优化，在测试阶段发现的问题，需要及时反馈给开发团队，并进行快速的迭代和改进。在竞争激烈的市场环境中，及时进行测试和验证能够帮助企业提前预见市场反应，优化服务策略，降低风险。通过在小范围内进行测试，企业可以验证新服务的市场潜力和客户接受度，从而为大规模推广奠定基础。同时，通过对客户反馈的持续收集和分析，企业可以不断调整和完善服务，确保其始终符合市场需求和客户期望。另外，企业在测试和验证阶段还应关注竞争对手的动向，及时调整战略，保证新服务在市场上的独特性和竞争优势。

（五）市场发布

与新产品发布不同，新服务的市场发布是一个没有终点的流程。一项新服务总有改进的空间，在市场发布后持续监控和收集客户反馈有助于改进和完善服务，在动态的市场环境中保持竞争力。

新服务的市场发布需要企业建立一套有效的反馈机制，以便在服务实际运行过程中实时收集客户的反馈信息。这些反馈信息包括客户对服务的满意度、遇到的问题和建议等。通过分析这些反馈信息，企业可以识别出服务中的不足之处，并进行相应的调整和优化。但是新服务的价值易受外部因素的影响，这些影响在市场发布前往往无法预知，并且与使用该项服务的客户数量相关。外部因素主要包括市场环境的变化、竞争对手的反应、技术的发展以及政策的调整等。持续观察和了解客户对这些外部环境影响的反馈，是企业进行服务改进和再评价的重要依据。在新服务的市场发布过程中，企业需要保持高度的灵活性和响应能力，快速识别出市场和客户需求的变化，并迅速做出反应。持续监控和改进服务，还能够帮助企业识别出未被满足的需求和新的增长点，发现新的市场机会和潜在需求。此外，持续监控和收集反馈还能帮助企业预防和应对服务中可能出现的问题和挑战。在服务运行过程中，不可避免地会遇到各种突发问题和客户投诉，通过建立完善的反馈机制和快速响应流程，企业可以及时解决问题，避免不良影响的扩大。

（六）服务培训

服务培训是新服务开发与创新流程中的重要组成部分，也是服务交付之前的必要步骤。服务的最终交付必须由服务人员来完成或协助，因为服务交付与消费同步进行，这意味着服务无法退货或再次销售。因此，员工的表现将直接影响服务的结果，使员工具备必要的知识和技能对于实现高质量的服务交付十分重要。

通过系统的培训，员工能够掌握新服务的各项知识和技能，在实际操作中为客户提供高质量的服务。公司应为员工提供支持性资源，包括培训材料、操作手册和模拟训练环境，以帮助员工熟悉新服务的各个方面。培训过程中，员工需要了解公司的整体规划和新服务的战略角色，使自己的言行举止与公司的目标保持一致，在服务过程中更好地体现企业文化和品牌价值。另外，危机管控和纷争解决能力是服务培训的重要内容之一。在实际服务过程中，员工不可避免地会遇到各种突发问题和客户投诉。对员工进行危机管控和纷争解决方面的培训，可以帮助他们游刃有余地应对各种复杂局面。未经培训的员工不能直接上岗，因为他们缺乏必要的知识和技能，可能会导致服务质量下降，进而造成客户的疏远和业务的流失。确保每位员工在上岗前经过全面而系统的培训，是维持服务质量和客户满意度的基本保障。培训不是一次性的工作，应持续学习和提升，通过定期的培训和考核，员工得以不断提高专业能力和服务水平。

思考与练习

1. 设计一个新产品的营销计划。

2. 讨论产品创新的影响因素。

3. 如何制定新产品开发的战略目标。

4. 分析一个新服务开发的成功案例。

5. 探讨传统行业进行服务创新的方法。

6. 设计一个新服务创新的战略计划。

第八章　新创企业的文化建设

学习目的：

★了解企业文化的基本概念及其特征

★学习企业文化的结构与作用

★掌握新创企业文化建设的原则与程序

重点与难点：

★企业文化的重要性

★建设企业文化的一般过程

第一节　企业文化的概念与特征

一、企业文化的概念

企业文化是指企业在长期的生存和发展中所形成的为企业多数成员所共同遵循的基本信念、价值标准和行为规范[①]。企业文化体现着企业的精神风貌和核心价值，是企业内部的一种集体意识，对企业的经营管理和员工行为具有重要影响。

---

① 彭贞蓉，彭翔．创新创业教育基础与实战技巧 [M]．重庆：重庆大学出版社，2022：96．

　　企业文化是一种微观社会文化现象。社会是由若干基本经济单位、政治机构和社会群体组成的一个大系统，而社会文化则是这些基本经济单位、政治机构及社会群体等微观文化的集合。因此，企业作为基本经济单位的一个细胞，其组织文化——企业文化理所当然地以微观文化的形式充当社会文化的一个分支或部分。企业文化包括价值观、企业使命、愿景、行为准则、工作方式、管理风格及传统习惯和仪式等多个方面。这些元素共同构成了企业独特的精神财富和行为规范体系，影响着企业的经营管理和员工的日常行为。企业文化反映着企业对内外部事务的基本态度和评价标准，决定了企业在经营活动中所坚持的基本原则和立场。社会文化所具有的特性，如价值观念的共享、行为规范的约束、传统习惯的传承等，都会在企业文化中得到体现。企业文化能够规范和引导员工行为，增强员工的归属感和凝聚力，提高员工的工作效率和团队协作能力。另外，企业文化的形成和发展离不开社会文化的影响和支持。社会文化中的价值观、道德规范、行为准则等，都会通过各种渠道渗透到企业文化中，影响企业的管理理念和经营方式。企业文化在一定程度上是对社会文化的一种反映和延伸，它在企业内部营造了一种共同的价值观念和行为模式，使得企业能够在激烈的市场竞争中保持独特的竞争优势。由于社会文化的多样性和复杂性，企业文化也呈现出多样化和个性化的特点。不同的企业文化各有其独特的内涵和表现形式，这种多样性使得企业文化在具体的企业管理实践中具有更高的灵活性和适应性。

　　企业员工生活于社会，并在企业中工作，社会文化自然会渗透到企业，影响企业文化的形成。因此，社会文化是企业文化形成的环境。员工作为社会的一部分，带着他们的价值观、行为准则和生活习惯进入企业，这些社会文化元素在企业内部被融合、改造，逐步形成独特的企业文化。企业文化是社会文化的一部分，优秀的企业文化必然会影响良好社会文化的形成。企业在追求自身发展的同时，致力于构建积极向上的企业文化，这种文化不仅能增强企业的凝聚力和竞争力，还能通过员工的行为和企业的社会活动，对社会文化产生积极影响。例如，一个注重环保和社会责任的企业，通过其环保实践和公益活动，不仅提升了自身的品牌形象，也在社会上树立了良好的风尚，带动更多人关注和参与环保事业。

企业文化与企业密不可分。正如有了人类社会，就有社会文化一样，有了企业，就有了企业文化，这是一种不以人的主观意志为转移的客观存在。企业文化是企业在长期发展过程中形成的独特价值观、行为准则和工作方式的总和，它深刻影响着企业的经营管理和员工的行为模式。企业文化不仅反映了企业的精神风貌和核心价值，还在企业的日常运营中发挥着重要作用。承认企业文化在企业中的存在，并充分认识企业文化对企业发展的作用和影响，是企业管理者的重要任务。企业文化不仅是一种管理工具，更是一种战略资源，能够为企业的发展提供持续的动力。如果企业将企业文化与企业经济活动有机地结合起来，就可以增强内部凝聚力，提升品牌形象，促进管理创新，从而实现可持续发展。

二、企业文化的特征

企业文化作为一种社会文化，是一种在实践中形成的团队认同和遵守的群体文化。它不仅反映了企业内部的价值观、行为准则和工作方式，还在企业的日常运营和管理中起着重要的指导和规范作用。一般来看，企业文化具有以下几个方面的特征。

（一）时代性

企业文化具有时代性的特征，能够反映当代社会的意识形态、价值观念、行为准则、文化心理、道德规范和人际关系等方面的变化。企业在社会中运行，其员工在社会中生活，社会文化时刻影响着他们，渗透到企业文化的每一个角落。因此，建设企业文化必须体现时代性，在不断变化的社会环境中保持活力和相关性。在当下，企业文化建设应坚持弘扬主旋律，提倡多样化。这一方面要求企业在文化建设中要紧跟时代发展的步伐，反映社会主流价值观，如诚信、创新、合作和可持续发展等；另一方面，企业在具体实践中也要贯彻落实这些价值观，使之成为企业员工的行为准则和工作指南。

（二）规范性

作为一种由全体员工共同创造的文化体系，企业文化蕴含着企业的核心价值观、使命和愿景，这些元素共同构成了企业内部的行为准则和道德规范。企业文化不仅体现在企业的规章制度中，更体现在日常的工作实践中，它通过一系列的文化活动和培训，潜移默化地影响着员工的行为方式。当员工的思想和行为与企业文化发生矛盾时，企业文化的规范性要求员工服从企业文化的规范要求。在这一规范要求下，员工需要将个人利益和集体利益、个人目标和企业目标统一起来，形成一种共同努力、共同奋斗的氛围。

企业在日常工作中渗透企业文化，引导员工形成符合企业价值观的思维方式和行为习惯，有助于企业内部形成统一的价值观和行为标准，增强企业的凝聚力和向心力。当全体员工都认同并遵守共同的行为准则和道德规范时，企业内部的合作和沟通将更加顺畅，团队精神将更加彰显。此外，企业文化有助于提升企业的外部形象和市场竞争力。当企业的行为准则和道德规范得到全体员工的一致遵守时，企业在外部市场中的形象将更加正面，客户和合作伙伴对企业的信任度也会提高。

（三）人本性

企业文化以人为中心，强调人的价值和作用。人是企业生产经营、管理服务的主体，是生产力中最活跃、最积极的因素，是可以进行创造的生产要素，也是企业生存发展的第一资源。企业文化是"企业人"的文化，要通过激发和调动员工的积极性和才智，推动企业的持续发展。

现代企业的发展历史表明，企业成败在很大程度上取决于能否充分激发员工的积极性和才智。员工的创造力、创新精神和工作热情是企业最宝贵的资源。建设以人为本的企业文化，企业可以有效地激发员工的潜力，提升整体的工作效率和竞争力。一个以人为本的企业，不仅关注员工的物质需求，还关注员工的精神需求，营造关爱员工、尊重员工、支持员工的工作环境。例如，谷歌公司通过营造自由、创新的工作氛围，鼓励员工提出创意，开展各种项目，不仅提升了员工的满意度和归属感，也推动了公司的持续创新和发展。

以人为本是企业生存发展的内在要求。现代企业在追求经济效益的同时，必须关注员工的成长和发展。企业文化要体现对员工的尊重和关怀，通过提供职业发展机会、培训和教育、健康保障和心理支持等，帮助员工实现个人价值。以人为本的企业文化，强调员工是企业最重要的资源，主张通过尊重员工、信任员工、激励员工，形成一种团结合作、积极向上的企业氛围。

（四）个异性

每个企业的文化都是在其特定的生产经营环境中形成的，尽管存在一些共性，但其独特性使其与其他企业文化区分开来。个异性文化体现着企业的独特精神、鲜明形象、创新品牌和高效管理风格，有助于促进企业的发展和经营的成功。个异性文化一旦形成，就会产生巨大的感召力、凝聚力、生命力和对外辐射力，让企业员工产生强烈的认同感。当员工对企业文化产生认同感时，他们会更加忠诚于企业，自觉维护企业的声誉和形象，积极参与企业的发展和创新。

（五）自觉性

企业文化会从一种自发存在逐渐演变为一种有意识的、主动建设的文化现象。企业文化作为一种客观存在，是企业在其发展过程中自然形成的。然而，企业文化建设并不是一成不变的，随着企业的发展和外部环境的变化，企业文化也在不断演变和完善。

在企业发展的初期，由于生产力和科技发展的水平较低，企业文化建设往往处于自发阶段。企业的管理主要依靠外在的、硬性的制度调节，企业文化更多地体现在企业的日常运作和员工的自然行为中。这种自发的企业文化虽然能够在一定程度上反映企业的价值观和行为准则，但其影响力和引导力相对有限，难以形成系统的、全面的文化管理体系。随着经济社会和科技的发展，人们逐渐意识到"文化制胜"的道理。现代企业管理逐渐由传统的、外在的、硬性的制度调节，转向自觉的文化管理，强调内在的文化"自律自控"和软性的文化引导。企业可以通过系统地规划和建设企业文化，使其成为引导和规范员工行为的重要力量，从而提升企业的整体竞争力和可持续发展能力。

企业文化建设，需要企业管理者和全体员工的共同努力。企业管理者应主动制定企业文化建设的战略规划，明确企业的核心价值观、使命和愿景，并通过各种途径将这些理念传递给员工。例如，通过企业内刊、文化手册、培训课程和文化活动等，企业可以向员工传递其核心价值观和行为准则，帮助员工理解和认同企业文化。

第二节　企业文化的结构与作用

一、企业文化的结构

企业文化的结构指的是企业文化的构成、形式、层次、内容和类型等各要素之间的比例关系和位置关系，它具体表明了各个要素如何相互联系并形成企业文化的整体模式。企业文化的层次结构一般可以分为企业物质文化、企业行为文化、企业制度文化和企业精神文化。其中企业物质文化属于表层文化；制度文化和行为文化属于中层文化；企业精神文化属于深层文化,它是企业文化的主体内容、核心部分,决定着物质文化、行为文化和制度文化(见图 8-1)。

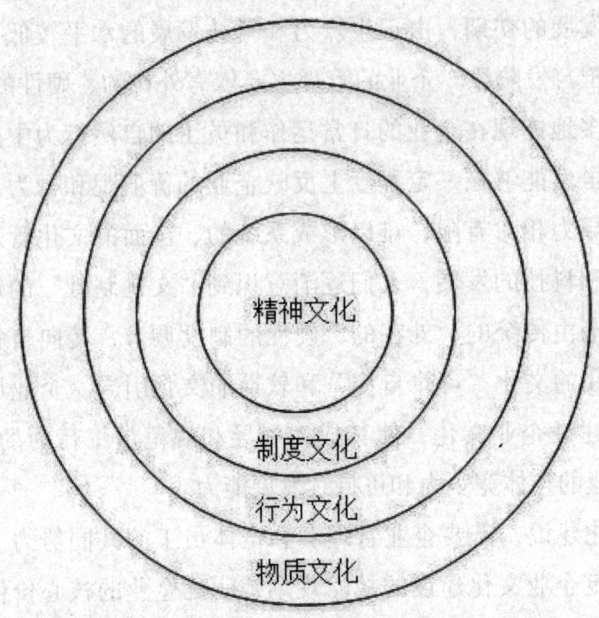

图 8-1 企业文化的层次结构

(一)企业物质文化

企业物质文化是由企业员工创造的产品和各种物质设施等构成的器物文化,它是一种以物质为形态的表层企业文化,是企业行为文化和企业精神文化的显现和外化结晶[①]。企业的物质文化包括企业生产经营的成果,即企业所生产的产品和提供的服务。这些产品和服务代表了企业的市场价值和技术水平,也体现了企业的核心价值观和经营理念。企业营造的生产环境,也是企业物质文化的重要组成部分。生产环境不仅指企业的建筑和设施,还包括技术、生产设备等。这些物质环境影响员工的工作效率和安全,也反映了企业的管理水平和文化理念。企业的物质文

---

① 马来焕.企业文化价值取向[M].北京:北京理工大学出版社,2012:28.

化还包括广告、包装与设计，以及企业的标识等。这些视觉和物质元素在很大程度上决定了企业在公众心中的形象和品牌认知。这些物质文化元素都以看得见、摸得着的具体形象和形态存在。它们是企业文化的物质载体，也是企业文化的具体表现形式。

（二）企业行为文化

企业行为文化就是企业在经营管理过程中形成、倡导的，被大多数企业人员普遍认同接受并自觉遵循实践的行为方式[①]。因此，企业行为文化是企业员工日常工作和生活的具体表现。在管理服务中，管理者的领导风格、决策方式、沟通技巧和对员工的关怀体现了企业的管理文化。在教育宣传活动中，企业通过培训和内部宣传，传递企业的价值观和经营理念，塑造员工的行为规范和职业道德；在人际关系方面，员工之间的合作、沟通、信任和尊重展示了企业的团队精神和企业氛围；在文娱体育活动中，企业通过组织各种文体活动，丰富员工的业余生活，增强员工的归属感和凝聚力。

企业行为文化既是企业文化的具体体现，也是企业文化传播和深化的重要途径。通过日常的行为和活动，企业文化得以内化为员工的思想和行为方式。从企业员工的结构来看，企业行为文化可以进一步划分为整体行为、企业家行为、企业模范人物行为和企业员工的个体行为。整体行为指的是企业全体员工在共同目标下的集体行动和表现，如企业的团队合作精神、企业文化活动等。企业家行为是指企业领导者的决策、领导方式和个人作风，他们的行为对企业文化有着重要的示范和引导作用。企业模范人物的行为是指那些在工作中表现突出、对企业文化有积极影响的员工的行为，他们往往成为其他员工学习的榜样和标杆。企业员工的个体行为是每个员工在工作和生活中的具体表现，这些个体行为汇聚在一起，形成了企业的整体行为文化。

---

① 　张振宗.企业文化管理[M].北京：中国言实出版社，2014：5.

（三）企业制度文化

企业制度文化是企业文化的重要组成部分，主要包括领导体制、组织机构和管理制度三个方面。企业领导体制的产生、发展和变化是企业生产发展的必然结果，也是文化进步的产物。企业组织机构是企业文化的载体，涵盖正式和非正式组织机构。企业管理制度是企业在生产经营管理中制定的，具有规范和保障作用的各项规定或条例。

企业制度文化是一定精神文化的产物，它必须适应精神文化的要求。企业在完善和改革各项制度时，总是在一定的价值观指导下进行的。如果企业的组织机构与企业的目标不相适应，企业目标就难以实现。因此，卓越的企业通常会根据其目标调整和优化组织机构，以应对未来的挑战，从而在竞争中取得优势。制度文化不只是精神文化的反映，还是其基础和载体，对企业精神文化起到反作用。一定的企业制度的建立，会影响人们的价值观选择，成为新的精神文化形成的基础。企业文化总是在"精神文化—制度—新的精神文化"的轨迹中不断发展、丰富和提高。另外，企业制度文化也是企业行为文化得以贯彻的保证。企业员工的生产、学习、娱乐、生活等方面都直接受到制度文化的影响。一个企业如果有严谨的管理制度和高效的组织机构，其行为文化建设会更加有序，经营作风也会更具活力和严谨性，人际关系也会更加和谐，员工的文明程度也会有所提高。

企业领导体制是制度文化的核心之一，它决定了企业的决策和管理方式。领导体制的有效性直接影响企业的战略执行和目标实现。企业组织机构是制度文化的具体体现，它包括正式的组织机构和非正式的沟通网络。正式组织机构明确了各部门的职责和权限，确保企业运作的有序性和高效性。非正式组织机构则通过员工之间的非正式交流和合作，补充和完善正式组织的功能，增强企业的灵活性和适应性。企业管理制度是企业制度文化的具体操作层面，它包括企业在生产、经营、管理中的各项规定和条例。这些制度和条例可以规范员工的行为，保障企业的运营效率和质量。例如，通过严格的质量管理制度，企业可以确保产品和服务的高质量，从而赢得客户的信任和市场的认可。

（四）企业精神文化

企业精神文化作为企业意识形态的总和，贯穿于企业的各项活动中，影响着企业的战略决策、管理模式和员工行为。企业精神文化主要包括企业哲学、企业精神、企业价值观、企业经营理念、企业作风和企业伦理准则等内容（见图 8-2）。企业精神文化的核心是企业哲学，这是企业在长期发展过程中形成的基本信念和思维方式。企业哲学指导企业的日常决策和管理实践，影响员工的工作态度和行为方式。企业精神是企业精神文化的重要组成部分，它体现了企业的奋斗目标和工作态度。企业价值观是企业精神文化的核心要素之一，它决定了企业在面对各种选择和挑战时的基本立场和态度。企业价值观包括对诚信、责任、创新、合作等基本原则的认同和坚持。企业经营理念是企业精神文化的具体体现，它指导企业在市场竞争中的战略选择和经营行为。经营理念包括企业对市场的认识、对客户的态度以及对产品和服务质量的追求。企业作风是企业在日常工作中表现出的工作态度和行为方式，它反映了企业精神文化的实际运行状况。企业作风包括团队合作、严谨务实、快速反应等方面。企业伦理准则是企业精神文化的道德规范，它约束和指导企业及其员工在经营活动中的道德行为。伦理准则包括企业对社会责任的承担、对环境保护的关注以及对员工权益的维护。

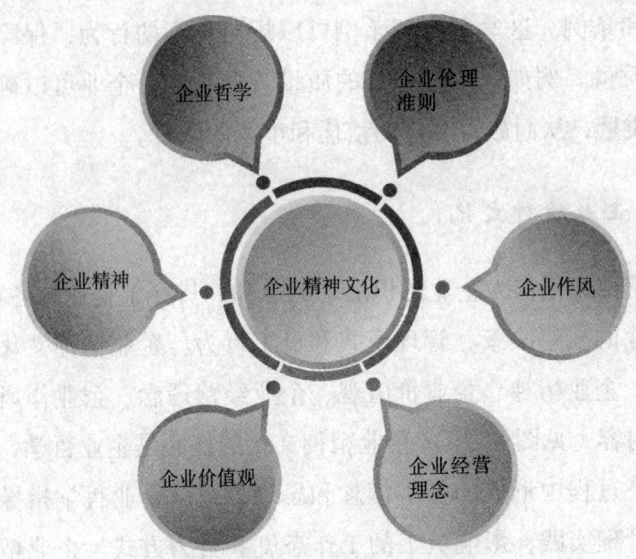

图 8-2　企业精神文化的构成

二、企业文化的作用

企业文化对企业的生存与发展具有重要作用。通过营造以人为本、创新为本的企业文化，增强员工的向心力和凝聚力，企业可以在激烈的市场竞争中立于不败之地。同时，通过加强企业文化建设，企业可以提升内部管理水平，树立良好的外部形象，吸引优秀人才，增强应对外部挑战的能力，推动企业实现可持续发展。企业文化对于新创企业的作用主要体现在以下几个方面。

（一）增强企业的核心竞争力

企业构建独特且富有吸引力的企业文化，能够提高员工的工作积极性和创造力，这是增强核心竞争力的重要因素。一种以人为本、鼓励创新的企业文化能够营造良好的工作氛围，使员工感受到企业对他们的重视和支持。这种文化环境有助于吸引和留住优秀人才，还能激发员工的潜力，使他们在工作中积极探索新方法，提出新想法，推动企业的持续创新。例如，谷歌的企业文化是自由和创新，谷歌通过提供宽松的工作环境和多样化的激励机制，激发员工的创造力，在技术研发和产品创新方面始终保持领先地位。此外，企业文化对于新创企业的团队协作和组织效率也有显著的提升作用。通过建立以合作和信任为核心的企业文化，企业可以促进员工之间的沟通和合作，形成高效的团队协作模式，提高工作效率。从外部环境上看，在竞争激烈和变化迅速的市场环境中，企业需要具备快速反应和灵活调整的能力。通过培育适应性强的企业文化，企业能够在面对市场变化和不确定性时保持敏捷性和创新性。

（二）增强企业的凝聚力、向心力

企业文化能够将不同背景和技能的员工团结在一起，形成一个目标一致、步调一致的团队。这种共同的价值观和信念可以为员工提供明确的行为准则，使他们在工作中感受到集体归属感和共同奋斗的意义。

新创企业通常面临较大的压力和不确定性，通过企业文化的引导，可以缓解员工的焦虑情绪，提升他们的工作热情和士气。例如，制订员工关怀计划、举办团队建设活动，能够加强员工之间的互动和交流，促进理解和合作，使整个团队更具凝聚力。另外，企业文化在塑造企业精神和工作作风方面也具有十分重要的作用。通过倡导积极向上的工作态度和坚韧不拔的精神，新创企业能够激励员工在面对挑战时保持坚定和乐观的心态。这种精神力量能够激发员工的潜能，使团队内部形成一种积极进取、不断超越的文化氛围，使整个团队更加紧密地团结在一起，朝着共同的目标努力。值得注意的是，领导层在企业文化建设中起着示范和引领作用。新创企业的领导者通过身体力行地践行企业文化，能够树立榜样，增强员工的信任和认同感。领导者的行为和决策方式直接影响员工的态度和行为，当领导者表现出对企业文化的坚定信念和承诺时，员工更容易受到鼓舞和激励，从而在工作中更加积极主动，形成强大的向心力。

（三）促进企业可持续发展

企业需要不断创新以适应市场变化和技术进步，而企业文化能够激发员工的创造力和探索精神，使他们勇于尝试新方法，开发新产品和服务。在鼓励创新和接受失败的企业中，员工敢于冒险，勇于创新，从而能够为企业的持续发展提供源源不断的动力。

企业文化能够促进企业的学习和成长，在企业中建立学习型组织，鼓励员工不断提升自身技能和知识水平，有助于个人职业发展的提升，增强企业的整体竞争力。定期的培训和学习交流，使员工时刻保持对行业动态和技术趋势的敏感度，为企业的发展注入了新鲜血液和前沿思想。在知识共享和团队学习的氛围中，企业能够不断优化运营和管理，提高应对市场变化的能力。另外，企业文化还在建立稳固的客户关系和社会声誉方面发挥着不可或缺的作用。一个注重客户价值和社会责任的企业文化，可以帮助企业赢得客户的信任和忠诚，提升企业的品牌形象，使企业在市场竞争中脱颖而出，为企业的长期发展奠定坚实的基础。因此，新创企业要营造良好的内部环境，在一个健康、积极、支持性的文化氛围中，员工更愿意为企业的成功而努力工作，企业也能够更好地应对外部环境的变化。通过在企业文化中强调长期战略、创新精神、学习成长、客户关系、社会责任和风险管理等，企业可以建立起坚实的发展基础，实现可持续的长期发展目标。

第三节　新创企业的文化建设原则与程序

一、新创企业的文化建设原则

（一）目标原则

新创企业文化建设的目标原则，就是要明确企业文化建设的目标和方向。明确的目标和方向可以帮助企业确立相应的价值标准、企业哲学、企业精神、道德规范和行为方式，并据此组织、动员员工为实现目标而努力奋斗。在市场竞争日益激烈的今天，企业员工队伍的素质已经成为企业能否生存和发展、企业竞争力强弱的主要标志，也是企业能否成功地进行企业文化创新与变革的决定因素。

在新创企业文化建设中，坚持目标原则能够有效地引导企业员工的认识与行为。明确的目标告诉员工工作应如何做、做到什么样子才符合企业文化的要求。目标本身具有激励性，新创企业文化目标反映着企业全员的理想信念和价值追求，反映着企业美好的发展前景和良好的文化状态，因此会对员工产生巨大的激励作用。

在管理实践中，遵循目标原则有助于企业转变管理方式，减少发号施令和监督，而更多地为下级完成目标创造条件、提供服务。通过协商制定目标，员工可以感受到自己的意见和价值被尊重，从而增强主动性和责任感。目标实现过程中以自我控制为主，评价目标时也以自我检查、自我评价为主，这种方式可以帮助员工学会自主管理、自我管理、自我激励，改变员工在管理中的被动性，增强员工的主动性及创造精神。

新创企业在进行文化建设时，遵循目标原则能够明确文化建设的方向，使得企业文化能够真正落地生根。为实现目标原则，新创企业可以采取以下措施。一是制定清晰的企业文化目标，使所有员工都能理解和认同这些目标。通过内部沟通和培训，使员工明确企业文化目标与自身工作之间的联系和意义，激发他们的参与热情和责任感。建立一套系统的绩效考核与评价机制，保证目标实现过程的公平和透明。通过绩效考核，奖励优秀员工，帮助员工认识到自己的不足，提供改进的机会和支持。二是领导层应率先垂范，践行企业文化目标，发挥榜样作用。三是定期回顾和评估企业文化建设的进展，根据实际情况进行调整和优化。通过员工反馈、绩效数据和文化评估，了解目标实现的效果，及时发现问题并加以解决。

（二）共识原则

共识是指企业内部所有成员在价值观、目标和行为准则上达成一致，能够为企业的发展提供坚实的基础和动力。

新创企业进行文化建设要坚持共识原则，是因为共识能够有效地协调企业利益和员工个人利益之间的关系。需求产生利益，人们的需求构成了利益的心理基础，利益是特定阶段人与人之间关系的反映。在企业环境中，员工的需求和利益驱动他们的行为和工作态度。企业利益和员工个人利益之间既有协调一致的时候，也有矛盾冲突的时候。当二者一致时，个人利益的最大化也意味着公共利益的最大化；当二者不一致甚至发生冲突时，解决这一问题的关键就是形成共识。达成了共识，企业就能在文化层面上统一员工的思想和行为。共识有助于减少内部矛盾和冲突，增强员工的归属感和认同感，使他们更愿意为实现企业的发展目标而努力奋斗。精神文化的共识使得员工在面对利益冲突时，能够理解和接受企业的决策，从而在整体上维护企业的稳定和发展。

企业文化的核心是精神文化，尤其是价值观。每一个员工都有其独特的价值观，如果企业内部无法达成共识，那么企业就会成为一盘散沙，无法形成整体合力，企业员工之间的凝聚力也会受到影响；而如果企业内部能够形成共识，员工之间就会产生强大的凝聚力，这种共同的认知和价值观将成为企业内部团结奋斗的基础。

当今的企业所面临的内外环境、内因和外因异常复杂多变，必须强调共识，全员参与、集思广益，使决策与管理都建立在全员智慧与经验的基础上，才能实现最合理的决策与管理。在新旧价值观、中外价值观相互影响的情况下，真正形成统一的世界观、人生观和价值观是不太可能的。这就要求企业员工在发生利益冲突时，必须抱有尊重体制和尊重他人利益的妥协精神。只有在这种精神的指导下，才能取得双方共赢的结果，使企业在复杂多变的环境中保持稳定和持续发展。

坚持共识原则有助于新创企业在文化建设过程中，吸收和整合来自不同背景、不同价值观的员工的智慧和经验。通过全员参与，企业能够集思广益，制定出最符合企业实际情况和发展需求的决策和管理措施。这不仅能提高决策的合理性和科学性，还能增强员工的归属感和参与感，使他们更加积极主动地投入企业的发展中去。另外，共识原则还能够帮助企业在利益冲突中找到平衡点，实现双赢。员工在面对利益冲突时，通过尊重体制和他人利益，达成妥协和共识，可以有效化解矛盾，增强团队合作精神，推动企业和员工共同发展。

新创企业在进行文化建设时，贯彻共识原则的方法主要有以下两点。一是充分发挥文化网络的作用，传递所倡导的价值观，并通过各种趣闻、故事、习俗和习惯等具体形式，使这些价值观深入人心。文化网络是企业内部信息传播的重要渠道，它可以用于正式的企业沟通，还可以用于非正式的交流和互动。例如，可以通过企业内网、社交媒体平台和内部刊物等，分享和宣传企业的核心价值观、成功案例以及员工的优秀表现。通过这些途径，员工可以更好地理解和认同企业的文化理念，增强信息共享，这也有助于全员达成共识。二是建立参与型的管理文化。实行必要的分权体制和授权机制，可以充分体现群体意识，促进共识文化的形成。在参与型管理文化中，员工是决策过程的参与者和贡献者。企业可以鼓励员工参与决策、提出建议和意见，集思广益，利用全体员工的智慧和经验，提高决策的科学性和合理性。授权机制让员工感受到被信任和重视，激发了他们的积极性和创造力，增强了他们对企业的认同感和归属感。在实际操作中，企业可以通过建立各种形式的员工参与机制来实现这一目标。例如，定期举行全员会议、设立员工委员会、开展头脑风暴会和建议征集活动等，都是有效的方法。

（三）创新原则

新创企业文化建设必须遵循创新原则，因为创新是推动企业发展的核心动力。在思维、组织与制度、管理、营销和文化等方面进行持续创新，能够使企业不断提升竞争力，适应市场变化，在激烈的市场竞争中立于不败之地。

企业文化创新的表现主要体现在对原有企业文化的有机整合方面。这种整合具体表现在以下几个方面。一是对本土传统企业文化进行吸收转化，吐故纳新，使自己的企业文化成为一种基本的文化。企业在继承本土文化精髓的同时，结合现代企业管理的需求，对传统文化进行改进和创新，使其更加符合企业的发展方向和经营理念。例如，中国传统的"以人为本"思想在现代企业管理中被广泛应用，通过重视员工的价值和福利，增强企业的凝聚力和向心力。二是对外来企业文化进行有借鉴的吸收。企业在引进和学习国外先进管理经验和文化理念时，不是简单的照搬照抄，而是结合自身的实际情况，进行有针对性的改进和应用。三是企业与企业之间的合作、兼并。通过合作和兼并，不同企业的文化进行碰撞和融合，形成新的企业文化。在这一过程中，原有的企业文化往往会经历一轮革命，企业组织文化、决策文化、动力文化、管理文化等各个方面都会得到重新整合和优化。四是企业内部变革。通过内部的改革和创新，企业能够打破旧有的思维模式和管理方式，建立更加高效、灵活的管理体系。例如，引入新的管理工具和技术、优化流程管理、促进团队协作等，都是企业文化创新的具体表现。这种变革能够提高企业的管理效率，增强员工的创新能力和主动性，促进企业的持续发展。

新创企业进行文化建设时，需要建立一个开放和包容的文化环境，鼓励员工提出新想法和创新建议。此外，企业应注重引入和应用前沿技术和管理工具，以提升管理效率和竞争力。利用大数据分析、人工智能和云计算等现代技术，企业在决策过程中会变得更加科学和高效。这有助于提高企业的运营水平，为员工提供更多的创新平台和资源支持。在企业文化的传播和推广过程中，企业可以采用多样化的方式和渠道，如内部培训、企业内刊和社交媒体等，持续传递企业的创新理念和文化价值。通过这些方式，员工可以更好地理解和认同企业的创新精神，并在日常工作中自觉践行和推广这种精神。企业还应重视跨部门和跨团队的协作与交流，通过定期组织跨部门项目和交流活动，促进不同团队之间的知识共享和经验交流。这种跨团队合作能够激发更多的创新灵感，增强员工之间的协作精神和凝聚力。

二、新创企业的文化建设程序

建设企业文化是一项复杂的系统工程，一种优秀的企业文化需要企业有意识、有目的、有组织地进行长期的倡导、提炼、强化和总结。因此，在建设企业文化的过程中，必须根据企业文化发展规律的要求，按照科学的程序和原则办事，克服主观盲目性，增强自觉性。只有按照系统化、科学化的步骤，新创企业才可以在激烈的市场竞争中，形成独特而坚实的文化基础，激发员工的积极性和创造力，从而推动企业的持续发展和长远成功。也只有经过规范而有序的文化建设，新创企业才能真正打造出具有竞争力和吸引力的企业文化。

创建企业文化的程序，一般包括以下几个阶段（见图 8-3）。

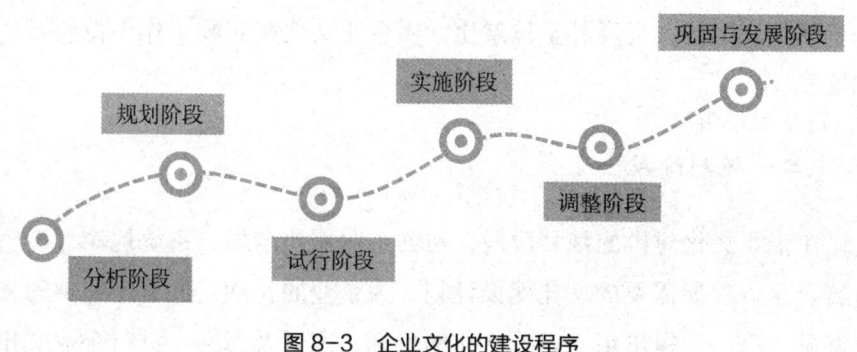

图 8-3　企业文化的建设程序

（一）分析阶段

在企业文化建设的分析阶段，初创企业需要重点分析以下几个方面的内容。一是创业者和创业团队的文化背景以及相关合作者、消费者的文化背景。建设企业文化要了解团队成员的个人经历、教育背景、职业经历以及他们的文化价值观和行为方式。这些因素影响企业文化的初步形成，对企业未来的发展方向和战略制定具有重要影响。了解相关合作者和消费者的文化背景有助于企业在市场中建立有效的沟通和合作机制，增强客户满意度和忠诚度。二是企业内部成员及相关合作者的价值观。初创企业要对员工和合作伙伴的价值观进行调查和研究，了解他们对企业目标、行为准则和工作方式的看法和期望。这有助于企业制定符合大多数成员价值观的文化策略，增强内部凝聚力和协作精神，保证文化建设的有效性和可持续性。三是企业文化战略在企业发展战略中的地位。初创企业应将企业文化视为整体战略的一部分，将其融入企业的长期发展规划中。通过分析企业文化战略在企业发展中的重要性，企业可以更好地制订和实施文化建设计划，保证企业文化与发展目标一致，并推动企业持续健康发展。四是企业员工与利益相关者的素质。初创企业需要评估员工和利益相关者的能力、经验、职业素养以及他们对企业文化的适应性和认同感。这有助于企业在文化建设过程中，有针对性地对员工进行培训和引导，提高其整体素质，使企业文化在实际工作中得到贯彻和落实。

（二）规划阶段

在企业文化建设的规划阶段，初创企业需要全面、系统地制订出一套符合企业发展需要的文化建设计划，为企业的长期发展奠定坚实的文化基础。第一，提出创立企业文化的目标、宗旨及意义，进行企业文化定位。企业需要全面分析企业的核心业务、市场定位以及长期发展目标，从而明确企业文化在企业发展中的角色和作用。第二，确立企业的价值观。价值观是企业文化的基石，它指导着企业的经营管理和员工行为。初创企业需要结合自身特点和市场需求，制定一套能够引导员工行为、提升企业形象的核心价值观。这些价值观要反映出企业的基本信念和原则,并具有一定的前瞻性和适应性,能够在企业发展的不同阶段发挥指导作用。第三,企业精神、企业哲学和文化信念等精神文化目标的确定。这些精神文化目标是企业价值观的具体体现,能够激发员工的工作热情和创新动力。初创企业应在广泛征求员工意见的基础上,结合企业的实际情况,提出一套能够鼓舞士气、凝聚人心的精神文化目标。这些目标需要简明扼要、易于理解,并且能够在企业内部广泛传播并得到普遍认同。第四,根据企业发展的战略目标,明确物质文化要达到的指标。物质文化包括企业的办公环境、生产设施、产品设计等具体内容,它们直接影响员工的工作效率和企业的外部形象。初创企业需要设定明确的物质文化建设指标,如办公环境的设计标准、生产设施的配置要求、产品设计的创新方向等。第五,提出切实可行的行为方案。行为方案是实现企业文化目标的具体措施和步骤,包括员工培训计划、文化活动安排、管理制度制定等。初创企业需要结合实际情况,制定一套详细的行为方案,使文化建设目标能够在具体行动中得到落实。这些行为方案要具有可操作性和一定的激励性,能够吸引员工积极参与企业文化建设,提高他们的认同感和归属感。

(三)试行阶段

在企业文化建设的试行阶段,初创企业需要按照之前制定的建设方案进行实际操作,以保证方案的可行性和适应性。在这一过程中,一旦发现某些部分存在问题或不适应,需要及时进行修改和调整。

企业可以在企业的各个部门试行规划,通过问卷调查、座谈会等方式,收集员工对试行方案的反馈和意见。这些反馈信息是评估方案效果和发现问题的重要依据。根据收集到的反馈信息,企业需要对建设方案进行修改。选择试验部门进行试行,并认真做好过程跟踪,可以保证修改后方案的有效性。企业要进一步完善和优化文化建设方案,使其更加符合实际需求和员工期望。在对方案进行进一步修订后，企业需要再次进行试行。这个过程可能需要反复多次，直到方案得到普遍认可和接受为止。

（四）实施阶段

在实施阶段，企业需要对全体员工进行全面的文化培训，包括对企业核心价值观、使命、愿景、行为准则等内容的详细讲解，使每一位员工都能够理解和认同企业文化的核心理念。通过培训，员工能够清晰地了解企业文化的具体内涵，并在日常工作中自觉地践行这些文化理念。企业还应通过各种内部沟通渠道，如企业内网、公告板、企业内刊等，持续传播和强化企业文化。这些渠道可以用来分享成功案例、员工故事和文化活动，增强员工对企业文化的认同。企业领导层在这一阶段需要发挥表率作用，通过自身的言行示范带动员工，树立企业文化榜样。

在日常管理中，企业需要将文化建设融入各项管理制度和流程中。例如，在绩效考核中引入文化评价指标，将员工的行为和绩效与企业文化挂钩，激励员工按照企业文化的要求进行工作。通过建立公平、透明的绩效考核机制，企业可以有效地引导和规范员工行为，使企业文化在实际工作中得到贯彻执行。企业还应定期组织文化活动，如团队建设活动、文化交流会、主题讲座等，通过丰富多彩的文化活动，不断强化员工对企业文化的认同感。

（五）调整阶段

在调整阶段，企业需要及时对文化的执行情况进行跟踪评估，使企业文化的实施符合预期目标并持续改进。评估过程中，企业需要收集广泛的反馈信息，包括员工对文化建设的认知和接受程度、对文化活动的参与度以及企业文化对工作绩效和团队合作的影响。这些信息可以通过问卷调查、座谈会、一对一访谈等多种方式获取。根据评估结果，企业应对文化建设过程中发现的问题进行详细分析，找出原因并制定相应的改进措施。例如，如果发现某些文化理念未能在员工中得到广泛认同，企业就应加强相关培训和宣传，帮助员工更好地理解和接受这些理念；如果某些文化活动未能达到预期效果，企业可以调整活动形式和内容，以提高员工的参与度和积极性。

在调整阶段，企业还需要根据实际情况对文化建设的整体规划进行适时调整。通过定期回顾和总结文化建设的进展，企业可以发现哪些方面需要改进，哪些方面需要加强。通过不断优化文化建设的策略和方法，确保文化建设始终朝着健康、稳定、正确的方向发展。此外，企业在调整阶段还应保持灵活性和适应性，根据外部环境的变化和企业自身的发展需求，及时调整文化建设的重点和方向。例如，在市场环境发生重大变化时，企业应根据新的市场需求和竞争态势，调整企业文化的定位和策略，以保持企业的竞争力和市场适应能力。

（六）巩固与发展阶段

在巩固与发展阶段，企业需要通过系统化的措施，将企业文化深深植入企业的日常运营和管理中，使其成为全体员工共同遵循的行为准则和价值观。企业可以通过持续的培训、内部宣传和文化活动，不断强化员工对企业文化的认知和认同。在巩固的基础上，企业应进一步突出自身的文化特色，通过挖掘和展示企业文化中的独特元素，在市场中形成鲜明的文化品牌。企业文化应在企业的各项管理和运营中起到积极的引导和激励作用。例如，通过将企业文化融入绩效考核、激励机制和员工发展计划，企业可以激发员工的积极性和创造力，提升员工的整体工作效率，增强团队合作精神。同时，企业文化还应在企业的对外合作、客户服务和市场推广中发挥作用，提升企业的外部形象和市场影响力。

企业文化在发展的过程中，也需要不断创新。通过引入新的管理理念、技术手段和文化元素，企业可以保持文化的活力和适应性。在巩固与发展阶段，企业还应注重文化的传承与创新的平衡。一方面，要保持企业文化的核心价值观和基本原则的稳定性，使其在企业的各个发展阶段都能发挥作用；另一方面，要根据企业的发展需求和外部环境的变化，不断对文化内容和形式进行创新和调整，使其与时俱进，保持鲜活的生命力。

思考与练习

1. 分析企业文化的基本特征。

2. 讨论企业文化的一般结构。

3. 设计一个企业文化建设的执行方案。

4. 探讨企业文化对新创企业发展的能动作用。

5. 讨论新创企业构建企业文化的方法。

6. 分析一个企业文化建设的案例。

第九章　新创企业的运营管理

学习目的：

★ 了解组织设计的原则与程序

★ 学习新创企业人力资源管理的方法

★ 掌握新创企业市场营销策略

★ 熟悉新创企业财务管理的具体内容

重点与难点：

★ 新创企业人力资源管理的实施

★ 新创企业营销管理的过程与策略选择

★ 新创企业财务管理的重要地位

第一节　组织设计与人力资源管理

一、组织设计

组织设计是指进行专业分工和建立使各部分之间有机地协调配合的系统的过程，就是对组织开展工作、实现目标所必需的各种资源进行安排，以在适当的时间、适当的地点把工作所需的各方面力量有效地组合到一起的管理活动过程①。为实现企业目标，初创企业必须依据一定的原则和方法，合理规划和设置组织结构、权责关系、工作流程和协调机制。组织设计是对组织活动和组织结构的设计过程，主要集中在组织结构的设计上，因为组织设计的结果通常表现为具体的组织架构形式。进行组织设计，要确定的组织架构内容包括工作职务的专业化、部门划分、直线指挥系统与职能参谋系统的相互关系等工作任务的组合。此外，还需要建立职位权限、指挥系统和控制幅度，确定集权与分权的机制以及最有效的协调手段。这些要素共同构成了组织内部人员和工作流程的框架，保证各部门和员工在组织中的角色和职责明确，工作流程顺畅，沟通协调有效，从而提升组织的整体效率和效能。

（一）组织设计的原则

1.目标导向原则

组织设计的全部工作必须以实现企业目标为出发点和归宿点。在组织设计过程中，无论是工作内容的安排、岗位责任和权力的分配，还是考核标准、程序和方法的制定，都应围绕实现企业的战略目标进行。任务和目标是组织存在的核心，组织的每一部分和每个成员都肩负着实现这些任务和目标的责任。因此，组织机构的设置应以工作任务为中心，根据具体的工作需求设立相应的机构、岗位和职务，并配备适宜的管理人员。这样，人和事能够高度配合，使每项任务都能得到有效执行。相反，如果组织设计仅仅为了安置人员，而不是基于实际任务和目标的需要，就会导致人浮于事，资源浪费，降低整体效率。组织设计必须避免这种因职找事的现象，使每个岗位都具备明确的职责和任务，人员配置能够有效满足实际需求。

另外，当企业的目标任务发生重大变化时，组织机构也必须相应调

---

① 王卫，尚晓燕.管理学[M].杭州：浙江大学出版社，2019：164.

整和变革，以适应新的目标要求。外部环境的变化、市场条件的变化或企业战略的调整，都会导致企业目标的变化。在这种情况下，组织设计必须及时进行调整，包括重新划分工作内容和岗位责任、调整部门设置和权力分配、更新考核标准和工作程序等。

2. 分工协作原则

分工是将组织的任务和目标根据不同专业和性质划分为不同层次的部门或个人的单项任务或目标，并规定完成各自任务或目标的基本手段和方式。协作是规定各部门之间或部门内部的协调关系和配合方法。

在分工方面，企业需要保证分工的合理性。过粗的分工会导致专业优势难以充分发挥，而过细的分工则可能导致管理复杂度增加和效率降低。合理的分工能够让每个部门和岗位员工专注于特定领域，发挥专业特长，从而提高整体工作效率和质量。在协作方面，企业需要注重纵向和横向的协调作用。纵向协作是指上下级之间的协作关系，指令和信息能够在不同层级之间有效传递。横向协作是指同级各部门之间的协作关系，各专业职能部门能够相互配合，共同完成组织目标。没有有效的协作，仅有分工的管理，企业将失去秩序和效率。因此，建立明确的协作机制和沟通渠道是组织设计中不可或缺的一部分。

另外，适当丰富员工的工作内容也是分工协作原则的重要体现。有时，丰富员工的工作内容，如让他们参与到不同类型的任务中，不仅不会增加工作压力，反而会减少精神压力，提升其工作状态。例如，让电梯服务员和其他简单工作的工作人员每两小时换一次班，可以让双方都感到工作状态更好，进而提高整体工作效率和员工满意度。在设计组织结构时，初创企业需要考虑如何最大限度地利用资源，避免资源浪费和重复劳动，明确各部门和岗位的职责和任务，让每个成员都知道自己的角色，从而提高整个组织的协调性和运作效率。

3. 责权对等原则

对于每个管理层次上的各个职位，在赋予具体职位权限的同时，也要规定与该职务职权相对应的职责范围。只有当权力和责任相匹配时，员工才能有效地履行自己的职责，从而提高工作效率和组织的整体绩效。如果一个职位拥有的权力超过了其应承担的责任，可能会导致滥用职权和管理混乱；相反，如果责任超过了权力，员工将无法有效完成任务，导致工作效率低下和士气下降。因此，权责对等是实现高效管理和形成良好工作环境的基础。

新创企业遵循责权对等原则，是为了在组织初期阶段建立一个清晰、合理和有效的管理体系。创业初期资源有限，组织结构需要灵活高效，每个职位的设置和职能分配必须科学合理。通过明确的权责分配，企业可以使各个层级和岗位上的员工知道自己的职责和权力范围，从而避免职责不清、管理混乱的问题。

为了实现责权对等，企业需要明确各职位的职责范围和权限。企业应通过岗位分析和职责描述，详细定义每个职位的工作内容、职责范围和权限。这样，员工在履行职责时就有了明确的指导和依据。同时，企业还应建立相应的绩效考核和反馈机制，使员工在行使权力的过程中，能够有效地承担责任和义务。在设计组织结构时，企业还应考虑各部门和岗位之间的协调和配合，建立清晰的指挥系统和工作流程，使每个职位的职责和权限相互衔接，形成一个有机整体。这样，员工在行使权力和履行职责时，可以得到其他部门和岗位的支持和配合，提高整体工作效率。

4. 统一指挥原则

统一指挥原则是新创企业进行组织设计的基本原则之一。通过建立明确的指挥系统和沟通渠道，保证上下级之间的权力和责任清晰分明，企业能够提高工作效率，避免管理混乱，为实现长期稳定发展奠定坚实的基础。

初创企业要建立一个清晰、明确的指挥系统，使得每一位员工都能准确理解和执行上级的指令。这有助于提高工作效率，还能避免指挥混乱导致的矛盾和冲突。在一个明确的指挥系统中，各部分权责分明，各司其职，有助于形成一个高效、协调的工作环境。新创企业遵循统一指挥原则，主要目的是确保企业在初期发展阶段能够高效地运作和决策。创业初期，企业内部组织架构相对简单，但同时面临着市场变化快、资源有限等诸多挑战。只有建立一个明确的指挥系统，企业才能够快速响应市场变化，及时调整策略，从而在竞争中保持优势。为此，企业需要建立有效的沟通渠道，使上下级之间的信息传递畅通无阻。通过定期的会议、报告和沟通平台，企业能够及时传达指令和反馈信息，使员工准确理解和执行上级的决策。此外，建立规范的沟通流程，还能避免信息传递中的误解和延误，提高整体工作效率。在实际操作中，企业还应避免越级指挥的现象。上级领导应通过正式的指挥系统下达指令，而不是直接越过中间管理层指挥下级，这样才能维护组织结构的严肃性和规范性，有效避免越级指挥导致的管理混乱和责任不清。

5. 管理宽度原则

管理宽度，也称为管理跨度或控制幅度，是指一个管理者在有效管理和监督下属的情况下，能够直接领导的下属人数。管理宽度的大小直接影响组织结构的层级数目和整体的管理效率。组织机构的高层领导通常管理 4～8 人，而机构的低层领导管理范围可以扩大到 8～15 人。

初创企业在进行组织设计时，需要遵循管理宽度原则，使每个管理者都能有效地监督和指导其下属，从而提高组织的整体效率。遵循管理宽度原则，有助于避免过多的管理层级，减少沟通障碍，提高决策速度和灵活性。

在实际操作中，确定管理宽度需要综合考虑多个因素，包括工作的复杂性和性质、下属的能力和经验、管理工具和技术的使用情况、组织文化和管理风格等。如果管理的工作内容较为复杂、专业性较强，管理者需要投入更多的时间和精力去指导和监督下属，这时管理宽度应相对较小；相反，对于较为简单和重复性的工作，管理宽度可以适当扩大。经验丰富、能力较强的下属通常能够更好地自我管理和解决问题，因此管理者可以负责更多的下属；对于新手或能力较弱的员工，管理者需要给予更多的指导和支持，这时管理宽度应相对较小。另外，管理工具和技术的使用也是影响管理宽度的重要因素。现代信息技术和管理工具能够帮助管理者更高效地监控和指导下属，如通过项目管理软件、协作工具等，可以实时了解下属的工作进展和问题，从而扩大管理宽度。在强调自主和创新的组织文化中，管理者可以赋予下属更多的自主权，减少直接的干预和控制，这样可以扩大管理宽度；而在集权型和控制型的管理风格中，管理者需要密切监督下属的工作，这时管理宽度应适当缩小。

6. 弹性结构原则

组织结构应具备灵活性和适应性，能够根据内外部环境的变化及时调整，保持高效运作和竞争力。初创企业要避免僵化和过于固定的组织形式，因为初创企业面临的不确定性和变化因素较多，如市场需求的迅速变化、技术的快速迭代、客户偏好的变动等。如果组织结构过于僵化，就难以快速调整和响应变化，企业将无法抓住市场机会，甚至可能在激烈的竞争中失去优势。因此，企业需要设计一种能够灵活应对变化的组织结构。

（二）组织设计的程序

组织设计的程序一般包括以下三个步骤（见图 9-1）。

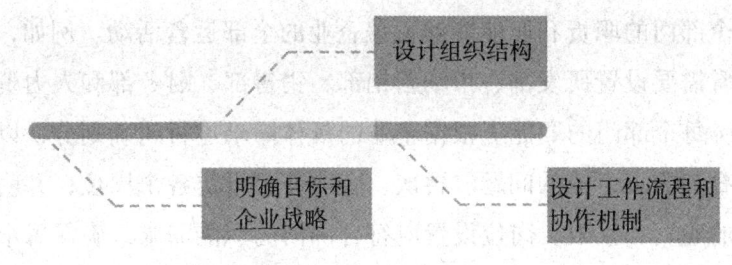

图 9-1　组织设计的程序

1. 明确目标和企业战略

　　明确目标和企业战略是重要的基础工作，也是保障管理有效的必要步骤。企业需要清晰定义其战略目标和愿景，明确企业的长期和短期目标。这些目标将成为组织设计的指导方针，确保所有的设计工作都围绕实现这些目标展开。同时，企业需要详细分析当前所要做的事情以及未来可能出现的变化，并为此做好准备，包括对企业的核心业务、产品和服务、市场定位、客户需求等方面的深入了解。通过明确这些关键业务领域，企业可以确定哪些部门和岗位是实现目标所必需的，从而为组织设计奠定基础。此外，企业还需要全面评估当前的内外部环境和条件。内部环境包括企业的资源、能力、员工素质、企业文化和现有的组织结构等；外部环境则涵盖市场趋势、竞争态势、法律法规和宏观经济因素等。通过充分搜集、整理和评估这些信息，企业可以了解其在市场中的位置、面临的挑战和机遇以及内部资源的配置情况。

2. 设计组织结构

　　这一阶段的重点是确定企业的整体架构和各个部门的设置，并明确每个部门的职责和职能。首先，企业需要选择适合自身发展的组织形式，如职能型结构、事业部型结构、矩阵型结构等。不同的组织形式具有不同的优缺点，选择哪种形式取决于企业的战略目标、业务性质和市场环境等因素。其次，企业需要进一步细化组织结构。具体来说，就是明确各个部门的设置及其职能。部门设置应以业务流程和工作内容为基础，确保每个部门的职责和职能能够覆盖企业的全部运营活动。例如，初创企业通常需要设置研发部、市场营销部、销售部、财务部和人力资源部等部门。每个部门的职能应根据企业的具体需求进行明确划分，以避免职能重叠和职责不清的问题。再次，企业需要设定各个岗位，并明确每个岗位的职责和权限。岗位设置应符合部门的职能需求，确保每个岗位都有明确的工作内容和责任范围。同时，企业还应规定每个岗位的权限，以便岗位人员能够有效完成工作任务。明确的岗位职责和权限不仅能提高工作效率，还能防止管理混乱和职责不明的情况发生。最后，企业还需要建立明确的指挥链条和汇报关系。指挥链条是指上下级之间的权力和责任关系，汇报关系则是指信息传递和决策执行的路径。明确的指挥链条和汇报关系可以确保信息和指令在组织内部的高效传递和执行，避免信息传递中的延误和失真。

对于新创企业来说，组织结构的选择和设计与成熟企业有所不同。初创企业通常需要根据其创业初期的资金、技术、市场规模等情况，选择合适的组织结构（见表9-1）。一般来说，初创企业应选择较为简单和灵活的组织结构，以便迅速适应市场变化和内部调整。然而，对于那些起步平台较高的初创企业，从一开始就设计成较为复杂的组织结构也是可行的。在企业成长过程中，组织结构也应随时调整，以适应不断变化的内外部环境，确保企业的长远发展和竞争力。

表9-1　各组织结构形式的比较

组织结构形式	优点	缺点	适用企业
直线制组织形式	管理简洁、责任明确、决策快速	缺乏专业职能部门支持，难以应对复杂业务需求	小型初创企业，业务较为单一的企业
职能制组织形式	提高业务处理的专业性和效率	各职能部门之间协调困难，管理层需投入更多精力	业务复杂但规模较小的企业

续　表

组织结构形式	优点	缺点	适用企业
直线—职能制组织形式	结合直线制和职能制优点，管理效率和业务处理能力提高	指挥链条复杂，需协调直线与职能部门的关系	规模扩大、业务复杂化的企业
矩阵组织形式	人力资源利用灵活，提高项目执行效率	指挥链条复杂，员工需向多个上级汇报，增加管理难度	项目导向、业务复杂的企业
分权事业部制组织形式	各事业部独立运营，提高灵活性和整体运营效率	需要高管理能力和协调机制，避免资源浪费和冲突	创业启动资金充足、技术先进、市场规模较大的企业

直线制组织形式是一种简单且明确的组织结构，适用于小型初创企业。在这种组织结构形式下，每个员工只需向一个上级汇报，指挥链条清晰明确，有助于快速决策和执行。这种结构的优点是管理简洁、责任明确，适合初期规模较小、业务较为单一的企业。然而，随着企业的成长和业务的扩展，直线制的局限性会逐渐显现，如缺乏专业职能部门的支持，难以应对复杂的业务需求。对于那些创业启动资金充足、技术先进、市场规模较大的企业，可以考虑从一开始就设计成分权事业部制的组织形式。

分权事业部制组织形式允许各事业部在一定程度上独立运营，拥有自己的市场和产品线，各事业部负责自己的利润和损失。这种结构的优点是灵活性高，各事业部能够根据市场需求快速做出反应，提高整体运营效率。此外，分权事业部制还可以促进内部竞争，激发创新活力，提高企业整体竞争力。然而，这种结构要求较高的管理能力和协调机制，以避免各事业部之间的资源浪费和冲突。

职能制组织形式适合业务复杂但规模较小的企业。在这种组织形式中，企业按职能划分部门，如研发、生产、市场营销、财务等。职能制组织形式能够充分发挥专业职能部门的优势，提高业务处理的专业性和效率。然而，职能制容易导致各职能部门之间的沟通和协调困难，管理层需要投入更多精力进行协调和整合。

直线—职能制组织形式结合了直线制和职能制的优点，在企业规模扩大、业务复杂化时适用。这种组织形式既保持了直线制指挥链条清晰的优点，又引入了职能部门提供专业支持，提高了整体管理效率和业务处理能力。

矩阵组织形式适用于项目导向、业务复杂的企业。这种结构形式允许员工在不同的项目或部门之间灵活流动，充分利用人力资源，提高项目执行的效率和灵活性。然而，矩阵组织也可能导致指挥链条复杂化，员工需要同时向多个上级汇报，增加了管理难度。

立体多维组织是较为复杂和高级的组织结构形式，适用于大型跨国企业或业务极为复杂的企业。它通过多个维度，如地域、产品、客户群等进行管理，能够应对复杂的业务环境。然而，这种结构对管理能力和信息系统的要求极高，不适用于一般的初创企业。

在创业初期，企业管理层通常处于一个层次，总经理与各部门之间没有层次障碍。创业者可以直接深入一线，普通员工也可以直接与创业者对话。这种直接沟通的模式是创业初期的必要措施，因为它能够快速响应市场变化、及时解决问题，并在一定程度上节省人力成本。然而，这种模式虽然有助于控制和管理，但也会带来一些漏洞和风险。在创业初期，创业者常常需要身兼多职，以应对有限的人力资源。然而，有些职位是不能由同一个人担任的。例如，出纳与采购或销售人员不能由一个人担任，因为这可能导致财务透明度和资金安全的问题。出纳与库管也不能由一个人担任，因为这可能引发库存管理和资金流动的风险。出纳与会计也不能由一个人担任，因为这可能使财务数据的真实性和准确性受到影响。此外，创业者不宜担任出纳，以避免利益冲突和风险。随着企业的成长，组织结构需要不断调整和优化，以适应企业的发展需求和市场环境的变化。创业者需要逐步引入专业管理人员，设置分工明确的岗位，建立更加规范和科学的组织结构，包括引入专业的财务人员、市场人员、技术人员和管理人员，确保各个业务环节都有专业的人员负责，提升整体运营效率和管理水平。

为了确保企业的持续发展和竞争力，创业者还需要在组织结构创新的同时，推动技术创新、市场创新和管理创新。组织创新包括引入新的管理模式和组织结构，如分权制、矩阵制等，以提高企业的灵活性和适应能力；技术创新包括不断开发新产品和提升生产技术，以保持技术领先和产品竞争力；市场创新包括探索新的市场机会和营销策略，以扩大市场份额和客户群体；管理创新包括优化管理流程和制度，提升管理效率和效果。

3. 设计工作流程和协作机制

建立高效、流畅的工作流程和明确的协作机制，能够提高企业的整体工作效率和协作效果。企业需要详细描绘从任务接收到完成的全过程，包括各个环节的具体操作、责任部门和负责人员。例如，从产品研发到市场推广，再到销售和售后服务，每个阶段的具体工作内容和步骤都需要详细定义。通过明确各个步骤和责任人，企业可以使每项工作都有明确的指引和执行者，避免职责不清和工作重叠的问题。在设计工作流程时，还需要考虑流程的简化和优化，尽量减少不必要的步骤和环节，避免烦琐的流程影响工作效率。通过流程优化，企业可以缩短任务完成时间，提高整体运作效率。此外，还应设立明确的时间节点和关键绩效指标（KPI），以便对流程的执行效果进行监控和评估，确保工作流程的高效运行。

设计协作机制的核心是建立各部门和岗位之间的沟通和合作机制，确保信息和资源能够在不同部门和岗位之间顺畅流动。企业应明确各部门之间的协作关系和配合方式。在部门内部，也需要建立有效的协作机制。明确团队成员的角色和职责，设立清晰的工作分工和合作方式，确保团队内部工作的高效协调。定期召开团队会议和建立沟通机制，可以帮助团队成员及时交流工作进展和问题，促进团队协作和问题解决。

二、人力资源管理

（一）工作分析与招聘

1.工作分析

工作分析是根据工作的性质、繁简难易、责任重轻以及执行工作所应具备的知识、技能和经验，制定完成工作所必需的任职资格条件。对于初创企业来说，创业者需要特别认真对待工作分析，因为用人上的错误（尤其是关键岗位用人的错误）极可能导致创业的失败。

在工作分析的过程中，需要明确工作分析的要素。这通常涉及七个关键问题：什么职务、做什么、如何做、为什么做、何时完成、为谁做，以及需要什么知识、技能或经验。对这些问题的回答帮助创业者全面了解每个岗位的具体职责和要求，从而确保岗位设置的合理性和有效性。

工作说明是工作分析的重要组成部分，包括与岗位相关的工作范围、目标、责任、权力、方法、工作联系、工作环境和人员组合。明确这些内容有助于确保每个岗位的职责和工作流程清晰、合理。同时，工作说明还需要明确任职条件，包括学历、专业、经验、技能和品德等。这些条件帮助企业筛选和招聘合适的人才，确保岗位需求与员工能力匹配（工作说明书示例如表9-2所示）。工作规范是职务分析的另一个重要组成部分，它详细描述了完成一项工作所需的技能、知识、职责和程序。这些规范需要被记录在工作手册中，作为员工培训和指导的参考。明确的工作规范不仅有助于提高工作效率和质量，还能为员工提供明确的工作指引，减少工作中的不确定性和错误。

表9-2　工作说明书示例

岗位名称	市场营销经理
部门	市场部

直接上级	市场总监		
工作地点	总公司		
工作范围	负责公司产品和服务的市场营销工作，制定市场营销策略，实施市场推广计划，提升公司品牌知名度和市场占有率		
工作目标	制订并执行市场营销计划，实现销售目标，提高市场占有率和品牌知名度		
主要职责	1. 制订年度市场营销计划并负责实施 2. 进行市场调研，分析市场趋势和竞争状况，提供市场洞察报告 3. 负责市场推广活动的策划与执行，包括广告、宣传、促销等 4. 维护和拓展市场渠道，与合作伙伴建立良好关系 5. 监控和评估市场营销活动的效果，进行数据分析并调整策略 6. 管理市场营销团队，提供培训和指导，提升团队工作效率 7. 负责市场营销预算的制定与控制，确保资源合理使用		
权力	1. 对市场营销活动的全面管理和决策权 2. 对市场营销团队的人员安排和工作分配权 3. 对市场营销预算的审批和使用权		
工作方法	1. 定期召开市场营销会议，制定和调整营销策略 2. 使用数据分析工具监控市场营销活动效果 3. 与销售、产品开发等部门密切合作，确保市场需求与产品开发的紧密结合 4. 持续跟踪市场动态，快速反应市场变化		
工作联系	内部：与销售部、产品开发部、客服部等部门协作 外部：与广告公司、媒体、合作伙伴等进行沟通与合作		
工作环境	办公室环境为主，需偶尔出差进行市场调研或参加行业会议		
人员组合	直接管理下属包括市场推广专员、市场调研员等		
任职条件	学历	市场营销、工商管理或相关专业本科及以上学历	
	专业	了解市场营销理论和实践，熟悉市场调研方法和工具	
	经验	1. 5 年以上市场营销工作经验，2 年以上市场营销团队管理经验 2. 有成功策划和执行市场营销活动的案例	
	品德	1. 诚信正直，具有高度的职业道德 2. 良好的团队合作精神和领导能力 3. 高度的责任感和执行力	

在初创企业中，进行工作分析尤为重要，因为初创企业通常资源有

限，员工需要承担多重角色和职责。工作分析可以确保每个岗位的职责和要求明确，避免职责重叠和资源浪费。同时，工作分析还可以帮助企业建立有效的绩效考核体系，确保员工的工作成果与企业的目标一致。

2. 招聘

创业通常由一个或几个人发起，他们往往难以单独承担所有技术或管理工作。特别是那些以技术为主导的创业者，如工程师，他们需要优秀的营销人员和管理人员的支持，形成一个合理的创业团队。此外，无论性质如何，企业都需要管理、技术和营销人才，以及具备各种不同能力的员工来支持企业的运营。因此，招聘合适的人才对于初创企业至关重要。

初创企业可以通过多种方式进行招聘。同学、朋友或经人介绍是一种常见的方式，这种方式的优点是员工是熟人推荐而来的，往往具有较高的可信度和可靠性。发布招聘信息也是一种有效的招聘手段，包括在各种媒体上刊登招聘广告，以覆盖更广泛的应聘者群体。直接到各大学或人才市场招聘也是一种行之有效的招聘方法，这样能够招募到具有潜力和新鲜理念的年轻人才。

对于需要的特殊人才，初创企业要采取特殊的招聘方式。比如，历史上的刘备三顾茅庐恳请诸葛亮出山的故事，说明创业者在招聘特殊人才时，不仅要展示企业的吸引力，还要表现出对人才的尊重和重视，愿意为他们提供充分施展才华的平台。对于一般员工的招聘，由于初创企业没有经营业绩可以让应聘者参考，同时应聘者对新创企业的信心较低，通常会对其发展前景持怀疑态度，因此，创业者在招聘时需要如实面对这些挑战，明确说明工作环境、条件、责任、权力、考评、薪酬和福利待遇。诚实透明的沟通有助于打消应聘者的疑虑，让他们更有信心加入企业，更好地了解和适应企业文化和工作要求。此外，初创企业在招聘过程中，还需要注重团队的多样性和互补性。一个成功的团队不仅需要有技术专长的人，还需要有市场洞察力、管理能力和执行力的人。通过

合理的职位配置和多样化的团队组合，企业可以在不同业务领域和市场
环境中保持竞争力。

（二）员工培训

　　员工培训是人力资源管理的重要组成部分，是一种人力资本投资形
式。通过系统的员工培训，企业能够使员工明确自己的任务、工作职责
和目标，提升他们的知识水平和技能，培养他们与企业目标相适应的素
质和业务能力，在使员工个人素质提高的同时，也使他们为企业创造更
大的价值。然而，对于初创企业而言，实施员工培训存在相当的难度和
挑战。在初创企业中，资源通常比较有限，特别是在资金和时间方面。
创业者需要在有限的资源条件下，实现企业的快速发展，因此对员工的
培训投入往往面临着预算不足的问题。此外，初创企业的组织结构和管
理体系尚未完全成熟，可能缺乏系统化的培训计划和专业的培训人员，
这使得员工培训的实施更加复杂。

　　尽管如此，员工培训对于初创企业来说仍是必不可少的。通过培训，
员工可以迅速了解企业的使命、愿景和核心价值观，明确自己的工作职
责和目标，这有助于提高工作效率，增强员工对企业的认同感和归属感。
培训还可以帮助员工掌握必要的知识和技能，提高他们的专业水平和工
作能力，进而提升整体的工作质量和绩效。为了克服资源限制和管理不
成熟的问题，初创企业可以采取一些灵活且高效的培训方法。例如，可
以通过内部培训和外部培训相结合的方式，充分利用现有资源。内部培
训可以由企业的核心管理人员或有经验的员工来主导，分享他们的经验
和知识，帮助新员工迅速上手；外部培训则可以通过邀请行业专家、参
加培训课程或线上学习平台来实现，这样不仅能弥补内部培训的不足，
还能带来新的视角和知识。此外，初创企业可以采用"以干代训"的方
式，让员工在实际工作中学习和成长。这种方法不仅节省时间和成本，
还能让员工在实际操作中积累经验，提高解决实际问题的能力。同时，

企业可以设立导师制度，让有经验的员工担任新员工的导师，指导和帮助他们迅速适应工作环境和任务。初创企业还可以通过建立绩效考核和反馈机制，及时评估员工培训的效果，了解员工在培训中的收获和不足，并根据反馈不断改进培训内容和方式。通过定期的绩效评估，企业可以发现员工在工作中遇到的问题和挑战，有针对性地提供进一步的培训和支持，帮助员工不断提升自己的能力和素质。

（三）绩效考评与薪酬机制

1.绩效考评

绩效考评是人力资源管理的基础，只有建立公平、公正的绩效考评制度，并确保其公正运行，才能实现公平、公正地发放薪酬、给予奖励和晋升的目标。在目标管理中，绩效考评注重目标、责任、权力、绩效和利益的五点统一。创业者需要确保每个员工的目标明确、责任清晰、权力分明，只有这样才能有效地进行绩效考评。如果目标不明确、责任不清晰、权力不分明，工作状态就会混乱无序，绩效考评也就无法进行，企业也很难创业成功。影响员工工作绩效的主要因素包括激励、技能、环境和机会。创业者需要综合考虑这些因素，制定出有效的绩效考评体系。

在实施绩效考评时，需要遵循一定的原则。员工希望自己的工作成绩得到企业的认可，并获得相应的待遇，同时希望通过努力在事业上取得成功。年轻人尤其希望在工作中发挥自己的能力并取得成就，这被他们视为事业追求的重要部分。因此，创业者不能将员工的绩效考评当作儿戏，凭感觉或主观意志任意处理，而是应科学、认真地对待绩效考评。确立绩效考评的原则和方法需要根据企业的实际情况进行调整，但基本的考评原则通常包括奖勤罚懒、公正公开、客观科学和综合全面。奖勤罚懒原则旨在激励员工勤奋工作，惩戒懒惰行为，确保工作效率；公正公开原则要求绩效考评过程透明，结果公正公开，让每个员工都能清楚地了解自己的绩效情况和考评依据；客观科学原则强调考评标准的客观性和科学性，避免个人主观因素对考评结果的影响；综合全面原则则要求考评内容全面，涵盖员工的各项工作表现，不仅仅局限于某一方面的成绩。

为了有效实施绩效考评，初创企业应制定明确的绩效考评标准和程序。考评标准应具体、可量化，涵盖工作质量、效率、态度、创新能力等方面。考评程序应包括自我评估、上级评估、同事评估等多个环节，确保考评结果的全面性和客观性。此外，企业应定期进行绩效考评，及时反馈考评结果，并根据考评结果调整员工的薪酬、奖励和晋升计划。在绩效考评过程中，沟通是至关重要的。创业者和管理层需要与员工进行充分的沟通，明确绩效考评的目的和意义，让员工了解考评标准和程序。同时，对考评结果进行反馈时，应与员工进行面对面的交流，帮助他们理解自己的优点和不足，明确改进方向。通过有效的沟通，增强员工对绩效考评的认可度，提高他们的工作积极性和自我提升的动力。

初创企业在选择考评方法时，需要将定性分析和定量分析两种方式结合起来，以适应不同岗位的特点和需求。对于管理和决策人员，初创企业应主要采用定性分析方法进行考评。这类考评主要从德、能、勤、绩四个方面进行评定，每个指标下又细分为若干个亚指标。"德"包括员工的职业道德、团队合作精神和责任感；"能"包括专业技能、创新能力和解决问题的能力；"勤"主要评估工作态度、出勤情况和工作投入程度；"绩"主要衡量工作成果和绩效表现。对于每个指标，可以分为优、良、中、差四个等级进行评价，从而形成全面的定性考评结果。对于生产和销售人员，初创企业应以定量分析方法为主、定性方法为辅进行考评。定量考评可以通过具体的数量指标来评估员工的绩效，如生产效率、销售额、客户满意度等。这些指标能够直接反映员工的工作成果和绩效表现，有助于公平公正地评估员工的贡献。此外，可以将定性方法作为补充，通过评价员工的工作态度、团队合作和客户关系等方面，形成更全面的考评结果。

考评结果对初创企业的管理和决策具有重要意义。通过公平、公正的绩效考评，企业能够激励员工提高工作效率和绩效表现，从而推动企业的发展。考评结果应及时反馈给被考评者，让员工了解自己的优点和不足，明确改进方向。对于业绩突出的员工，企业应公开进行奖励，树立榜样，激励其他员工努力工作。对于特殊岗位或特殊人员，初创企业需要灵活地体现出一定程度的差别对待。例如，对于那些才能出众但业绩不佳的员工，创业者应认真分析原因，找出问题所在，如是岗位不合适，还是缺乏必要的资源和支持，甚至是外部环境的限制。在这种情况下，企业可以考虑调整岗位或提供更多支持，帮助这些员工发挥其潜力，提高绩效表现。

2.薪酬机制

薪酬机制影响员工的生活水平和工作满意度，影响企业的吸引力和人才保留率。在设计薪酬机制时，初创企业需要考虑多种因素，包括企业的财务状况、市场竞争环境、员工的岗位职责和绩效表现等。

初创企业的薪酬机制通常包括基本工资、绩效奖金、股权激励和福利待遇等几个部分。基本工资是员工薪酬的核心部分，它通常根据员工的岗位职责、工作经验和市场薪酬水平来确定。初创企业在确定基本工资时，需要参考行业标准和市场竞争环境，确保基本工资具有市场竞争力，能够吸引和留住优秀人才。绩效奖金是对员工工作绩效的奖励，通常根据员工的绩效考评结果发放。通过设立合理的绩效奖金制度，企业可以激励员工努力工作，提高工作效率和绩效表现。绩效奖金可以按照月度、季度或年度发放，具体标准应根据员工的工作目标和绩效指标来设定。绩效奖金能够激励员工，帮助企业实现绩效目标，提高整体运营效率。另外，股权激励是初创企业吸引和留住核心人才的重要手段。通过授予员工一定比例的公司股份或期权，企业可以让员工分享企业的成长和成功。这种激励方式不仅能够增强员工的归属感和忠诚度，还能够激励员工为企业的长期发展作出更大贡献。股权激励通常适用于核心管理人员和关键技术人员，其具体方案应根据企业的实际情况和发展阶段来设计。福利待遇是薪酬机制的重要组成部分，包括保险、带薪休假、健康福利、员工培训等。完善的福利待遇不仅能够提高员工的工作满意度，还能够增强企业的吸引力和竞争力。初创企业可以根据自身的财务状况和行业标准，设计合适的福利待遇方案，确保员工的基本需求和职业发展得到充分保障。

初创企业在设计薪酬机制时，还需要考虑薪酬的公平性和透明度。公平的薪酬机制能够增强员工的信任感，激发其工作积极性，避免薪酬差异引发的内部矛盾和不满。透明的薪酬机制能够让员工清楚了解薪酬的构成和发放标准，增强对企业的信任和忠诚度。企业应建立明确的薪酬政策和管理流程，确保薪酬机制的公平、公正和透明。

第二节　新创企业的营销管理

一、市场细分

（一）市场细分的概念

市场细分是指营销者通过市场调查，依据消费者的需要和欲望、购买行为和购买习惯等方面的差异，把某一产品的市场整体划分为若干个消费者群的市场分类过程[①]。市场细分的基本原理是承认市场的异质性，即市场中的消费者具有不同的需求和偏好。企业通过市场细分，可以把具有相似需求的消费者归为一类，并针对这些细分市场制定特定的营销组合（包括产品、价格、渠道和促销），以更好地满足他们的需求。

---

① 何荣宣.现代企业管理[M].2版.北京：北京理工大学出版社，2021：181.

市场细分的标准和方法多种多样，常见的细分依据包括地理、人口、心理和行为等方面（见图9-2）。地理细分是根据消费者的地理位置进行细分，如国家、地区、城市等。例如，饮料企业可以根据不同地区的气候条件，推出适合当地需求的产品。人口细分是根据人口统计特征进行细分，如年龄、性别、收入、职业、教育水平等。例如，汽车制造商可以根据收入水平和职业类别，推出不同档次和类型的车辆。心理细分是根据消费者的心理特征进行细分，如生活方式、个性、价值观等。例如，化妆品公司可以根据消费者的生活方式和个性特点，推出不同风格的产品。行为细分是根据消费者的行为特征进行细分，如购买行为、使用情况、品牌忠诚度等。例如，电子产品公司可以根据消费者的购买频率和品牌忠诚度，推出针对性促销活动。

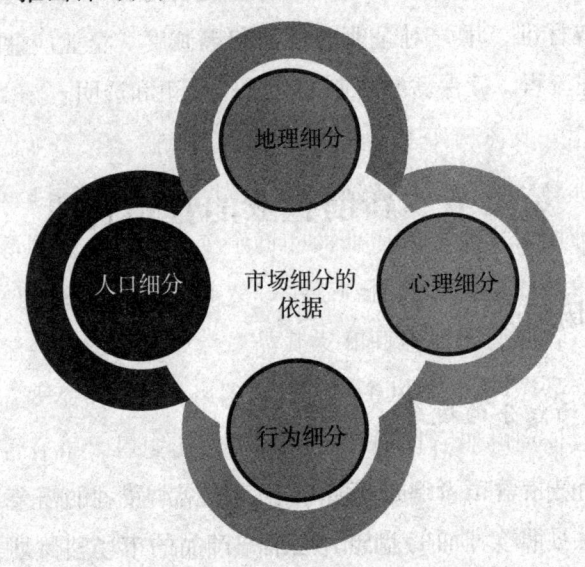

图9-2 市场细分的依据

市场细分的目的是帮助新创企业更好地理解和满足不同消费者群体的需求，提高市场营销的针对性和效果。通过市场细分，新创企业可以更精准地定位目标市场，集中资源进行市场开发和推广，避免资源浪费；制定更有针对性的营销策略，提高市场响应速度和效率；发现新的市场机会和潜在需求，推动产品创新和市场扩展；提高客户满意度和忠诚度，增强市场竞争力和品牌影响力。

（二）市场细分的要求

新创企业在进行市场细分时，应遵循以下基本要求。

1.要有明显特征

用于细分市场的特征必须是可以衡量的，只有这样，企业才能够准确地识别和分析不同的细分市场。这些特征包括地理位置、人口统计、心理特征或行为模式等。细分出的市场应具有明显的区别，各子市场之间应表现出显著的差异，而每个子市场内的成员则应具备共同的需求特征和类似的购买行为。通过这些特征的划分，企业可以更清晰地了解不同消费者群体的需求，从而制定有针对性的营销策略。

2.要根据企业实力量力而行

新创企业在选择目标市场时，必须考虑自身的资源和能力。企业所选择的目标市场应该是自己有足够能力去占领的子市场。在这个子市场中，企业能够充分发挥其人力、物力、财力以及生产、技术和营销能力。如果企业选择了一个难以占领的子市场，不仅无法充分利用企业的资源，还可能导致资源浪费，影响企业的发展和市场竞争力。因此，新创企业在进行市场细分时，需要评估自身的实际情况，选择那些能够充分利用企业资源和发挥企业能力的子市场作为目标市场。

3.要适当营利

被企业选中的子市场必须具备一定的规模，即要有充足的需求量，能够使企业有利可图，并实现预期的利润目标。细分市场的规模既不宜过大，也不宜过小。如果规模过大，企业可能无法有效覆盖和服务整个市场，导致资源浪费和管理困难，最终无法实现有效的市场占领；如果规模过小，企业则可能无法获得足够的市场需求，资源得不到最佳利用，难以确保利润。因此，细分市场的规模必须恰到好处，使企业能够在合理的范围内营利。

4. 要有发展潜力

细分市场应具备相对的稳定性，企业所选择的目标市场不仅要能够带来短期利益，还必须具备较长远的发展潜力。选择有发展潜力的目标市场能够为企业的持续发展提供动力和保障。因此，在进行市场细分时，企业需要分析和评估目标市场的成长潜力和未来趋势，避免选择那些已经饱和或即将饱和的市场。一个饱和的市场意味着竞争激烈，市场需求增长缓慢，企业难以实现可持续的发展和营利。

（三）市场细分的程序

一般来看，新创企业市场细分的程序主要包括以下内容（见图9-3）。

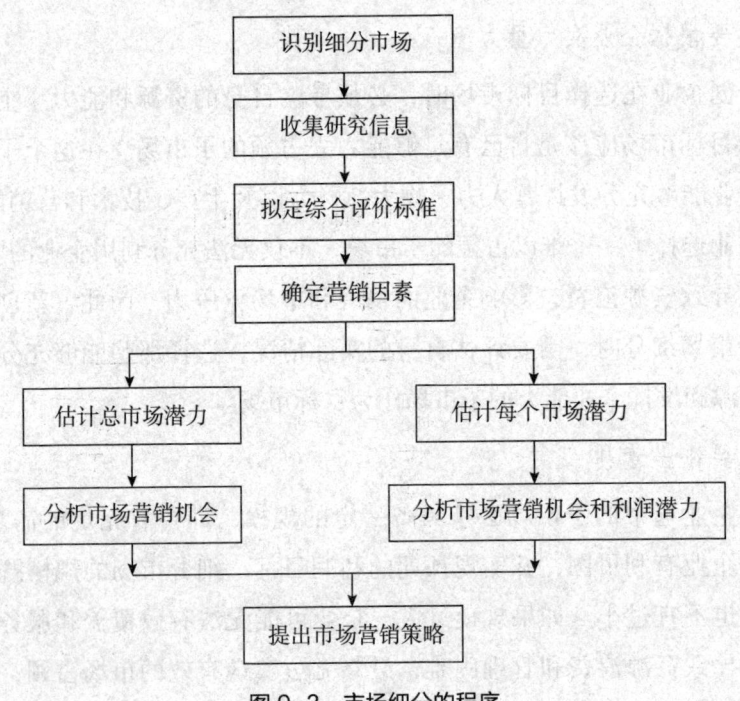

图9-3　市场细分的程序

1. 识别细分市场

在识别细分市场时，企业需要确定细分市场的基本性质。企业要了解目标市场的整体特征，包括消费者的需求、偏好和行为模式等。例如，在服装市场中，消费者的需求可能受年龄、收入、性别和生活方式等多种因素的影响。企业需要根据目标市场的基本性质，选择合适的细分变量，这些变量包括地理位置、人口统计特征、心理特征和行为特征等。例如，在服装市场中，年龄和收入是两个重要的细分因素。企业可以根据这些因素，将市场划分为若干个具有相似需求的子市场。在确定了市场细分的重要因素后，企业应尽可能对这些因素进行定量分析，这有助于企业更加准确地识别和理解不同细分市场的特征和需求。例如，在服装市场中，企业可以根据年龄将市场划分为 16 岁以下、16 ～ 24 岁、25 ～ 44 岁、45 ～ 59 岁和 60 岁以上的定量分组。通过这种定量分析，企业可以明确每个细分市场的规模和特征，从而制定更具针对性的营销策略。

企业在细分市场时，不仅要确保细分标准的科学性和合理性，还要确保这些标准在实际操作中具备可行性。例如，企业在确定细分市场时，应选择那些可以通过市场调研和数据分析获得的细分变量，确保市场细分的结果能够在实际营销活动中得到应用。通过识别细分市场，企业能够获得关于市场结构和特征的详细信息，为后续的市场评估和选择打好基础。

2. 收集研究信息

企业需要收集和整理细分市场时须考察和分析的市场情报和资料。例如，通过收集已有类似产品的市场情况，可以为新产品市场的细分提供参考。这些资料包括了解类似产品的销售数据、市场份额、竞争态势和消费者反馈等。此外，企业还可以通过消费者调查，直接获取消费者的需求、偏好和购买行为信息。这种调查可以验证企业欲采用的细分因素是否合适，并帮助企业更准确地进行市场细分。收集研究信息还包括最终确定市场细分后的具体情况，如各年龄组究竟包括多少人，这些数据可以为企业制定精准的市场策略提供依据。

3. 拟定综合评价标准

细分市场后，企业应能够清晰地回答以下问题：谁是购买者、购买什么、在哪里购买、为什么购买、怎样购买。这些问题能够帮助企业全面了解细分市场的购买行为和动机，从而制定具有针对性的营销策略。为了回答这些问题，企业需要针对细分市场拟定综合评价标准，包括市场规模、购买力、增长潜力、竞争状况、进入壁垒等方面的指标。通过综合评价标准，企业可以评估各个细分市场的吸引力和可行性，选择最具潜力的目标市场。另外，综合评价标准的制定需要基于详细的数据分析和市场调研，企业可以通过统计分析、消费者调查、竞争分析等方法获取和分析相关数据。这些数据可以帮助企业评估细分市场的实际情况，确定市场的潜力和风险。例如，企业可以分析各细分市场的市场规模和增长潜力，评估其是否能够带来足够的利润和市场机会。同时，企业还可以分析市场竞争状况和进入壁垒，判断是否能够有效进入和参与竞争。

4. 确定营销因素

确定营销因素是对细分后的每一个子市场进行详细评价的过程。在对各个子市场进行评估后，如果发现它们之间存在较大差别，就需要考虑这些市场的不同特点，并据此确定自身的市场活动范围。企业必须根据每个细分市场的独特需求和特征，制定适应这些市场特点的营销活动要点，包括选择适当的产品定位、价格策略、分销渠道和促销手段等。通过针对性地制定营销策略，企业可以更有效地满足不同子市场的需求，提高市场竞争力和客户满意度。

5. 估计市场潜力

估计市场潜力是指根据市场研究结果和选定的细分因素，预测总市场和各个子市场的预期需求水平。这一步对于选取目标市场和制定目标市场营销战略至关重要。企业需要通过分析市场数据和消费者行为，估算每个细分市场的潜在需求和增长潜力，包括评估市场规模、增长率、消费能力和市场饱和度等。准确的市场潜力估算可以帮助企业识别最有价值的目标市场，并制订相应的资源配置和发展计划。

6.分析市场营销机会

分析市场营销机会是指对总市场和每个子市场的竞争情况进行详细分析。企业需要了解市场中的主要竞争对手及其市场份额、优势和劣势，以及市场的整体竞争态势。通过这些分析，企业可以识别出市场中的空白点和机会点。此外，企业还需要确定针对总市场或每个子市场的营销组合方案，包括产品、价格、渠道和促销方面的具体策略。根据市场研究和对需求潜力的估计，企业可以评估每个细分市场的预期营销收入和费用情况，从而估算潜在的利润。这些经济分析可以为企业最后选定目标市场和制定营销策略提供重要的依据。

7.提出市场营销策略

企业需要根据市场细分结果来决定市场营销策略，这通常分为两种情况。第一种情况是，如果细分市场后发现市场情况不理想，如市场竞争过于激烈或需求不足，企业可能会选择放弃这一市场。在这种情况下，企业需要重新评估其他市场机会，寻找更具潜力的市场。第二种情况是，如果市场营销机会较多，需求和潜在利润令人满意，企业则可以根据细分结果提出不同的目标市场营销战略。对于每个目标市场，企业需要制定具体的营销策略，包括产品定位、价格策略、渠道选择和促销活动等。这些策略应根据市场特征和消费者需求量身定制，以确保最大化满足目标市场的需求，提高市场占有率和盈利能力。

二、目标市场的选择

（一）评估细分市场

对细分市场进行评估，主要考虑以下三个方面的内容。

1. 评估细分市场的规模和发展潜力

适当的市场规模是相对于企业的实力而言的。大企业通常具有较强的生产能力和资源支持，因此可以选择销售量较大的细分市场，这样能够充分利用其生产能力和规模经济优势；相反，中小企业由于资源和能力有限，往往需要选择销售量较小的细分市场，这样可以避免市场过大而导致的资源不足，以及管理水平无法满足市场需求的情况。

对于中小企业来说，选择市场规模较小且大企业不太关注的细分市场是一个明智的策略。这样的市场通常竞争较小，且中小企业能够更灵活地响应市场需求，提供更个性化和定制化的产品和服务。此外，选择市场规模适中的细分市场，可以保证企业能够有效管理和服务客户，提高客户满意度和忠诚度。另外，企业需要选择那些需求尚未被充分满足的细分市场，这些市场具有良好的扩大销售量、增加产品种类和规格、提高利润的潜在可能性。市场发展潜力可以通过分析市场需求趋势、消费者行为变化、技术进步和经济环境等因素来评估。例如，一个细分市场可能当前需求不大，但随着技术进步或消费者偏好变化，该市场需求可能在未来几年内快速增长。企业在评估市场发展潜力时，需要深入了解市场需求的多样性和变化趋势。通过市场调研、消费者调查和行业分析，企业可以识别出市场中的未满足需求和潜在机会。例如，在一个快速发展的科技市场中，消费者可能对新功能和高性能产品有强烈需求，但现有产品无法完全满足这些需求，这就为企业提供了进入市场的机会。

2. 评估细分市场的吸引力

评估细分市场的吸引力需要综合考虑市场规模、增长率、稳定性、竞争状况、消费者购买力、产品满意度以及购买者和供应商的讨价还价能力等因素。通过全面分析这些指标，企业能够选择最具吸引力的细分市场，制定有效的市场进入和营销策略，实现长期的市场竞争优势和营利目标。

一方面，细分市场内竞争对手的数量和竞争激烈程度直接影响企业的盈利能力。竞争对手越多，市场竞争越激烈，企业获得较高市场份额和利润的难度也越大。因此，企业需要深入分析市场中的主要竞争者及其市场策略，评估自身的竞争优势和市场进入的可行性。另一方面，潜在竞争者和替代品的数量也需被纳入评估范围。潜在竞争者的进入和替代品的存在可能削弱企业在市场中的地位和盈利能力。企业需要评估进入市场的门槛和壁垒，确保在面对潜在竞争者和替代品时能够保持竞争优势。此外，消费者购买力是决定市场吸引力的重要指标之一。高购买力的消费者意味着更强的支付能力和更高的消费水平，企业可以通过提供高质量、高价值的产品和服务来实现更高的营利。同时，企业需要分析消费者对产品的满意度，满意度高的产品往往具有更高的客户忠诚度和重复购买率，有利于企业的长期发展和利润增长。

购买者和供应商的讨价还价能力也影响着市场的吸引力。购买者的讨价还价能力强，可能导致企业面临更大的价格压力和利润空间的压缩；而供应商的强势地位可能增加企业的采购成本。因此，企业需要评估自身在供应链中的议价能力和成本控制能力，进而在市场竞争中保持一定的营利水平。

3.考虑企业的目标和资源能力

在市场细分过程中，选择目标市场不仅要考虑市场的规模和发展潜力以及市场的吸引力，还必须与企业的目标和资源能力相适应。一个市场即使在规模、潜力和吸引力上都表现优越，但如果不符合企业的战略方向和长期目标，也不应该被选定为目标市场。企业的战略目标包括品牌建设、技术领先、市场扩展等方面，目标市场的选择需要与这些战略目标保持一致。

　　企业的资源能力是选择目标市场的重要考量因素。资源能力包括企业的人力、财力、技术和管理能力等多个方面。企业必须确保所选择的目标市场与自身资源匹配，只有这样才能有效进入市场并进行竞争。例如，一个拥有强大技术研发能力但财务资源有限的企业，可能更适合选择一个需要高技术含量但市场规模适中的细分市场，而不是一个需要大量资金投入的大规模市场。另外，资源能力还涉及企业的生产和供应链管理能力。企业需要评估自身的生产能力是否能够满足目标市场的需求，供应链是否能够支持市场扩展。此外，企业的营销和销售团队的能力也需要与目标市场的需求相匹配。如果企业的营销团队擅长数字营销，那么选择一个在线购买行为占主导的细分市场就更有优势。

　　发挥核心竞争力是企业进入市场的最终目的。核心竞争力是企业在市场竞争中立于不败之地的关键，能够帮助企业持续提供独特的价值，从而在竞争中胜出。选择既符合外在条件又与企业能力相匹配的细分市场，可以使企业更好地发挥其核心竞争力。例如，一个拥有强大研发能力和技术创新能力的企业，在选择目标市场时，应倾向于那些对技术创新有较高需求的市场。这样，企业不仅能够利用自身优势迅速占领市场，还能够通过不断创新和技术升级，巩固和提升自身的市场地位。

（二）选择目标市场

　　目标市场的选择策略，通常有以下五种模式（见表9-3）。

表9-3　五种目标市场选择策略模式

策略模式	描述	优点	缺点
密集单一市场	企业将资源和营销努力集中于一个特定的细分市场，以期在该市场中取得显著的竞争优势和市场地位	有效利用资源，深入理解客户需求，树立独特的市场声誉	高风险，市场需求下降或竞争者进入会导致经营压力

策略模式	描述	优点	缺点
有选择的专门化	选择若干个细分市场，各市场之间联系较少或没有联系，但每个细分市场都有吸引力并与公司的目标和资源相匹配	分散风险，提高市场稳定性和盈利能力，通过不同市场策略和产品组合，最大化资源利用率和客户满意度	管理和运营多个细分市场需要更多资源和协调能力，需持续进行市场研究和监控
产品专门化	企业集中生产一种产品，并向各类顾客销售这种产品	树立高声誉，提高产品质量和市场占有率，树立专业和权威的形象	对市场变化的抵抗力较弱，市场需求变化或新技术导致产品被替代时可能面临严重危机
市场专门化	企业专门为满足某个特定顾客群体的各种需求而服务，通过这种策略在该顾客群体中建立良好的声誉，并成为该群体所需各种新产品的首选供应商	深入了解特定顾客群体需求，提供高度定制化的产品和服务，提高客户满意度和忠诚度，集中资源提高市场地位，扩大品牌影响力	过于依赖特定顾客群体的需求变化，顾客群体预算削减或需求下降时，销售和利润将受到严重影响
完全市场覆盖	企业通过提供各种产品来满足所有顾客群体的需求，通常只有大公司才能采用这种策略，需要巨大的资源投入和广泛的产品线来覆盖整个市场	分散市场风险，提高市场稳定性和竞争力，最大化市场份额和收入，实现规模经济和范围经济，降低单位成本，增强品牌的市场影响力和认知度，建立强大的市场地位和品牌忠诚度	资源分配和管理复杂度增加，需要具备强大的生产、营销和管理能力，持续进行市场调研和产品创新，以应对市场竞争和消费者需求的不断变化

1. 密集单一市场

密集单一市场模式是指企业将资源和营销努力集中于一个特定的细分市场，以期在该市场中取得显著的竞争优势和市场地位。这种模式适用于以下几种情况：公司具备在该细分市场获胜的独特条件，企业资源有限只能在一个细分市场内运营，或者该细分市场目前缺乏竞争对手。

选择密集单一市场模式有几个显著的优势。第一，集中资源和营销努力在一个细分市场上，可以使企业更有效地利用其有限的资源。中小企业或新创企业尤其适合这种策略，因为它们通常没有足够的资金和人力去覆盖多个市场。第二，有助于企业更加深入地了解客户需求。企业能够通过持续的市场调研、客户反馈和互动，不断优化产品和服务，以应对市场需求的变化。第三，帮助企业树立独特的市场声誉。由于企业专注于一个细分市场，它们可以通过高质量的产品和卓越的服务，建立起在该市场中的品牌形象和声誉。这种专业化形象可以吸引更多的目标客户，并使企业在竞争中脱颖而出。

然而，密集单一市场模式也伴随着较高的风险。专注于一个细分市场意味着企业的命运高度依赖于该市场的表现。如果市场需求突然下降，或者市场环境发生剧变，企业可能面临巨大的经营压力。此外，如果一个强大的竞争者进入同一细分市场，企业可能面临激烈的竞争，这会削弱其市场地位和盈利能力。为了降低这些风险，企业需要持续监控市场动态和竞争状况，灵活调整其战略。企业可以通过加强客户关系管理和提升产品创新能力，来巩固其在细分市场中的地位。同时，企业也应做好风险管理和应对突发事件的准备，以便在市场变化时能够迅速调整和反应。

2.有选择的专门化

有选择的专门化模式指选择若干个细分市场，这些市场在客观上都有吸引力，并且与企业的目标和资源相匹配。在这种模式下，各个细分市场之间很少有或者根本没有任何联系，但每个细分市场都可能营利。这种模式的主要优点是分散风险，因为企业不会把所有资源都投入一个细分市场中。如果某个细分市场由于市场需求变化或竞争加剧而失去了吸引力，企业仍可以依靠其他细分市场继续获取利润。这种多细分市场的模式使企业能够更灵活地应对市场变化，提高整体的市场稳定性和盈利能力。此外，企业可以通过不同的市场模式和产品组合，更有效地利用其资源和能力，最大化市场覆盖率和客户满意度。然而，管理和运营多个细分市场需要更多的资源和协调能力，企业需要确保每个细分市场的模式都是有效的，并且能够高效地执行，也要对各个细分市场进行持续的市场研究和监控，以及时调整策略应对市场变化。

3. 产品专门化

这一模式是指企业集中生产一种产品，并向各类顾客销售这种产品。这种模式的优势在于企业可以在某个产品方面树立起很高的声誉。通过集中所有资源和努力在一种产品上，企业可以提高产品质量，优化生产流程，并在市场中树立专业和权威的形象。这样，企业就能吸引那些对该产品有需求的各类顾客，提高市场占有率和品牌忠诚度。但是如果市场需求发生变化或新技术导致产品被替代品取代，企业就可能面临严重的危机。由于企业的所有资源和努力都集中在一种产品上，缺乏多样化的产品线，因此企业对市场变化的抵抗力较弱。所以，企业在采用产品专门化模式时，需要密切关注市场动态和技术发展，及时进行产品创新和升级，以保持产品的竞争力。

4. 市场专门化

市场专门化是企业专门为满足某个特定顾客群体的各种需求而服务的模式，通过这种模式，企业能够在该顾客群体中建立良好的声誉，并成为该群体所需各种新产品的首选供应商。采用这种模式，企业能够深入了解特定顾客群体的需求和偏好，从而提供高度定制化的产品和服务，提升客户满意度和忠诚度。此外，通过集中资源和努力在一个特定市场，企业可以提高其市场地位和品牌影响力。然而，这种模式也有其缺点，即企业过于依赖某个顾客群体的需求变化，如果该顾客群体的预算削减或需求下降，企业的销售和利润将会受到严重影响。这种模式的成功依赖于对特定顾客群体的深刻了解和持久的需求稳定性，因此企业需要不断进行市场调研和客户关系管理，及时应对市场变化和客户需求的转变。

5.完全市场覆盖

这种模式是指企业通过提供各种产品来满足所有顾客群体的需求，通常只有大公司才采用，因为它需要巨大的资源投入和广泛的产品线来覆盖整个市场。采用完全市场覆盖模式的公司，如国际商用机器公司（计算机市场）、通用汽车公司（汽车市场）和可口可乐公司（饮料市场），通过满足不同顾客群体的需求，最大化市场份额和收入。

采取了完全市场覆盖模式，企业能够通过广泛的产品线和多样化的市场覆盖，分散市场风险，提高市场稳定性和竞争力。企业可以通过满足不同市场需求来实现规模经济和范围经济，从而降低单位成本，提高整体盈利能力。此外，完全市场覆盖模式能够增强品牌的市场影响力和认知度，通过覆盖多个细分市场，企业可以提高市场地位和品牌忠诚度。然而，由于需要满足多个市场和顾客群体的需求，企业的资源分配和管理复杂度有所增加。企业需要具备强大的生产、营销和管理能力，并持续进行市场调研和产品创新，以应对市场竞争和消费者需求的不断变化。

三、制定目标市场营销策略

初创企业确定目标市场的方式不同，所选择的目标市场范围不同，导致其营销策略存在差异。通常情况下，目标市场营销策略主要包括以下三种。

（一）无差异性目标市场策略

该策略适用于面对同质市场或同质性较强的异质市场的企业。在这种策略下，企业将整个市场视为一个统一的目标市场，而不进行市场细分，只推出一种产品，吸引尽可能多的顾客，为整个市场提供服务。这一策略的核心在于强调购买者的共同需求，为整个市场生产单一的标准化产品，追求规模经济效益。

采用无差异性目标市场策略，企业能够大幅度降低生产和营销成本。由于产品和营销活动的标准化，企业可以实现大规模生产，从而获得规模经济效益。此外，标准化的营销活动也使企业能够更加高效地传播产品信息，提高市场覆盖率和品牌知名度。然而，由于不对市场进行细分，企业难以满足特定消费者的个性化需求，这使得产品的市场适应性较差。而缺乏针对性的产品和营销策略，则可能导致企业在竞争激烈的市场中难以脱颖而出。消费者多样化的需求往往要求企业提供更多样化的产品和服务，而无差异性策略在这方面显得力不从心。尤其是对于创业型小企业而言，无差异性目标市场策略并不适用。小企业通常资源有限，无法像大企业那样实现大规模生产和营销。因此小企业更需要关注特定的细分市场，提供高度定制化的产品和服务，以满足特定消费者的需求，从而建立竞争优势。无差异性策略适合资源充足、目标广泛的大企业，对于需要灵活应对市场变化、精准满足客户需求的小企业来说，风险较大，难以实现预期效果。

（二）差异性目标市场策略

该策略是指企业将整体市场划分为多个细分市场，并将每个细分市场都作为目标市场来进行营销的策略。在这种策略下，企业针对不同目标市场的特点，分别制订不同的营销计划，按照计划生产和销售满足各个细分市场需求的商品，从而更好地满足不同消费者的需要，并不断扩大销售成果。采用差异性目标市场策略，企业能够更精确地满足各个细分市场的特殊需求，从而提高顾客满意度和品牌忠诚度。企业可以根据每个细分市场的特定需求和偏好，开发和推广不同的产品和服务，从而在竞争激烈的市场环境中占据有利位置。通过提供多样化的产品和个性化的服务，企业可以有效地提升市场占有率和销售额。另外，差异性目标市场策略还可以增强企业的竞争力。由于企业能够更好地满足不同消费者的需求，提升了产品的市场适应性和吸引力，因而可以在不同细分市场中获得竞争优势。

但由于需要为不同的细分市场制订不同的营销计划和产品策略，因此采用该策略的企业在研发、生产、销售和营销等方面的成本会显著增加。这要求企业具备较强的资源整合能力和管理能力，能够有效协调和管理多个细分市场的营销活动。因此，差异性目标市场策略通常适用于具备充足资源和较强管理能力的大中型企业，而对于资源有限的小企业来说，该策略实施起来较为困难。

（三）密集（集中）性目标市场策略

该策略是指企业在将整个市场细分后，选择一个或少数几个细分市场作为目标市场，并在这些市场上实行专业化经营。企业集中力量在这些细分市场推出商品，旨在占领这些市场。这种策略适用于资源有限的创业型小企业，因为它可以使企业最大化地利用有限的资源，集中精力和力量来满足特定市场的需求。采用密集性目标市场策略的一个主要优点是，如果企业选择了合适的细分市场，可以获得很高的投资回报。通过集中资源和努力在一个或少数几个细分市场，企业能够更深入地了解目标市场的需求和偏好，从而提供高度定制化和精准的产品和服务，迅速建立市场声誉和品牌忠诚度，获得显著的市场份额和利润。此外，密集性目标市场策略还使企业能够有效地控制和管理其市场活动。由于目标市场数量有限，企业可以更专注于这些市场的开发和维护，降低管理复杂性，提高运营效率。然而，由于企业将所有资源和努力集中在一个或少数几个细分市场，一旦目标市场发生变化，如需求下降、市场饱和或竞争加剧，企业可能面临严重的困境。市场变化往往迅速而不可预测，企业需要具备高度的市场敏感度和快速反应能力，以应对可能出现的挑战。此外，过度依赖单一市场也增加了企业的经营风险，一旦市场出现不利因素，企业的整体经营状况将受到严重影响。为了降低这些风险，企业在采用密集性目标市场策略时，需要进行充分的市场调研和风险评估。企业应选择那些具有长期增长潜力和稳定需求的细分市场，并建立灵活的应变机制，以快速调整策略应对市场变化，同时不断进行创新和改进，提升产品和服务的竞争力，以保持市场优势。

从追求利益、营销稳定性等维度，对以上三种目标市场策略进行比较，其结果如表9-4所示。

表9-4　三种目标市场策略的比较

目标市场策略	无差异性策略	差异性策略	集中性策略
追求利益	经济性	销售额	形象和市场占有率
营销稳定性	一般	好	差
营销成本	低	高	低
营销机会	易失去	易发展	易失去
竞争程度	强	弱	强
管理难度	低	高	低

四、市场定位

市场定位是指企业根据目标市场特征及竞争者产品的地位，针对消费者对企业产品特征或属性的重视程度，把企业产品塑造成与竞品有明显差异、具有鲜明特色的产品形象，并将这种形象生动地传递给消费者，吸引更多的消费者购买企业产品，从而在目标市场上为产品确立适当的地位，形成企业不可替代的竞争优势[①]。

市场定位是加深消费者对企业和产品的认知，使其在消费者心目中占据有利位置的过程。它是一种竞争性定位，反映了市场竞争各方的关系，是创业企业有效参与市场竞争的重要手段。这一过程涉及识别目标市场、分析竞争对手、确定独特卖点并通过有效的营销手段传达给消费者。市场定位可以帮助企业突出其产品或服务的独特优势，使消费者在面对多种选择时，迅速联想到并选择本企业的产品。

---

① 　郭元.现代市场营销学[M].北京：北京理工大学出版社，2021：104.

进行市场定位需要企业深入了解目标消费者的需求和心理，制定符合市场需求的定位策略，明确自身在市场中的地位，找到与竞争对手的差异化点，并通过持续的品牌建设和营销活动巩固这种定位。成功的市场定位能够提高企业品牌认知度和美誉度，增强消费者的购买意愿和忠诚度。同时，市场定位具有动态性和灵活性。市场环境和消费者需求不断变化，企业需要持续监控市场反馈和竞争状况，并根据变化调整定位策略，以保持市场竞争力。

（一）市场定位的原则

市场定位需要根据企业经营的具体产品特点、目标顾客群体以及所处的竞争环境来确定。不同的企业、不同的产品在市场定位上所依据的原则也有所不同。总体而言，市场定位的原则主要包括以下几种。

1. 根据具体的产品特点定位

产品的内在特色和属性可以作为市场定位的重要依据，包括产品的成分、材料、质量和价格等。例如，"七喜"汽水的市场定位是"非可乐"，强调其不含咖啡因的特性，与可乐类饮料形成鲜明对比；"泰宁诺"止痛药的定位是"非阿司匹林的止痛药"，突出其药物成分与传统止痛药的本质差异。根据具体的产品特点定位，能够清晰地传递产品的独特卖点，使消费者在众多选择中快速识别和记住该产品。

2. 根据特定的使用场合及用途定位

为老产品找到新的用途，是创造新市场定位的有效方法。例如，一种清洁剂可以被定位为厨房专用清洁剂，通过强调其在厨房环境中的高效清洁作用，重新激发消费者的购买兴趣。这种定位能够扩大产品的市场覆盖面，延长产品的生命周期，使其在新的应用领域中获得持续的市场需求。

3. 根据顾客得到的利益定位

产品所提供的利益是顾客最能够切实体验到的，也是市场定位的关键依据。通过突出产品能够为顾客带来的具体利益，如健康、便捷、节省时间等，企业能够吸引顾客的注意力和激发其购买欲望。例如，一款健康食品可以通过强调其低脂肪、高营养的特点，定位为注重健康饮食人群的理想选择。

4. 根据使用者类型定位

企业可以将其产品指向某一特定的使用者群体，根据这些顾客的特征和需求塑造产品的形象。例如，高端商务人士可能更倾向于选择高品质、设计独特的办公用品，因此企业可以定位产品为"高端商务人士专用"来吸引这一目标群体。这种定位策略通过明确目标客户的需求和偏好，塑造出与之匹配的产品形象，从而提升品牌的市场竞争力。

（二）市场定位的策略

1. 避强定位

避强定位是一种避开强有力的竞争对手进行市场定位的策略。创业者通过避开市场上的竞争强手，瞄准尚未被充分开发的市场"空隙"，生产具有特色的产品，开拓新的市场领域。避强定位的主要优点在于，它能够帮助企业迅速在市场上站稳脚跟，并在消费者心目中尽快树立起一定的品牌形象。由于避开了强有力的竞争对手，市场竞争压力相对较小，市场风险也较小，成功率较高，因此，避强定位常常为多数企业，尤其是资源有限的创业企业所采用。采取避强定位的策略，企业能够找到市场中的独特机会，满足特定细分市场的需求。该策略可以使企业在市场上建立起差异化优势，避免直接与强大的竞争对手正面交锋，从而减少资源的浪费，降低市场风险。例如，小型本地食品企业可以选择开发独特的地方特色产品，避开与大型全国性食品品牌的竞争，通过满足本地消费者的特殊需求，在特定市场中占据有利位置。

2. 迎头定位

迎头定位是与市场强势者直接竞争的策略。创业者选择与竞争对手进行正面市场冲突，争取同样的目标顾客，彼此在产品、价格、分销、供给等方面稍有差别。实行迎头定位，创业者必须具备"知己知彼、知天知地"的能力，了解市场是否可以容纳两个或两个以上的竞争者以及自身是否拥有比竞争对手更多的资源和更强的能力，是否可以比竞争对手做得更好。同时，还需要选择恰当的市场进入时机与地点。采取迎头定位策略，可以迅速提升企业的市场知名度和影响力，尤其是在成功挑战市场强势者的情况下，企业能够获得巨大的市场份额。然而，这种策略也具有很高的风险。如果企业无法充分评估市场容量和自身能力，迎头定位可能会导致资源的耗尽和进入市场失败。因此，采用迎头定位的企业需要具备强大的市场调研能力和灵活的应变能力，以确保在竞争中取得优势。

3. 重新定位

重新定位是指对那些销量较低、市场反应不佳的产品进行二次定位。这种策略通常在企业初次定位后，随着时间的推移和市场环境的变化而变得必要。新的竞争者进入市场并选择与本企业相近的市场位置，导致企业原有的市场占有率下降；或者由于顾客需求和偏好发生转移，原本喜欢本企业产品的消费者转向其他企业的产品，市场对本企业产品的需求减少。在这些情况下，企业需要对其产品进行重新定位，以恢复竞争力和市场份额。重新定位的主要目的在于帮助企业摆脱经营困境，重新获得市场竞争力。然而，重新定位不仅仅是应对困境的手段，还可以作为一种积极的战术策略来利用市场中的新机会。例如，某些专门为青年人设计的产品在中老年人中也开始流行时，企业可以通过重新定位，扩大产品的市场覆盖范围，吸引更多的消费者。

　　通过重新定位，企业可以调整产品的市场定位和营销策略，以适应新的市场需求和竞争环境。这一过程包括改变产品的功能、外观、价格或推广方式，以更好地满足目标消费者的需求。重新定位的成功与否，取决于企业是否具有对市场变化的敏锐洞察和灵活应对能力。企业需要进行深入的市场调研，了解目标消费者的需求变化和竞争对手的策略，从而制订出有效的重新定位计划。要进行重新定位，企业还需要在品牌传播和市场推广上作出相应调整，以确保新定位能够成功传达给目标消费者，重新赢得他们的关注和认可。

（三）市场定位的方法

1.差异定位法

　　差异定位法是一种通过突出产品或服务的独特特点来进行市场定位的方法。由于任何企业生产的产品或提供的服务都不可能完全相同，所以企业可以利用这些差异点进行市场定位，从而吸引消费者的注意力。

　　差异定位法可以从多个方面入手，包括产品、服务、人员、渠道和形象等（见表9-5）。

表9-5　差异化的来源

产品差异化	通过强调产品的质量、成本、特征、性能、可靠性、耐用性和款式等方面来突出其独特之处
服务差异化	提供独特的送货、安装、培训和维修服务来增强竞争力
人员差异化	销售和服务人员的能力、知识、言语和可信度等方面与竞争者有所差异，训练有素、知识丰富的销售人员能够为消费者提供专业的建议和帮助，从而增强消费者对企业的信任感和依赖感
渠道差异化	通过设计分销渠道的覆盖面，建立分销专长和提高效率，选择创新的渠道方式
形象差异化	通过品牌建设、市场宣传和公关活动等方式来提升其形象

　　然而，表层的差异性往往容易被竞争对手所模仿。为了确保差异定

位的有效性和持久性，企业需要深入挖掘和开发其核心竞争力，为消费者提供难以模仿的独特价值。例如，企业可以通过技术创新、专利保护和持续改进等方式，保持其产品和服务的独特性，从而在激烈的市场竞争中立于不败之地。

2. 主要属性或利益定位法

企业需要研究其产品在目标市场中的重要利益和属性。产品的价值可以分为多个层次，包括核心价值、形式价值和外延价值。不同的消费者根据其需求和视角，对产品价值的理解也各不相同。消费者购买和使用产品是为了获取各种价值，这些价值不仅包括产品本身的功能价值，还包括产品的形象价值和外延价值。例如，核心价值是产品的基本功能和用途，形式价值是产品的外观、包装和品牌，而外延价值则涉及产品所能带来的附加利益和象征意义。为了获取这些价值，消费者需要付出一定的成本，包括货币成本、时间成本、体力成本和心理成本等。

采取主要属性或利益定位法时，企业需要明确其产品能够提供哪些重要的利益和属性，并根据目标市场的需求进行精准定位。对于低端产品，定位应侧重于其本身的功能价值和低成本优势。这类产品的消费者更注重产品的实用性和性价比，因此企业需要强调产品的基本功能、耐用性以及价格优势，从而吸引注重经济实惠的消费者。对于高端产品，定位则应侧重于产品之外的附加价值和品位。高端产品的消费者更看重产品的品牌形象、设计品质和独特性。因此，企业需要强调产品的高品质、独特设计和品牌声誉，突出其所能带来的身份象征和心理满足感。例如，一款奢侈手表不仅需要强调其精湛的工艺和优质的材料，还要传递出其身份象征和时尚品位的特点。

在实践中，运用主要属性或利益定位法，需要企业深入了解目标市场的需求和偏好，通过市场调研和消费者反馈，确定产品的核心卖点和竞争优势，同时制定相应的营销策略，将这些卖点和优势有效传达给目标消费者。例如，通过广告宣传、品牌推广和口碑营销，强化消费者对产品主要属性和利益的认知，提升品牌在目标市场中的地位。

3. 产品使用者定位法

产品使用者定位法是一种找出产品的确切使用者或购买者，并在目标市场上鲜明突出出来的定位方法。企业需要明确其产品的主要用户群体，并在这些用户群体中为他们的需求、偏好和生活方式特别塑造一种独特的形象。通过这种定位方法，企业可以更准确地传达产品的独特卖点，使其在目标市场中获得更高的认知度和认可度。

4. 使用定位法

使用定位法是对产品的使用地点或使用时间进行特别传播的定位方法。企业通过强调产品在特定地点或特定时间的使用情况，使消费者能够更好地理解和认同产品的应用场景。这种定位方法可以使产品在消费者心中形成特定的联想，从而增强产品的吸引力和市场竞争力。

5. 分类定位法

分类定位法是一种非常普遍且有效的市场定位方法，尤其适用于创业企业。采用这种方法的企业并不是针对某一特定竞争对手进行竞争，而是与整个类别中的同类产品进行竞争。分类定位法能够有效帮助企业开发新市场和深耕已有市场，具有多方面的优势。第一，它有利于集中人力和物力投入目标市场。明确了定位产品在市场中的类别，企业能够更加专注地进行资源配置，避免资源分散，确保在目标市场中的投入能够产生最大的利益。集中投入能够使企业以最少的经营费用取得最大的经营效益，提升整体市场竞争力。第二，分类定位法能够有效满足消费者的需求，提高企业的经济效益。将产品定位于特定的类别，企业就能够更加精准地满足目标消费者的需求。消费者在购买产品时，往往会根据产品的类别进行选择，因此明确的分类定位能够帮助企业在消费者心中树立起清晰的形象，从而吸引更多的目标客户。第三，分类定位法还具有掌握潜在市场需求、开拓新市场的优势。对市场进行细分和分类定位，企业就能够发现未被满足的市场需求，从而可以有针对性地开发新的产品或服务，扩大市场份额，在新市场中占据有利地位，提升企业的市场影响力。

五、营销管理

新创企业的营销管理主要包括以下几方面的内容（见图 9-4）。

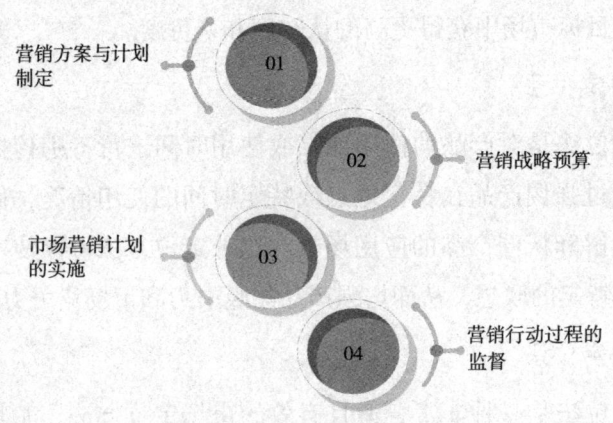

图 9-4　新创企业的营销管理

（一）营销方案与计划制定

制定一个有效的营销方案和计划，可以确保企业在市场中的各项活动有序进行，并能有效实现企业的营销目标。具体而言，制定营销方案与计划包括以下几个方面。第一，市场定位与开发目标。新创企业首先需要明确自己的市场定位，即产品或服务在市场中的独特位置和竞争优势。通过深入的市场调研和分析，企业可以确定目标市场和开发目标，识别潜在客户的需求和偏好，从而制定有针对性的营销策略。第二，销售计划任务与目标。企业需要明确年度或季度的销售目标，包括销售量、市场占有率和销售收入等指标。通过科学的预测和分析，合理分解销售任务，确保每个销售团队和销售人员都能明确自己的目标和任务，从而激发他们的积极性和主动性。第三，制定价格策略。企业需要根据市场需求、竞争状况和成本结构，制定合理的价格策略。定价要考虑到产品的价值、市场定位和消费者的支付能力，确保价格既有竞争力，又能为企业带来合理的利润。第四，销售策略、销售渠道、方式与手段的选择。企业需要根据产品特点和目标市场，选择合适的销售渠道，如直销、分销、零售等。同时，制定有效的销售策略和手段，如产品展示、销售促销、客户关系管理等，以提高销售效率和客户满意度。第五，促销手段与方式。企业可以通过广告、公共关系、促销活动等方式，增加产品的市场曝光度和吸引力。促销活动要有创意、有吸引力，同时要注意成本控制和效果评估。第六，对销售人员和分销商的销售激励政策与管理考核。企业需要制定合理的激励政策，如提成、奖金、晋升等，激发销售人员的工作积极性和创造性。同时，建立科学的管理考核体系，对销售人员和分销商的业绩进行定期评估，确保销售目标的实现。第七，明确规定销售人员的责任、权利和义务。企业需要制定详细的岗位职责和工作流程，明确销售人员的工作内容、权限和责任，确保每个环节的工作都能顺利进行。

（二）营销战略预算

创业者在制定营销战略或行动计划时，必须充分考虑实施这些计划的成本。营销预算不仅包括直接的费用，如广告支出、促销活动费用和销售人员的薪酬，还包括间接费用，如市场调研、培训和客户关系管理的费用等。通过详细的成本分析，创业者可以确保预算的合理性和清晰性，避免资金不足导致的计划中断或效果不佳。此外，合理的预算编制有助于企业在资源配置上更加高效，确保各项营销活动能够按计划进行，从而提高整体营销效果。

（三）市场营销计划的实施

市场营销计划的实施是将营销战略转化为具体行动的过程。创业者在执行市场营销计划过程中，需要根据市场条件的变化及时进行调整。实施营销计划，创业者必须具备灵活应变的能力，以应对市场环境的动态变化。市场情况可能会因竞争对手的动作、消费者偏好的变化、经济环境的波动等因素而发生变化，企业必须及时调整营销策略和行动计划，确保营销目标的实现。

1.营销计划实施过程的协调

管理团队必须协调整个计划实施过程，以确保各个环节无缝衔接，资源得到最有效的配置。协调不仅涉及内部各部门之间的合作，还包括与外部合作伙伴和客户的沟通。管理团队需要确保市场调研、产品开发、价格制定、销售策略和促销活动等各项工作协调进行，避免出现资源浪费或工作重复的问题。此外，管理团队还需要定期召开协调会议，跟踪计划实施进度，及时解决出现的问题，确保计划能够按时、按质完成。

2.营销计划实施的责任

为了确保每个战略和行动计划能够得到有效实施，必须明确每个环节的责任人。每个营销计划中的具体任务和目标都需要有专门的负责人来执行和监督。这不仅包括市场调研、产品开发、销售和促销活动的具体执行者，还包括整体计划的统筹和监控者。明确的责任分配可以避免职责不清、推诿扯皮的现象发生，提高工作效率和计划的执行力。

（四）营销行动过程的监督

在新创企业的营销管理中，监督是指对特定营销努力结果进行跟踪和评估。这一过程需要在多个层面进行，包括产品销售点、产品推销区域、销售代表、批发商店等，都是需要监督特定结果的重要场所，目的是确保营销计划的各个方面都能按预期运行，并实现既定的目标。

营销行动过程的监督依赖于营销计划中所列出的具体目标。企业需要明确哪些结果是需要重点监督的，如销售额、市场占有率、客户满意度等。这些目标的设定应当具体、可衡量，并与企业的整体战略一致。在监督过程中，企业通过收集和分析相关数据，评估各项营销活动的实际效果。通过对比预期目标和实际结果，发现执行过程中存在的问题和不足。在监督过程中，任何不良信号都可能成为调整和改进营销活动的契机。例如，如果某个产品在特定区域的销售不佳，企业就需要分析原因，是市场宣传不到位、竞争对手强势，还是产品定价不合理等。此外，有效的监督需要企业建立系统的监控机制和反馈机制。管理团队应定期审查营销活动的进展，收集一线销售人员和客户的反馈意见，及时掌握市场动态和竞争环境的变化。通过数据分析和现场调查，企业可以获取翔实的市场信息，为决策提供依据。

第三节　新创企业的财务管理

新创企业财务管理是基于企业再生产过程中客观存在的财务活动和财务关系而产生的，是利用价值形式对新创企业再生产过程进行的管理，是新创企业组织财务活动、处理财务关系的一项综合性管理工作[①]。

一、新创企业财务管理的目标

（一）企业利润最大化

企业利润最大化目标强调企业的生产经营活动最终目的是获取利润。企业通过增加利润来创造财富，利润越多，企业的财富就越多，距离其财务管理目标也就越近。这一目标简单实用，容易计算和比较，常常被创业企业采用。企业利润最大化目标的优势在于其直观性和可操作性。

---

① 刘东燕.创业基础[M].重庆：重庆大学出版社，2013：267.

利润是衡量企业经营绩效的直接指标，通过计算企业的收入与成本之差，企业可以明确地看到其生产经营活动所带来的经济成果。这种简单明了的衡量标准使得企业在短期内能够快速评估自身的盈利能力和市场表现。然而，这一目标没有考虑货币时间价值因素。在实际财务管理中，不同时间点的货币价值是不同的，因此只追求利润最大化会忽视未来收益的现值，导致财务决策的偏差。另外，该目标也未将风险因素考虑在内。企业在追求利润的过程中，会面临各种市场风险、经营风险和财务风险。如果不考虑这些风险因素，企业可能会作出过于激进的财务决策，增加企业的经营不确定性和潜在损失。再者，仅仅关注利润的绝对值，可能会忽视资本成本。如果企业在获得利润的同时，资本成本过高，那么实际的经济效益可能并不理想。因此，利润最大化并不能全面反映企业的财务健康状况。

利润最大化目标也容易让企业经营者过分关注短期利润，导致短视行为。企业经营者可能会为了追求眼前的利润而忽视长期发展，甚至采取不道德或不负责任的经营手段。这种短视行为会损害企业的长期利益和可持续发展能力，最终影响企业的整体价值和市场竞争力。

（二）股东财富最大化

股东财富最大化的目标主要是通过提升股东权益的市场价值来增加股东的财富。股东创办企业的根本目的是增加自身的财富，这一目标可以通过衡量股东权益的市场价值来实现。股东财富最大化相较于利润最大化有更广泛的考量。一方面，它考虑了货币的时间价值，即不同时间点的货币价值不同，这样可以更准确地反映未来收益的现值；另一方面，它纳入了风险价值的考量，通过评估和管理企业面临的各种风险，确保企业在追求财富最大化的过程中能够有效规避潜在的短视行为。此外，股东财富最大化也重视利润与投入资本之间的关系。简单的利润最大化目标会忽视资本的成本，而股东财富最大化则要求企业在追求利润的同时，确保所获得的利润能够覆盖投入资本的成本，并为股东带来超额收益。然而，股东财富最大化目标也存在其不足之处。一个显著的问题是，只有上市公司才能有效地使用这一目标。因为股东财富的衡量依赖于市场股价的变化，而非上市公司由于没有公开交易的股票，无法通过市场价格来衡量股东财富。这使得非上市公司在实践这一目标时面临较大的限制。即使对于上市公司来说，股价的变动也受到多种因素的综合作用。例如，市场情绪、经济环境、政策变化等外部因素都会对股价产生影响，而这些因素并不完全反映企业的实际经营状况和内在价值。这意味着股价的短期波动可能并不完全代表股东财富的实际增减，从而给企业管理层带来一定的挑战。

（三）企业价值最大化

这里的企业价值指的是企业全部资产的经济价值，是企业未来预计现金流量的现值之和。这个目标不仅关注股东的利益，还综合考虑了债权人及其他利益相关者的利益，反映企业整体经济价值的增长。企业并不属于股东单独所有，也涉及员工、客户、供应商、政府和社会等多个利益相关者。实现了企业价值最大化，企业就能够在平衡各方利益的基础上，实现更广泛的社会和经济效益，从而获得更稳定和持续的发展。

企业价值最大化具有股东财富最大化的所有优点，因为股东财富的增加是企业价值增长的重要组成部分。同时，企业价值最大化还包括债务价值的增加，这一点特别重要，因为债务价值会随着市场利率的波动而变化。因此，企业价值最大化能够更全面地反映企业的经济状况和发展前景。另外，企业价值最大化目标考虑了企业的价值而非单纯的市场价格。市场价格往往受外界因素的干扰，如市场情绪、短期市场波动等，而企业价值则更加关注企业的内在价值和长期发展潜力。因此，企业价值最大化能够克服价格受外界因素干扰的弊端，更加真实地反映企业的实际经济状况。然而，企业价值最大化也存在一些缺点。其一是可操作性差，因为这一目标需要企业进行复杂的财务预测和估值工作，不易直接在日常管理中实施。其二是难以计算和衡量。企业的未来现金流量和市场环境充满不确定性，准确预测和计算这些未来价值是非常困难的。因此，在实际操作中，企业需要借助专业的财务分析工具和方法，结合自身的实际情况，进行科学合理的估值。

二、新创企业财务管理的原则

新创企业在进行财务管理时，需要遵循一定的原则，以确保财务活动的有序展开和有效实施。财务管理原则是人们在理财过程中达成的共识和理性认识，是企业组织财务活动、处理财务关系应遵守的基本准则和规范。这些原则可以为企业的财务决策和操作提供明确的指导方向，帮助企业在复杂多变的市场环境中保持财务稳健，促进企业的长期发展。

（一）坚持资源合理配置原则

企业的资本在生产经营过程中以各种资源的形式表现出来，这些资源之间存在着客观的比例关系。通过财务活动的有效组织和调节，企业可以确保资源的合理配置，从而最大化资本的利用效果。企业资源的配置是资本运动的结果，同时也通过资本结构的比例反映出来。从资本运动的静态角度看，企业会拥有各种各样的资本结构。从资本占用的角度来看，公司的资本表现为各种形态的资产，这些资产构成了多种比例关系。例如，各种资产占总资产的比重、固定资产与非固定资产的比例、货币资产与非货币资产的比例，以及对外投资与对内投资的比例等。从资本来源的角度看，企业存在负债资本与权益资本的比例、长期负债与短期负债的比例等。只有合理配置这些资源，企业才能在资本结构上保持平衡与协调，既保障日常运营的流动性，又确保长期发展的稳定性。只有合理配置资源，企业才能在复杂的市场环境中实现资本的最佳利用效果，从而推动企业的整体成长和价值提升。

根据系统论的原理，系统功能的实现依赖于组成系统的各要素的构成比例。在财务管理这一系统中，资源的合理配置和资源构成比例的协调是确保生产经营活动正常展开的关键。只有资源配置合理、构成比例协调，企业才能实现最佳的经济效益；相反，资源配置不合理、构成比例不协调则会阻碍生产经营活动，甚至可能导致企业经营失败。资源的合理配置要求将资本按合理比例分配到生产经营的各个阶段，确保企业资本活动的连续性和各种资本占有形态的适度性。企业在资本的运作过程中，需要在固定资产与流动资产、对外投资与对内投资、长期负债与短期负债等方面，保持合理的比例关系，以支持企业的正常运营和发展。

（二）坚持成本效益原则

企业在关心资本流量的同时，也要注重资本的增量。资本的增量是指企业生产经营活动所产生的利润，这涉及成本和收益两个因素。成本效益原则强调对生产经营活动中所花费的成本与所得的收益进行比较分析，确保成本与收益达到最优组合，以获得更多的财务收益。为了实现财务管理目标，企业的所有者权益最大化，需要不断提高经济效益并实行有效的成本效益核算。成本效益原则应当贯穿于整个财务管理活动之中。例如，在作出投资决策时，必须对投资额与预期的投资收益进行对比分析；在筹资时，需要比较资本成本与资本利润；在生产经营过程中，必须对生产成本与销售收入、销售利润与期间费用进行对比分析。只有坚持成本效益原则，新创企业才可以在不断提高经营效益的过程中，实现所有者权益最大化，在激烈的市场竞争中获得更多的利润和更高的市场地位。

（三）坚持收支平衡原则

收支平衡是指在一定时期内，企业的资本收入和支出总量保持平衡，且在每一个时点上也保持资本的收支平衡。资本支出标志着一次资本循环的开始，而资本收入则标志着本次资本循环的结束。要保证资本周转顺利进行，企业不仅要在各个会计期间做到资本收入不小于资本支出，还要确保在任何时点上资本收支的流动性。如果在某个会计期间资本收入持续小于资本支出，必然会导致资本周转的中断。同样，如果某个时点上资本收支不平衡，即使总体上收支平衡，资本周转的流畅性也会受到影响。实现资本收支平衡不能通过消极方式，例如，由于资金紧张而压缩生产规模或拖欠到期债务，这样不仅会减少企业收入，还会损害企业的信誉。因此，应当采取积极的方式来实现资金收支平衡。一是通过提高生产质量和生产适销对路的产品来增加收入；二是企业要开源节流，增收节支，以确保资金的有效利用。此外，在金融市场发达的条件下，企业还应当通过短期筹资和投资来调节资金的余缺，确保在任何时候都能满足资金需求。只有坚持收支平衡，新创企业才能够保障资本的有效运转，避免资金周转不灵而导致的经营中断和信誉受损。

（四）坚持收益风险均衡原则

在市场经济的激烈竞争中，财务管理活动不可避免地会遇到风险。为了获得收益，企业不能回避风险，因为收益和风险是紧密相连的。在理财过程中，企业不能只追求收益而忽略可能的损失。收益风险均衡原则要求企业对每一项财务活动都要全面分析其收益性和安全性，根据收益和风险适当均衡的要求来决定行动方案，以在实践中趋利避害，提高收益。在财务活动中，低风险只能带来低收益，而高风险则可能带来高收益。投资者普遍要求风险与收益相适应，即风险越大，所要求的收益也越高。风险和收益是一对孪生兄弟，不同的经营者对风险的态度有所不同。有些人宁愿收益低但稳当一些，也不愿冒较大风险；有些人则愿意冒较大风险以获得较高收益。无论投资者的心理状态是稳健的还是进取的，都应对决策项目的风险和收益进行全面的分析评价，以选择最有利的方案。特别要注意的是，可以将风险大、收益高的项目同风险小、收益低的项目搭配起来，分散风险，使风险与收益达到平衡，从而既降低风险又能获得较高收益。这种方式能够保障企业在遇到市场波动时维持稳定，并在风险控制的基础上实现收益的最大化。因此，坚持收益风险均衡原则，能够帮助新创企业在财务管理中保持理性和科学，使企业经济效益得到不断提升。

（五）坚持经济利益关系协调原则

企业的财务管理活动不可避免地会与各相关方产生各种经济利益关系。经济利益关系协调原则要求企业在财务管理活动中利用经济手段，协调国家、投资者、债权人、客户、经营者、员工及内部各单位的经济利益关系，以维护各方的合法权益。企业与各方经济利益关系的协调主要通过财务管理活动来实现。对外，企业需要依法缴纳国家税收，确保资本保全，并合理进行利润分配以维护投资者的利益；按时还本付息，维护债权人的权益和企业信誉；与往来单位认真履行经济合同，保障合作的顺利进行。对内，企业需要对生产经营效果好的车间和部门给予奖励，明确各车间和部门的经济责任和经济利益；对员工实行按劳分配，将收入与劳动成果挂钩；对经济效益不佳的部门及不遵守劳动纪律的员工进行经济处罚。只有处理好各方面的经济利益关系，企业才能确保生产经营活动的有序、高效进行。

三、新创企业财务管理的主要内容

（一）财务预测

财务预测是指根据企业财务活动的历史资料信息，结合现实的要求和条件，运用科学、合理的方法，对企业未来的财务状况、发展趋势及其结果进行科学的预计和测算的过程。财务预测为企业财务决策提供依据，同时为编制企业财务预算做好准备，因此，进行财务预测对于提高财务管理效率和工作质量有着重要的意义。

新创企业进行财务预测的一般程序包括五项内容。第一，明确预测对象和预测目标。为了达到预测效果，必须根据决策的需要，针对不同的预测对象，确定具体的预测目标。这需要充分理解企业的战略目标和财务需求，从而确保预测工作的方向和重点清晰明确。第二，收集和整理相关资料。根据预测对象和预测目标，有针对性地收集资料，检查资料的可靠性、完整性和典型性，排除偶发因素对资料的影响。对各项资料进行必要的归类、汇总和调整，使其符合预测的需要。第三，建立预测模型。找出影响预测对象的一般因素及其相互关系，建立相应的预测模型。建立预测模型可以采用多种方法，如时间序列分析、回归分析等，以适应不同类型的预测对象和预测目标。第四，利用预测模型进行预测。将收集的数据和建立的模型结合起来，对预测对象的发展趋势和水平进行定量描述，以获得预测结果。第五，分析预测结果。为了使预测结果符合预期要求，在定量分析的基础上还需要对定量预测的结果进行必要的定性分析和论证，作出必要的调整。

（二）财务决策

财务决策是企业在财务管理过程中，为实现财务目标而进行的选择和判断。财务决策是财务管理的核心，其他财务管理环节都要围绕这个核心来展开，财务决策的合理与否决定着财务工作的成败。

进行财务决策时，一般需要经过以下几个步骤。第一，确定决策目标。这个步骤基于对企业未来财务状况的预测数据，同时要结合企业的总体经营战略以及国家的宏观经济政策。确定决策目标的过程需要从企业实际情况出发，明确在决策期内企业需要实现的具体财务目标。这些目标可以是盈利能力的提升、成本控制，也可以是市场份额的扩大等。第二，拟订备选方案。在确定了财务目标后，企业需要设计出多种实现这些目标的具体实施方案。这些方案的拟订需要考虑市场可能发生的各种变化，同时结合企业内外的财务数据和其他经济活动资料。这要求企业对市场环境进行详细的调查和研究，从而确保所拟订的方案具有可行性和针对性。第三，分析评价备选方案并择优决策。在这一阶段，企业需要对拟订的各种方案进行深入的分析和对比研究，特别是对各方案的经济效益进行详细分析。可以使用合适的决策方法，对每个方案的可行性、风险和预期收益进行评估。例如，企业可以运用经验判别法，根据决策者的经验和专业知识，对方案进行初步筛选；也可以运用定量分析法，通过数学模型和定量测算，对方案的经济效益进行科学评价。常见的定量分析方法包括数学分析法、概率决策法和优选对比法等。

（三）财务预算

财务预算是指运用科学的技术手段和数量方法，对未来财务活动的内容及其指标进行具体规划的过程。企业可以通过财务预算明确未来一段时间内的收入和支出计划，合理安排资金的使用，提高资金利用效率。财务预算不仅是企业管理层进行决策的重要参考依据，也是企业内部各部门之间协调配合的重要工具。

财务预算的编制一般包括三个步骤。第一，分析财务环境并确定预算指标。根据企业供产销的条件，运用科学方法，对决策提供的目标进行因素分析，确定对其有影响的多种因素，按照成本效益原则制定一系列主要预算指标。这一步骤需要全面了解企业的内部、外部环境，以便准确评估各种可能影响预算的因素。第二，合理安排企业的人力、物力和财力，使之与企业管理目标的要求相适应。企业需要确保各项资源的最佳配置，避免资源浪费，同时保证各部门协调运作，以支持整体财务目标的实现。第三，选择预算方法并编制财务预算。编制财务预算有很多种方法，常用的方法是固定预算法、弹性预算法、增量预算法、零基预算法、滚动预算法、概率预算法、定期预算法等。企业应根据不同的预算项目合理选择预算编制方法。

（四）财务控制

财务控制是指在财务管理过程中以财务预算为依据，对财务活动（如资本的收入、支出、占用、耗费等）进行日常的指导、协调、监督和控制，以实现财务预算所规定的财务目标。这一过程是确保企业财务计划顺利实施的重要手段。通过有效的财务控制，企业能够更好地管理资金，确保财务健康，支持长期发展。

财务控制的一般程序如下。

一是构建控制系统。控制系统包括主体、对象、内容、方法与程序。主体是指进行控制的责任部门或人员，控制对象是企业的财务活动，控制内容是对这些活动的具体监控。财务控制方法是根据各种业务活动的财务预算标准，对其执行过程进行严格控制，保证各种活动的基本职能得到有效地实现。财务控制程序可以概括为制定控制标准、分解指标、实施内部财务控制、衡量成效、纠正偏差等五个阶段。

二是确定控制标准。这些标准包括财务指标和以此为起点分解的一系列数量指标。这些标准是衡量企业财务活动是否达到预期目标的基准。通过这些标准，企业可以进行量化的财务评估。

三是信息传递与反馈。这一过程包括控制标准信息的下达，偏差信息的确认、分析与反馈，差异调整指令的传递，等等。通过及时、准确的信息传递，企业能够迅速发现财务活动中的偏差，及时进行财务分析，并将分析结果反馈给相关部门，以便采取相应的措施。

四是纠正偏差。根据纠偏指令，采取偏差调整措施，以确保财务活动符合预定的标准和目标。这一步骤是对前期控制过程的检验。通过纠正偏差，企业能够不断优化财务管理，提升财务控制的有效性。财务控制有很多种方法，常用的方法是防护性控制和反馈控制。防护性控制是指通过事前预防措施，防止财务活动中可能出现的问题；反馈控制是指通过对实际结果与预期标准的比较，发现并纠正偏差。

（五）财务分析

财务分析是指以会计核算资料和其他方面的资料为依据，运用专门的方法，对企业财务活动进行评价和剖析。财务分析能为企业提供详尽的财务状况和经营成果的反馈，使企业及时调整战略和运营模式，以适应市场变化。对于新创企业来说，财务分析在发现问题和风险、采取相应的措施、提高财务透明度和管理效率等方面发挥了较大作用。具体来说，财务分析通过对财务报表的详细解读，揭示企业的财务状况和经营成果。例如，通过对资产负债表的分析，可以了解企业的资产结构、负债水平和所有者权益的变化情况；通过对利润表的分析，可以了解企业的盈利能力、成本控制情况和收入来源；通过对现金流量表的分析，可以了解企业的现金流动情况和资金周转情况。此外，财务分析还包括对财务比率的计算和解读，如流动比率、速动比率、资产负债率、毛利率、净利率等。通过分析这些比率，企业可以了解自身的财务健康状况，发现财务管理中的薄弱环节，并采取改进措施。

财务分析的一般步骤如下。

第一，确定财务分析目标。为了实现财务分析的良好效果，必须根据企业的需要，针对不同的分析对象，确定财务分析的目标。财务分析目标可以是评价公司的财务健康状况、盈利能力、偿债能力，也可以是评价运营效率等。

第二，收集资料，掌握财务情况。进行财务分析要有充足的资料。这些资料主要包括预算资料、财务报告、企业历史财务数据以及市场调查资料等。通过这些资料，可以全面了解企业的财务状况和经营成果。

第三，进行指标对比分析，揭露矛盾。对各项指标进行对比分析，能够发现问题，找出差异。对比分析可以采用纵向对比方式，即将当前的数据与过去的数据进行对比；也可以采用横向对比方式，即将企业的财务数据与行业平均水平或主要竞争对手的数据进行对比。

第四，进行因素分析，明确责任。要揭示问题或差异产生的原因，还需要进行因素分析。进行因素分析就是要查明影响财务指标完成的各种因素，并分析各种因素对指标完成的影响程度，以便分清责任，落实奖惩。因素分析有助于企业了解财务数据背后的实际情况，明确各个部门或个人的责任。

第五，采取措施，改进工作。企业要在掌握大量资料和信息的基础上，找出各种财务活动之间以及财务活动同其他经济活动的本质联系，采取改进措施，完善财务管理工作。这对于改进财务管理、提高经济效益具有十分重要的作用。

财务分析有很多种方法，常用的方法有对比分析法、比率分析法和因素分析法。对比分析法通过比较不同时期或不同企业的财务数据，发现财务状况的变化和问题；比率分析法通过计算各种财务比率，评价企业的财务状况和经营成果；因素分析法通过分析影响财务指标的各种因素，找出问题的根源，并为制定解决问题的措施提供依据。

思考与练习

1. 设计一个新创企业的组织结构。

2. 针对具体产品或服务，进行市场细分，并选择合适的目标市场。

3. 制定一个新创企业的营销策略。

4. 讨论新创企业在财务预测过程中可能遇到的问题。

5. 分析员工培训在新创企业中的重要性。

6. 设计一个新创企业的绩效考评体系。

参考文献

[1] 郭丽萍，柳韶军，韩建伟. 创新创业教育 [M]. 西安：西安电子科技大学出版社，2021.

[2] 王全利. 创新创业教育与实践 [M]. 北京：中国纺织出版社，2022.

[3] 姜江，潘丽，吴蔚. 创新创业基础 [M]. 武汉：华中科技大学出版社，2022.

[4] 王思敏，宋婷. 创新创业实训 [M]. 北京：九州出版社，2022.

[5] 黎舜，彭扬华，赵宏旭. 创新创业基础 [M]. 上海：上海交通大学出版社，2022.

[6] 刘怡，乔岳作. 创新创业新思维 [M]. 济南：山东教育出版社，2022.

[7] 温东荣，王海斌. 创新创业实践 [M]. 厦门：厦门大学出版社，2022.

[8] 马少华，郭彦鹏. 大学生创新创业教育 [M]. 北京：中国书籍出版社，2023.

[9] 王克. 高校创新创业探究 [M]. 北京：北京时代华文书局，2021.

[10] 汤锐华. 创新创业教育 [M]. 北京：机械工业出版社，2021.

[11] 王东方，任美英，祁少华. 创新创业基础 [M]. 厦门：厦门大学出版社，2021.

[12] 宫淑瑰，张英泽，苏新民. 大学生创新创业基础 [M]. 苏州：苏州大学出版社，2022.

[13] 庄丽.大学生创新创业教程 [M].武汉：华中科技大学出版社，2022.

[14] 程水源.创业理论与实践 [M].北京：中国科学技术出版社，2007.

[15] 宁佳英.大学生就业与创业管理 [M].广州：华南理工大学出版社，2010.

[16] 饶远，赵敏敏，李世萍.大学生创业理论与实践 [M].昆明：云南大学出版社，
2008.

[17] 徐子良.当代大学生创业就业理论与实践 [M].苏州：苏州大学出版社，
2008.

[18] 王慧颖，詹明.新时代大学生创业教育的理论与实践研究 [M].成都：电子
科技大学出版社，2019.

[19] 王再学，王彬，徐云慧.创新创业教育发展及研究 [J].现代职业教育，
2022（29）：79-81.

[20] 张玉青，何佳，王玉，等.创新创业理论的研究与实践 [J].中文信息，
2022（11）：119-121.

[21] 张琴.大学生创新创业教育路径探讨 [J].黑龙江教育（理论与实践），
2024（2）：5-7.

[22] 吴鹏，黄天寅，徐乐中，等.地方高校创新创业教育机制构建 [J].教育教
学论坛，2023（32）：41-44.

[23] 王志刚，孙雅欣，张馨月，等.创新创业教育基地建设研究 [J].现代商贸
工业，2023，44（22）：22-24.

[24] 郭朝红，管华.高等院校创新创业教育内涵探究 [J].产业与科技论坛，
2023，22（10）：139-140.

[25] 韩闯.基于"互联网＋"的高校创新创业教育初探 [J].科技视界，2023（10）：
231-233.

[26] 周春丽，霍楷.契合与嬗变：创新创业教育实践变革 [J].创新创业理论研
究与实践，2023，6（7）：10-14.

[27] 王科飞，张冠阳.校企协同创新创业教育体系的研究 [J].吉林工商学院学
报，2023，39（5）：126-128.

[28] 郭春甫，赵琴．高校创新创业教育平台建设研究 [J]. 广西广播电视大学学报，2023，34（4）：72-78.

[29] 张琳，牛伟鹏．创新创业教育实践模式的探索与思考 [J]. 河北开放大学学报，2023，28（3）：101-104.

[30] 王敬，黎永连，杜国强，等．高校创新创业教育课程建设探析 [J]. 嘉应学院学报，2023，41（1）：109-112.

[31] 徐天姿，祁丽，田风雪．高校创新创业教育问题及对策研究 [J]. 金融理论与教学，2023（1）：110-114.

[32] 王泽洵．高校创新创业教育刍议 [J]. 活力，2021（1）：84-85.

[33] 王惠敏，袁莉．大学生创新创业教育实践探索 [J]. 高教学刊，2022，8（32）：43-46.

[34] 杨兆宇，刘泽金，任嘉琪，等．基于创新创业实践背景下的大学生创新创业能力提升研究 [J]. 冰雪体育创新研究，2023（10）：165-167.

[35] 张宝文，韩丹，马池顺，等．高校创新创业生态系统建设研究 [J]. 创新创业理论研究与实践，2022，5（23）：191-194.

[36] 李智勇．高层次人才创新创业环境分析 [J]. 中国科技纵横，2022（22）：141-143.

[37] 张乐，高春燕，孙艳君．高校创新创业文化培育初探 [J]. 商展经济，2022（20）：118-120.

[38] 刘润孟，霍楷．大学生创新创业教育机制研究 [J]. 创新创业理论研究与实践，2022，5（19）：74-77.

[39] 魏冲，苏燕，杨柳．高校创新创业教育的现状与路径探究 [J]. 科技资讯，2022，20（16）：202-204.

[40] 范林．高校创新创业教育体系的优化研究 [J]. 科学咨询，2022（16）：19-21.

[41] 付百学，程子原，倪明辉．构建大学生创新创业教育体系 [J]. 经济研究导刊，2022（16）：112-114.

[42] 王雅文．大学创新创业教育的实践模式探析 [J]. 新教育时代电子杂志（教

师版），2022（10）：67-70.

[43] 王亚楠，霍楷. 国内高校创新创业教育模式研究 [J]. 创新创业理论研究与实践，2022，5（9）：131-134.

[44] 嵇静婵."互联网+"背景下创新创业训练与实践 [J]. 今天，2022（8）：71-72.

[45] 胡路阳，张善美，张超. 大学生创新创业意识的培养探析 [J]. 广西民族师范学院学报，2022，39（3）：119-124.

[46] 王竞一. 我国创新创业教育模式研究综述 [J]. 河北能源职业技术学院学报，2022，22（1）：1-4.

[47] 崔源，江一山，吴青玲. 高校创新创业教育师资队伍建设探究 [J]. 科技促进发展，2023，19（Z1）：87-92.

[48] 刘颖，王记刚，王黎，等. 高职创新创业教育改革研究与实践 [J]. 电脑知识与技术，2021，17（35）：227-229.

[49] 刘园园，潘汝浩，王哲. 大学生创新创业教育计划探索 [J]. 新教育时代电子杂志（教师版），2021（33）：106-107.

[50] 于双洋，朱花，刘静. 大学生创新创业教育方式探索 [J]. 科教导刊（电子版），2021（31）：18-20.

[51] 林珍，黄雪琴. 大学生创新创业教育模式改革 [J]. 现代职业教育，2021（27）：42-43.

[52] 姜金华，王倩. 大学生创新创业与教学改革的研究 [J]. 教育现代化，2021，8（25）：47-50.

[53] 张易. 高校创新创业教育模式构建的思考 [J]. 产业与科技论坛，2021，20（24）：121-122.

[54] 李刚. 大学生创新创业教育的新突破 [J]. 公关世界，2021（4）：134-135.

[55] 朱丹. 高校创新创业教育精准化研究 [J]. 文化创新比较研究，2021，5（22）：70-73.

[56] 陈彪，郑美琪，单标安，等. 数字情境下产品创新对新企业成长的影响 [J].

管理学报，2024，21（3）：400-407，426.

[57] 张波.企业文化建设对企业经济发展的促进作用 [J].现代企业文化，2023（26）：5-8.

[58] 孙佳瑾.新时代企业文化建设问题和路径 [J].现代企业文化，2023（7）：13-15.

[59] 宋坦.基于企业文化建设在企业管理中的重要性研究 [J].企业改革与管理，2023（3）：153-155.

[60] 尹逊红.企业文化建设与人力资源管理研究 [J].农场经济管理，2023（1）：56-58.

[61] 何志峰.初创企业成长指南 [J].企业管理，2022（4）：36-39.

[62] 王思宇.解析新创企业财务管理问题及应对方法 [J].商场现代化，2019（17）：175-176.

[63] 李晓明.新创企业营销管理研究 [J].现代营销（下旬刊），2019（9）：53-54.

[64] 黄喆，叶姗.浅谈新创企业财务管理问题及应对方法 [J].商，2016（28）：19.

[65] 赵刚.小微企业人力资源管理组织设计探析 [J].北方经贸，2015（3）：186-187.

[66] 崔彬.人力资源管理在企业管理中的重要性 [J].商，2014（18）：25，20.

[67] 秦剑.新服务开发理论发展及其实证研究 [J].国外社会科学，2014（1）：62-70.

[68] 蒋景媛.新创企业的创业风险识别与规避 [J].中国市场，2013（45）：51-53.

[69] 徐明，高顺成，赖然，等.基于案例分析的企业服务创新流程研究 [J].科技进步与对策，2013，30（24）：100-104.

[70] 田杨.新创企业财务管理问题探讨 [J].财会通讯，2011（29）：82-83.

[71] 黄瑛，赵利军.现代人力资源管理职能变化与组织设计 [J].北京联合大学学报，2002（2）：93.